被災地・岩手の
レジリエントな社会構築の試み

3.11後の持続可能な社会をつくる実践学

山崎憲治／本田敏秋／山崎友子［編］

明石書店

3・11後の持続可能な社会をつくる実践学
――被災地・岩手のレジリエントな社会構築の試み

◎目　次

第Ⅱ部　地域と生産・復興

第Ⅲ部　教育と復興

第Ⅳ部 平和と復興

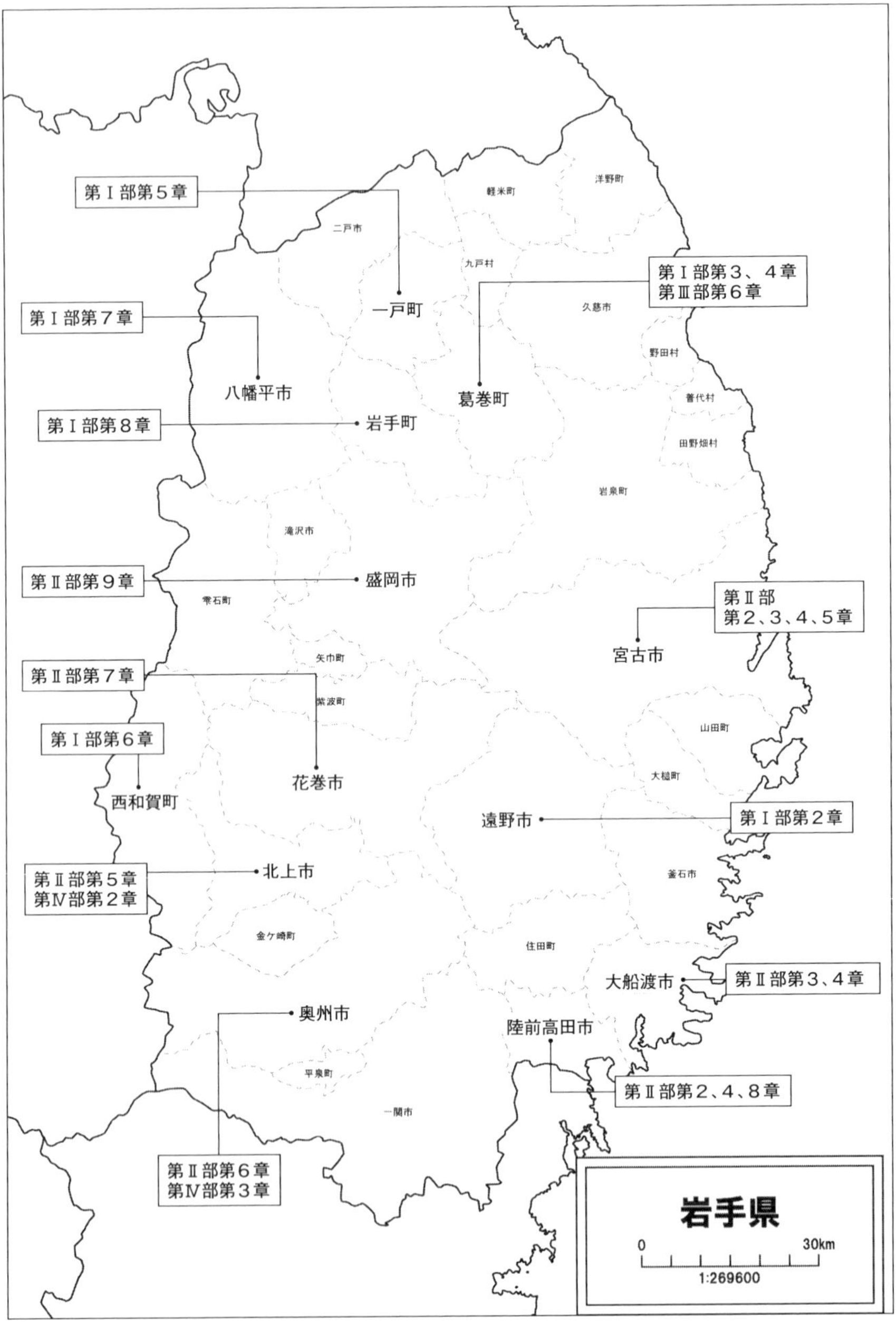
第Ⅰ部第５章
軽米町
洋野町
二戸市
九戸村
第Ⅰ部第３、４章
第Ⅲ部第６章
一戸町
久慈市
第Ⅰ部第７章
野田村
八幡平市
葛巻町
普代村
第Ⅰ部第８章
岩手町
田野畑村
岩泉町
滝沢市
第Ⅱ部第９章
盛岡市
雫石町
第Ⅱ部
第２、３、４、５章
宮古市
矢巾町
第Ⅱ部第７章
紫波町
山田町
第Ⅰ部第６章
花巻市
大槌町
西和賀町
遠野市
第Ⅰ部第２章
北上市
第Ⅱ部第５章
第Ⅳ部第２章
釜石市
金ケ崎町
住田町
大船渡市
第Ⅱ部第３、４章
奥州市
陸前高田市
平泉町
第Ⅱ部第２、４、８章
一関市
第Ⅱ部第６章
第Ⅳ部第３章
岩手県
0
30km
1:269600

まえがき――ＥＳＤと東日本大震災

岩手大学元教授　山崎　憲治

１　本書の目的と課題

本書は岩手大学共通科目前期に「持続可能なコミュニティづくり実践学」と後期「地元企業に学ぶＥＳＤ」、および高年次教養科目「津波の実際から防災を考える」の２０１４年現在の到達点と課題を示したものである。先にあげた2科目に関しては２０１０年に『持続可能な社会をつくる実践学』（山崎、中村　２０１０）としてその可能性を明らかにした。しかし持続可能な社会を示すうえで、２０１１年3月11日は決定的な試金石となった。筆者自身がコーディネートする科目が、大震災にどう立ち向かっているのか、この思考は被災地を抱える岩手大学ではどの科目においても問わねばならない課題と考えた。ＥＳＤ（Education for Sustainable Development：持続可能な開発に向けての教育）に関わる科目であるなら、きわめて厳しく問われなくてはならない。被災地にある大学のＥＳＤ科目なら、追求課題とその方法論の全面的問い直しは至極当然のことだと思えた。また、大震災以前から開講していた「津波の実際から防災を考える」科目でも、何ができたのか、何をしたのかが問われるものであった。私がコーディネートしてきたこの3科目をともにつくってきた講師の先生方と、この科目の到達点と可能性を明らかにすることはきわめて肝心なことと思われる。

前記二つの共通教育科目の講師陣をあえて外部に求めた。学内の調整が難しいこともあったが、何よりも地域と大学を結び付ける回路を開くことが重要だと思ったからだ。同時にこの科目の開講時は夜6時10分からとした。岩手大学ではこの時間に講義をすることはそれまで原則なかった。それは講義への市民参加を求め、この面からも「ひらかれた大学」を志向する科目をつくろうとしていた。市民参加という当初計画はうまく進まなかった。市民と学生が講師を前に丁々発止する場をつくるには相当の時間と努力が必要だ。しかし、講師の発する「生の声」は多くの受講者を集め、2014年度前期では200名を超える履修者が生まれる科目になっている。

「津波の実際から防災を考える」科目は2008年に発足した科目である。専門課程にある3、4年生を対象にした科目である。専門課程にあっても情況を複眼的に捉えたり総合的に見る視座を獲得するうえで教養の果たす役割は大きいと判断して、設置された科目群の一つであった。専門性をもつと同時に実践的であることも受講者の興味と関心をとらえるうえで必要だった。そのため、この科目では現地実習を課すことにした。津波教材が多くある岩手で、田老という地域を対象にした学習を進めた。現地に学ぶとともに、当該地域の中学校や小学校と防災教育の連携を探ることも必要と考えた。実習を、小・中学校が授業を実施しているが大学生は時間確保がしやすい9月に設定し、夏季の集中講義として開講した。その後、2011年3月11日を迎えるわけだが、それまでの田老一中での大学との合同の防災学習は、実際の避難に多少の役割は果たせたと思っている。被災後は、この科目が果たした役割は大きい。大学生が小学生、中学生とともに防災や復興について語る場を提供し、中学校にあってはその成果が次の学年へと引き継がれ、多様な学習展開が見られている[1]。

2　東日本大震災とＥＳＤ

東日本大震災は、どのような持続可能な社会をつくることができるのかを問うことになった。災害は、異常な自然力を介してそれぞれの地域社会がもつ矛盾や課題を一気に顕在化させる、と位置づけることができる。東日本大震災では、被災地域が日本の広範囲に及んだため、日本という地域が今日もつ矛盾や課題が一気に顕在化した。それは超高齢社会がもつ脆弱性、第一次産業・その担い手が直面する厳しい現実、そしてエネルギー問題である。いずれも持続可能な社会を形成するうえで、避けることができないグローカルな課題である。３・11では持続可能を許さない状況が生まれ、多くの住民が犠牲になった。災害は、地域が抱える矛盾を社会的弱者に押しつけるものである。「持続可能な社会をつくる」という主題そのものが根底的に問われている。３・11は未来社会に付けを回さないというレベルではなく、未来に存続できるか・不能なのかという問いとなっている。

３・11は「生活の質を落とさないで未来に付けを回さない」という生産やライフスタイルへの緩やかな問いを投げかけるものではない。「生存の危機」に正面から向き合い、変えることを要求する剛速球であった。我々は、未来に向けて人格権を担保できる、生活・生産を新たな枠組みで設定し、実践せねばならない状況におかれた。確かにＥＳＤは日本が提案し、発展途上国と先進国の妥協の産物としてある種の玉虫色で国連の全会一致をみたものであった。今年（２０１４年）が10年間の行動の最終年となり、ユネスコの世界大会も日本で開かれようとしている。世界が注目するなかで、３・11と復興が問われることになった。

被災地ではコミュニティあるいはもっと大きな規模での地域社会が消滅するのではないかという危機が生まれている。故郷への帰還のめどがまったく立たない状況、急速な人口減少、地域に取り残される弱者、地域の産業の崩壊に対し再生のめどが困難な実情、厳しい危機に瀕している。しかし、危機をチャンスに、新しい生活生産の枠組みをつくる可能性が生まれていることも事実だ。これら深刻な課題に立ち向かい、安心・安全に生活できる地域をつくるうえで、地域の内発的力の発揮は不可欠である。外部の支援を取り込み、内発力を発揮して、復興を実現する。その実践を地域相互に結び付けることで可能性は広がる。復興の地域ネットワークを形成することもＥＳＤの大きな課題となっている。未来の生存に向けて、他の地域の実践に学びそれを自らの地域で活かすことは、的を射ていることだ。ＥＳＤと復興と直結させ実践すること。これは将来への備えにつながるし、安全保障へのもっとも確実な道である。

まず３・11大震災の人的被害の実態を検討し、犠牲者行方不明者の年齢構成に焦点を当て、被災がどの年齢層に集中したのか。また、もっとも犠牲者数が低い年齢層はどこにあるのか、低く押し止めた要因は何かを考えてみる。そこには防災学習の展開が大きく関わっている。本書の第Ⅲ部「教育と復興」への問題提起の役割をもつものである。次に被災後の人口移動の実際から、復興の実際を考える。30年後に地域が消滅するデータが公表されたが[2]、被災地ではその危機は現実の今日の出来事になっている。災害は地域の未来を写す鏡でもあるのだ。これは第Ⅰ部「持続可能な社会のあり方をめぐって」に結ぶものである。また、食料生産、エネルギー問題の直面する課題の大枠を示し、この分野での可能性を復興と結び付けて展開する意義を明らかにする。第Ⅱ部「地域と生産・復興」で具体的展開の実際を知ることになる。また、持続可能な社会を育てるうえで反戦平和は不可欠な視点である。岩手の地で平和活動がどう展開しているか、具体的課題から迫ってみた。第Ⅳ部「平和と復興」で展開される内容である。全体を通して、地域で復興を担う役割を果たしている方が共通してもつ課題と方向性を読み取ってもらえる構成にもしている。活動する「人」を介して持続可能な未来に存続できる社会を展望する道を探るうえで不可欠な追求課題だと思える。

まずは犠牲者の年齢階層、次に被災地の人口流出の実際を確認しておこう。

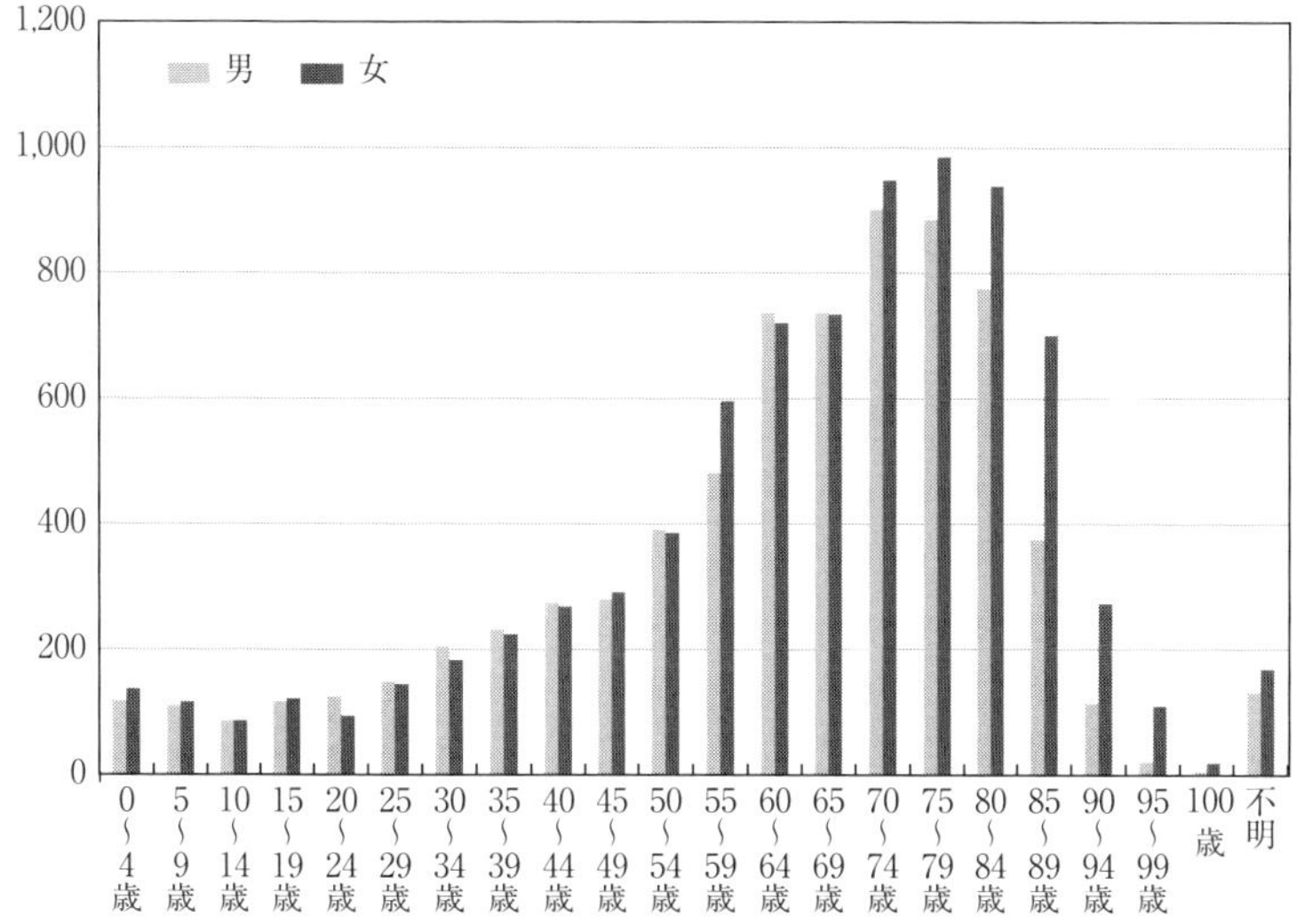

図１　東日本大震災の年齢階層別男女別犠牲者数

（出典：毎日新聞2012年3月11日を元に作成）

３　東日本大震災の犠牲者の年齢構成

２０１２年３月11日の毎日新聞に東日本大震災で犠牲になった女性８２６７名、男性７２５７名の氏名と年齢、居住地（居住地と死亡された土地が一致しない例もある）が示された。図１は毎日新聞から得た犠牲者データを５歳年齢階層別の構成数で示している。

　犠牲者の年齢別割合構成では次の３点を特色にあげることができる。第一は犠牲者の55・０パーセントが65歳以上の高齢者で占められている点である。男性犠牲者の52・７パーセント、女性犠牲者の57・１パーセントが65歳以上である。特に、80歳以上では犠牲者実数も女性が多く、これが犠牲者に占める女性の割合を高めている。これらの数値は高齢社会の課題を先取りするものである。第二の特色は、犠牲者の年齢構成でボトムを形成するのは男女とも10～14歳である。この年齢は小学校高学年の児童と中学生にあたっている。組織的に避難できた学校の存在がこの数値をつくっている。組織的避難・危機回避が行われれば、いずれの年齢構成でも犠牲者数値をここまで下げることができるという姿を示している。第三は15歳以上64歳以下の生産年齢の犠牲者構成割合は男性の方が女性より多いことである。消防団として避難指示や水門封鎖のために津波に向かった活動や、家族を心配して自宅に戻る男性の姿を映し出している。

高齢者の実数と犠牲者数を比較し、高い割合を示す市町村をあげれば、陸前高田市9・7パーセント、女川町9・6パーセント、大槌町9・0パーセントがあげられる。これらの自治体は役場のある中心地区が津波の直撃を受け、動きの遅い高齢者が犠牲になっている。たとえ動きの遅い高齢者に対しても安全な場所へ短時間でらくに避難を可能にする町づくりはきわめて肝心な課題にあげられる。

4　10〜14歳の年齢が犠牲者年齢構成割合でボトムを形成した理由

ここで論じたいのは10〜14歳の年齢が犠牲者の年齢構成でボトムを形成した点である。岩手県三陸地方には「つなみてんでんこ」という言葉がある。この言葉は明治三陸大津波の教訓から生まれている（山下 2008）。明治期において大津波を予想することは困難であり、家族共倒れを防ぐため、他者のことはかまわずに、てんでんばらばらに避難することが、命を救う唯一の道であった。「自助」の実現が最大の課題であった。今日では、地域社会の「共助」として「てんでんこ」を実現することが問われている。高台での住宅立地は重要な「公助」である。同時に的確な予報が出され、それが住民に確実に伝わり、避難路が整備され、たとえ避難所が危機に陥ってもただちにその上に避難できる避難路の確保まで含めた、避難インフラ整備は必要とされる「公助」である。現代に生きる「命てんでんこ」（田畑・山崎 2012）は、「自助」「共助」「公助」の連携のなかで実現されねばならない。果たしてこの連携が地域社会のなかで実現できたか、問われている大きな課題である。岩手県の小・中学校において、学校管理下での児童生徒の犠牲は生まれていない。学校にいた児童生徒教師は全員避難している。当日欠席した生徒や親が引き取った子どもから犠牲が生まれている。岩手県の小・中学校で校舎が水没等に陥り、他の学校等に移動して学習活動を再開した激甚被災学校は小・中学校で24校を数える。校舎が完全水没した学校も6校ある。しかしこれらの学校から学校管理下で犠牲者は生まれていない。「命てんでんこ」が実践され高台への避難ができたためだ。津波に対して早く的確に避難することが学校のなかで浸透しており、「命てんでんこ」の学習と実践が地域の防災として定着することが今後の課題であることがわかる（山崎 2012）。

5 激しい人口流出が起きている被災地

東日本大震災の前後で人口がどのように変化しているか、岩手県と沿岸被災地域を比較しながら問題点を探ってみよう。災害が将来の当該地域がどう変化するかを先取りする、影響が将来にわたって厳しい状況を生み出す事例にもなっている。被災地ではこの3年間に急速な人口流出が起きていることが示される。著しい流出を見るのはどの年齢階層であろうか。

(1) 岩手県の人口動態

2010年と2013年の岩手県の人口は2・7パーセントの減少を見ている。男性2・5パーセント、女性2・9パーセントの減少率である。一方、高齢者の全人口に占める割合は27・1パーセントから28・6パーセントに、実数でも9533名の増加を見ている。なかでも女性の高齢化率は30・9パーセントから32・4パーセントへ高まっている。すべての年齢階層で減少しているわけではない。男女とも60〜64歳、40〜44歳で流入が見られる。定年退職して郷里に戻る動きと、団塊ジュニア世代に当たる年齢層の流入である。しかし人口減少と高齢化は着実に進んでいる。その動きのなかで、「出産年齢」（2013年子どもを生む女性の９割は20～39歳であり、この年齢層の女性を指す）の人口流出が７・３パーセントに達している。さらに20～24歳は13・３パーセントの高い減少が生まれている。

（２）被災地の震災前後で見る人口動態

岩手県の沿岸の被災地である、久慈市、洋野町、野田村、譜代村、田野畑村、岩泉町、宮古市、山田町、大槌町、釜石市、大船渡市、陸前高田市の12市町村を対象にした。被災地の人口動態は岩手県全体とほぼ同様の傾向をもつ。しかし、その動きは急速であり、「出産年齢」層の急激な減少は、地域が崩壊する危機にあるともいえる状況が生まれている。

被災地の減少率は７・５パーセント、男性６・６パーセント、女性８・３パーセントである。震災の犠牲者や関連死、行方不明者を差し引いた割合は５・２パーセントであり、震災の人口減少に及ぼす影響は大きい。人口減少が10パーセントを超す高い自治体には、大槌町22・１パーセント、陸前高田市16・１パーセント、山田町14・０パーセントがあげられる。高齢者人口も８万６５０４名から８万３４２９名に減少している。全体の人口が減少しているから、高齢化率は一層高まり31・６パーセントから33・０パーセントに上昇した。県全体と比較しても２０１３年の高齢化率は４・４ポイント高く、被災沿岸部で高齢化が進行していることを示している。

（３）「出産年齢」の大幅な転出

図２は岩手県沿岸被災地女性の５年齢階層別の変化を２０１０年と２０１３年で比較したものである。人口流出でもっとも深刻なのは「出産年齢階層」である20歳から39歳の女性が、２万２７１４名から１万９６３６名に減少し、その率は13・６パーセントに達する点である。さらに、20歳から24歳の女性の減少率は

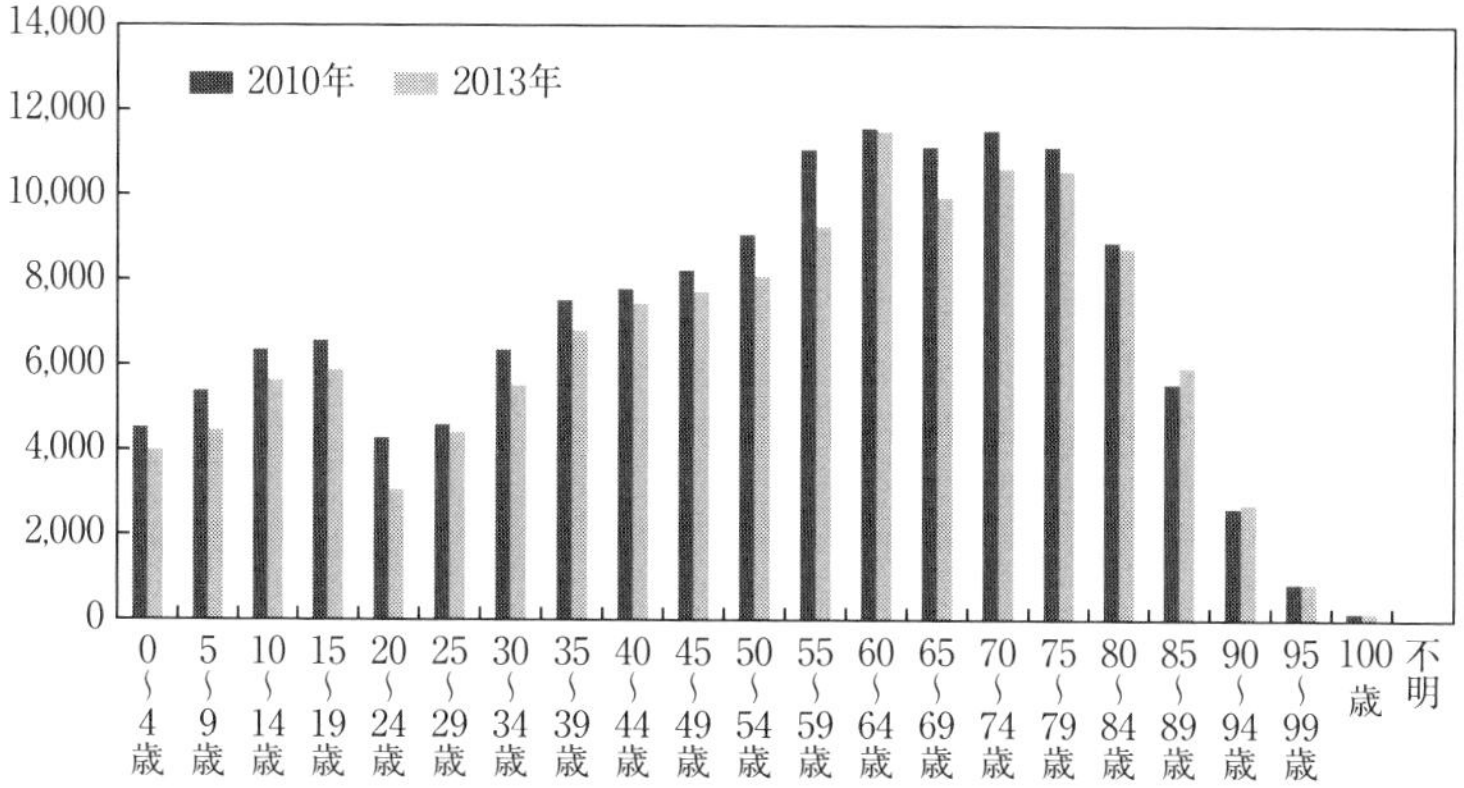

図２　女性年齢階層別変化

（出典：岩手県統計HPより）

29・８パーセントにのぼっている。この３年間で20歳から24歳の女性の３分の１が他地域に流出している。これらの変化は被災地で一様に展開しているのではない、濃淡を伴いながら、急速に展開している。減少率の高い市町村は大槌町58・４パーセント、陸前高田市46・０パーセント、である。その他の地位の数値をあげると、田野畑村38・２パーセント、釜石市32・１パーセント、洋野町30パーセント、大船渡市26・４パーセント、久慈市24・１パーセント、野田村23・９パーセント、宮古市18・３パーセント、山田町０・４パーセント[2]の減少を見ている。多くが県の数値を上回っている。増加が見られるのは岩泉８・１パーセントだけである[3]。東日本大震災で人的被害が厳しい地域が強い減少を示している。もっとも減少率の高い大槌町では町内で22歳女性はゼロという厳しい集計結果が示されている。女性が多く転出することは、男女数の釣り合いが崩れ、地域で結婚相手を見出すことができない状況が生まれつつあることが示されている[4]。

なぜ女性の転出が多く起きるのか。震災の影響がここにも明確に見られる。復興政策がこの年齢の女性には届いていない証でもある。居住環境は厳しい状況にある。仮設住宅の場合ここに住むことに対する限界が生まれている。一人でも転出することで、残る家族にとって少しでも広い住空間につながると考える。若い女性、子どもをもった女性が比較的安定した職場に就職する機会はきわめて限られたものになっている。沿岸部では震災前から若い女性の就業先が限られていたが、震災後はさらに厳しい就業機会しか生まれていない。同年齢の仲間が多く転出してした場合、転出が前提としてのライフスタイルが地域を強く支配する。被災後多くの現金収入が必要となった。安定した収入を確保するには、地域外にそれを求める以外に道はない。女性が生涯にわたってどのような生活設計をして実現していくかを地域と関わらせて考える・実行することを難しくさせている。

（4）男子の人口増加する年齢階層

一方、被災地では男性の25～29歳人口は1・7パーセント増加している。岩手県全体では3・7パーセントの減少だから、この増加は地域の復興につながる可能性を示している。復興事業によって労働市場が一時的であれ、拡大したことを反映している。これを恒久的な拡大に結びつかせる必要が強く求められる。市町村別に変化の動向を見てみよう。

25～29歳の人口が増加した割合を市町村別に示すと、陸前高田市7パーセント、山田町13・5パーセント、宮古市2・5パーセント、田野畑村21・4パーセント、釜石市22パーセント、岩泉町6・7パーセント、野田村29・6パーセント、久慈市8・3パーセント、しかし、次の3市町村は大槌町23・1パーセント、大船渡市8・4パーセント、洋野町6・5パーセントと減少が続いている。ここでも大槌町は厳しい状況に立たされていることが示され、緊急かつ大幅な支援が不可欠であることが示されている。

女性20～24歳の急速かつ大量の地域外への流出、男性の25～29歳の地域外からの若干の流入を見る増加。このアンバランスは男性がこの地で結婚相手を見つけることが困難であることを示している。数年後には幼稚園や小学校への入学者が極端に減少する事態が差し迫っていることが示されている。

人口動態という断面で被災地域の姿を見てきたが、災害は未来を映す鏡を提供している。地域が抱える矛盾や課題が異常な自然力で一気に顕在化し衝撃となるが、同時にこの矛盾を解決する契機も提示している。第Ⅰ部で、自治体の地域政策が首長から示されるが、その最大の環は人口減・過疎化への「身の丈」の対応である。逆境が可能性を生むのだが、復興策が一時のカンフル効果しか発揮されないなら、被災地から人口と市場、資源を奪い去る結果（ナオミ・クライン ２０１１）になりかねない。

6　食糧生産から見える東日本大震災の影響

日本の食糧自給率（カロリーベース）は平成23年度39パーセントである。平成10年度から38～40パーセントを推移しており、先進資本主義国で極端に低い値である。食糧生産を担う第一次産業部門への政策取り組みが、他の先進資本主義国に比較してきわめて弱い、といわれても仕方のない数値を示している。この食糧自給率の低さは、日本の抱える大きな課題であり、これが東日本大震災という厳しい条件を突きつけられたときどのように影響を受け、どう危機を回避しようとしているかが問われている。食糧自給率を都道府県別で比較すると、１００パーセントを超える道県は、北海道、青森、岩手、秋田、山形、新潟の6に限られてしまう。一方、平成22年度と23年度で自給率をポイント数で5以上後退させた県をあげてみる。青森、岩手、宮城、山形、福島、鹿児島、沖縄の7県をあげることができる。そのうち4県は東日本大震災で激甚な被害を受けた地域である。そのうち10ポイント以上の減少を見た県と減少ポイント数は、福島18、宮城12、沖縄11である。福島原発事故は福島県にとどまらず山形県にまで影響を及ぼしている、東日本大震災は日本の食糧生産の中核を担う県の生産を大幅に落とす結果を生んでいる。

次に漁業生産の動向を平成22、23、24年度で比較してみよう。この間、漁業生産量を著しく減少させた県名と減少率をあげてみる。22年度に比較して23年度の漁獲量を減少率の高い順に列挙すると、宮城、岩手、福島、岡山、茨城、佐賀、神奈川、山口、大阪、香川があげられる。24年もなお継続して減少が続く県に福島、宮城、山口、岩手、茨城があげられる。22年から24年にかけて減少率は福島46・3パーセント、宮城32パーセント、岩手24・3パーセント、茨城15・9パーセントである。漁港や加工施設の復旧が十分に進まず、また原発事故による操業自粛が数値に表れている。宮城、岩手、茨城は22年漁獲高県別順位で3位、8位、6位と上位にある水産県である。福島も16位に位置しており、これらの県の漁獲量の減少は、日本全体の漁獲量を引き下げる要素になっている。日本はこの3年間で8・8パーセントの漁獲量減少を見ている。一つの地域の漁業生産の減少ではなく、国レベルの減少であり、漁業という産業の先行きを危惧させる状況に至っていることが示されている。

7　エネルギー問題

福島原発事故はわが国始まって以来最大の環境問題である。しかもこの汚染は広範な範囲に広がり、世代を超えて被害が現れることや、収束にとてつもない時間がかかる点でも、きわめて深刻な環境負荷である。そもそも廃棄物の処分方法が確立していない原子力発電に依存し、危うさを助長するなかに、持続可能な社会は存立できないという根本問題がある。日本は世界有数の地震国である。福島事故以降、いまだ16万人の人々が故郷に戻れず仮設暮らしを続けている。危機が迫ったとき多くの弱者が取り残された福島の経験を他の原発立地域で立てなければならない避難計画では活かされていない。日本が弱者を切り捨てる体質を一貫して有していることを示している。半壊状態の福島原発、それを津波から守る最小の構造物である防波堤の建設も行われない状況で、原発に対する安全の担保はまったくできていないことは明らかだ。大飯原発訴訟で大飯原発3号機、4号機の運転差し止めを命じた判決は、わかりやすいうえに、人類が生存するうえで明確な指針となるものであった。

この判決は3・11以降の「生存の危機に直面」するなかで、それを乗り越える指針をきわめてわかりやすく示すものだった。生存の危機を克服する持続可能性の提起であった。経済性よりも国民の安全を優先させる、あまりにも真っ当な判決だ。電気料金と人格権を天秤にかけることはできない。はるかに人格権は重い。危険な原発の運転を差し止め、その結果貿易赤字が増えるというが、豊かな国土に国民が根を下ろして生活していることが国富であり、それを取り戻すことができなくなることが国富の損失だ。多数の人の生存そのものの権利と電気料金を並べて論じることはできない。

日本は原発の発電量は世界第3位の位置にある。ところが太陽光では第4位、風力にいたっては世界18位の位置にある。国のエネルギー政策がここに現れている。世界の累積発電量では風力が太陽光の2倍以上でありながら、日本ではその位置を下げている。日本列島は多様な自然環境を有している。地域ごとに優位なその地域に最適な自然エネルギー・発電を選択できる道がほしいものだ。日本の国土の65パーセントは山林だ。豊富なエネルギーの可能性を有している。電気に変えて暖をとるより、直接的な方法で暖かさを確保する方法がはるかに地球に優しい。またその技術は生まれている。同時に木材の利用を高める技と製品開発が展開できる可能性が、山林をもつ地域に存在するし、育てる必要がある。

原発に頼らないという道は、原発立地の自治体に雇用と経済の停滞の不安を生じさせるという。しかし代替の循環型エネルギー生産に関わる雇用の創出はそれほど少ないものではない。地域の資源活用のイノベーションであり、これによって雇用者も住民も地域に対する自信と誇りをもつことにつながっている。多様な関連産業が生成するはずだ。

岩手は太陽光、風力、間伐材、家畜バイオマス、小水力、潮力、そして地熱、地中熱など多様な可能性がある地域だ。同時にその事業が具体的に進んでいるではないか。関連産業の成長と雇用の確保が、地域を活性化させる。その可能性の芽を摘んではならない。

8 危機を可能性の原点に

夏の「やませ」と冬の北西の季節風。これらは岩手に冷害と豪雪をもたらす厄介者だった。しかし、この風を使えば発電は可能だ。確かによい風が吹く山へのアクセス道路を新たに建設する必要や、環境アセスの時間、農地への転用が難しいなどの課題は少なくない。しかし、葛巻のように高原に牧場があり、取り付け道路がすでについている地域は、風力発電の適地だ。葛巻では今ある風車に加え200基以上の建設も可能と聞いている。しかし、この可能性の実現はなかなか進まない。政策として進めることで、地域の資源的価値は可能性を開くものだ。

林業は遅れた産業なのか。『森は海の恋人』（畠山 2006）で流域を一体のものと捉え、漁民が山に植林をすることで漁業の繁栄をもたらす実例を知った。森は海の豊かさをつくってきた。その手伝いを地域住民が行うことで、地域の資源的価値が高まっていく。同時に植林を企業や教育の現場の実践につなげることで、新たな自然観も生まれている。木材加工、住宅建設、そして廃材や間伐材を用いたペレット生産、多様な用途と利用が生まれれば、市場開発も流通を含めた新しい地域産業が生まれる可能性が出てくる。これも、マイナス評価をプラスに転化させる仕組みが地域でつくられる必要がある。1村1品運動から1年1品開発へ、それを通して雇用が生まれることが蓄積されていけば、「出産年齢」の都市への流出の歯止めと流入人口の可能性は増えてくる。

岩手県の小・中学校では東日本大震災において学校管理下での犠牲はゼロであった。これは誇るべきことだ。同時にこの防災教育をバージョンアップして次世代に引き渡していかねばならない。世界への津波防災教育の発信とともに、防災教育のネットワークをつくることが問われている。津波「常襲」地域というマイナスを、津波に強い地域に転換するには、巨大な防潮堤以上に、地域に根を張った防災教育の実施が不可欠だ。

東日本大震災を経て、復興の新しい力が生まれている。人材をどう活かし、どう育てるか、地域の内発的発展に直接つながる課題である。鶴見和子（１９９１）は内発的発展論のなかで危機を克服する理論として人間の成長、指導者の育成、自己のうちにある可能性、多様性の展開をあげている。そしてグローカルな展開を目指していた。

東日本大震災によって危機に直面しているが、この危機をスプリングボードにすることも可能である。同時に危機に乗じて地域の資源、人材を一気に吸収しようとする力が加わっていることも事実である。「文化とは危機に直面する技術である」（山口 ２００９）。生活の中から克服する力を創造していきたい。本書は多くの著者の原稿で構成されている。いくつかはインタビュー形式で著されたもの、あるいは講義内容をできるだけ忠実に追ったものもある。臨場感を出すため、あえて語調の統一はしていない。この点ご理解いただければ幸いである。

注1　あの日、田老一中生徒は第二次避難所である校庭に避難していた。校庭には中学生だけでなく、田老保育園の園児30名、診療所に通う高齢者も避難していた。校庭は地震で地割れが発生し波打つ状態、みぞれの降るなかを30分あまり経った後、用務員の大声「津波だ、逃げろ！」に反応して裏山に逃げる。幼稚園児を抱え、お年寄りを引っ張って、後ろから津波が押し寄せるなか、急斜面をよじ登っている。全員無事。弱い者をカバーしながら安全な場所に避難できている。

その後の田老一中は津波体験を活かした授業を多く展開している。津波資料室「ボイジャー」の設置、津波体験文集『いのち』（山崎 ２０１３）の発行、盛岡の中学校との津波に関する交流会、岩手大学との津波防災の連携合同授業・発表会、東京への修学旅行を利用し、東京の中学高校生市民を対象にした、津波体験・復興まちづくりの研究発表会。これらは地域の学校としての活動であり、安心安全なまちづくりを担う人材の育成とその方向性を確かなものにする取り組みになっている。

2　山田町は0・4パーセントの減少を示し例外的な動きと見えるが、15～19歳の減少が67・4パーセントにのぼり、転出希望者は高校を卒業すると直ぐに転出していることが予想される。

3　岩泉町役場での聞き取りでは、増加の要因は、外国からの3年の期間を定めて来日した農業研修生が、2012年から住民としてカウントされるようになったことを要因の一つにあげている。

4　東京一極集中といわれ、多くの労働力が中心地である東京に集中する。ところが東京の合計特殊出生率は全国でもっとも低い値（平成21年、1・12）であり、東京に転出して結婚・出産する可能性は低い。多くの女性が東京の高い生活費を懸命に稼いで、しかし出産できる環境に簡単には到達できない現状におかれている。一方、平成の大合併で小さい町村が隣接する規模の大きい市に合併された場合、教育委員や議員の定数が大幅に減り、財政の負担が軽減する。旧役場は市支所として、当該地区の情報をもたない職員が次第に増えていく。この状況下で津波が押し寄せた場合、住民への避難の伝達や安全地への誘導に遅れを生じることは少なくない。

参考文献

山崎憲治、中村哲雄（2010）『持続可能な社会をつくる実践学――岩手大学からの発信』岩手日報社
山下文男（2008）『津波と防災――三陸津波始末』古今書院、22頁
田畑ヨシ著、山崎友子監修（2011）『おばあちゃんの紙芝居つなみ』産経新聞社、31頁
鶴見和子（1991）『コレクション鶴見和子曼荼羅Ⅸ』藤原書店
畠山重篤（2006）『森は海の恋人』文春文庫、文藝春秋
山崎憲治（2012）「『命てんでんこ』の実践から災害文化形成へ」『地理』57巻第5号、古今書院
山口昌男（2009）『学問の春』平凡社、174頁
山崎友子（2013）『いのち――宮古市立田老第一中学校津波体験作文集』岩手大学地域防災研究センター
ナオミ・クライン（2011）『ショックドクトリン』幾島幸子訳、岩波書店

第Ⅰ部　持続可能な地域のあり方をめぐって

第1章　3・11以降のレジリエントな地域社会づくり

岩手大学元教授　山崎　憲治

1　災害をトータルに捉えるとともに、一極集中を被災地域から変える方向を考える

災害は単なる自然現象ではない。地域のもつ課題が異常な自然力の基で一気に顕在化したものである。また、災害を一時の衝撃ではなく、トータルに捉えることも重要だ。地域のもつ課題は、衝撃のみならず、復旧・復興および予知・警報の段階でも表出する。図1は災害をトータルに捉える概念図である。それぞれの段階で、地域のもつ内発力と外部からの支援力がプラス・プラスで働いた場合、有効な成果が生まれ、それが地域の抱える課題解決へ前進を導くものになる。復旧・復興過程で、外部の支援力がプラスだが、地域の内発力が発揮されない場合、「ショック・ドクトリン」（クライン 2011）といわれる、東京に限らず世界の中央の資本に被災地域の生産・労働力・富が一気に吸収される結果が生まれる状況が続いている。大都市を核とする中央集権化のなかで近代化・発展を遂げてきた日本において、被災地が置かれた位置は歴史的にも社会経済的に見ても、第一次産品を生産し、エネルギーを生産し、労働力（戦前では兵隊）を大量に生み、中央に送る、周辺地域として位置づけられてきた。さらに、東京一極集中が進む今日、この勢いは弱まることはない。交付金を介して中央の政策が末端に有効に届くよう、中央が発する情報を「受身」で受け入れねばならないなかで、中央に依存せざるを得ない構造がつくられている。

被災は地域を変えるチャンスでもある。被災地域がもつ課題が明確になったこと、その解消へ進める合

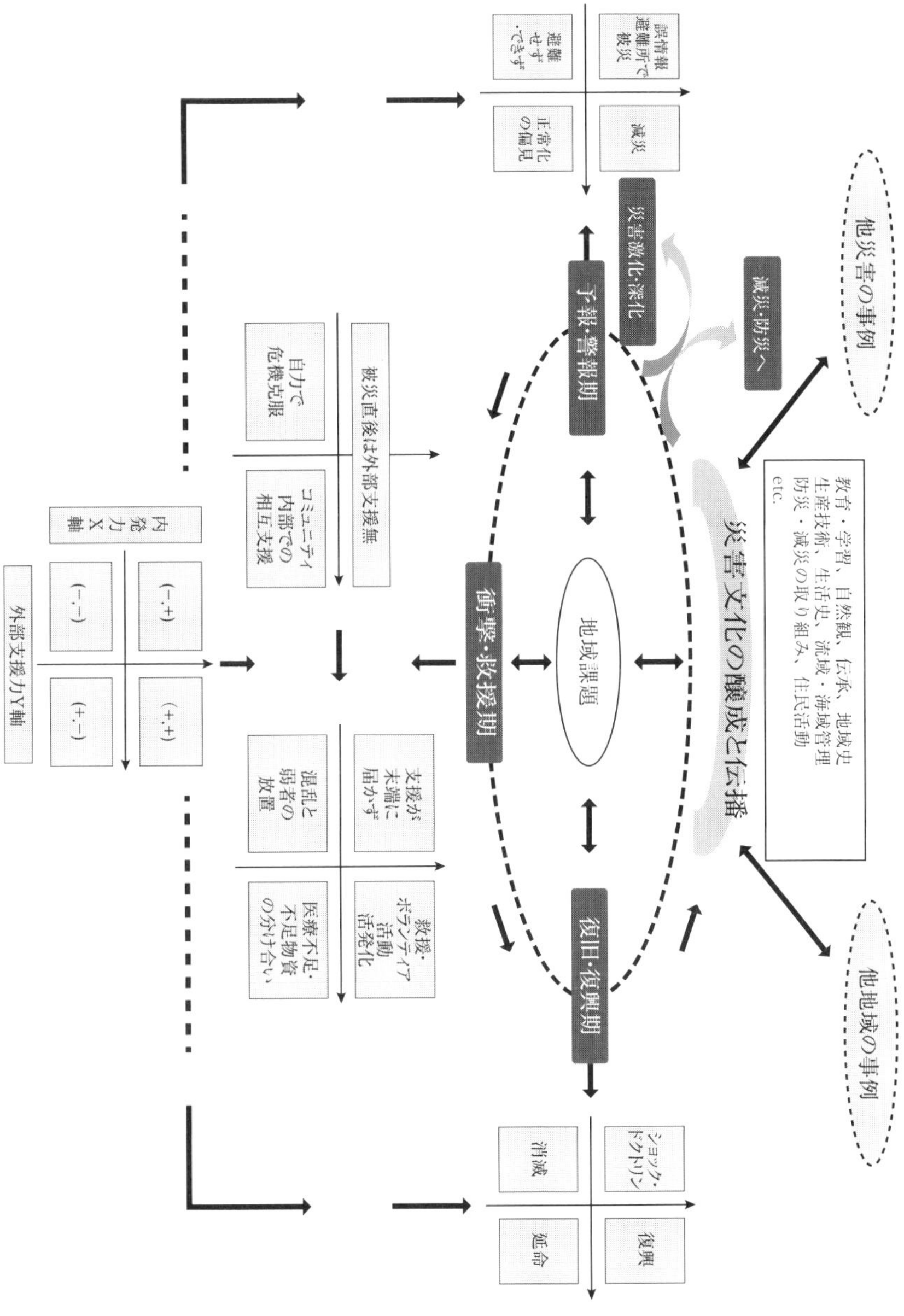
誤情報 避難所で被災
避難せず・できず
減災
正常化の偏見
災害激化・深化
予報・警報期
減災・防災へ
他災害の事例
被災直後は外部支援無
自力で危機克服
コミュニティ内部での相互支援
地域課題
災害文化の醸成と伝播
教育・学習、自然観、伝承、地域史
生産技術、生活史、流域・海域管理
防災・減災の取り組み、住民活動
etc.
内発力X軸
(-,+)
(-,-)
(+,+)
(+,-)
外部支援力Y軸
衝撃・救援期
支援が末端に届かず
混乱と弱者の放置
救援・ボランティア活動活発化
医療不足・不足物資の分け合い
復旧・復興期
他地域の事例
ショック・ドクトリン
消滅
復興
延命

図1　災害概念図

意形成の道が開けている。どこまで展開できるか、どう展開するか、その過程で中央の資本や政策との軋轢が生じた場合、どのように解消するか、などが大きな課題となっている。同時に、被災地を中心に地域が相互にネットワークを形成し、連携する動きも見えている。食料やエネルギーの「自給率」が高いということは、将来に向けてきわめて優位な条件と位置を有している。復興をこの有利な条件を活かす道筋で切り開き、進んでいくことが問われる段階に至っていると思われる。

2　中心地・周辺の関係はもっと小さい単位でも生まれている

地方と中央、支社と本社、地方における雇用と産業、地方交付税など、地方が中央に依存せざるをえない構造をますます強めている。この構造はもっと小さい単位、市町村合併でも見られ、それが被災時には減災力を弱めてしまう結果も生まれている。

平成の大合併で財政規模の小さい町村がその近接にある市に吸収合併された場合、周辺部との間に軋轢が生じることは少なくない。確かに議会、議員、教育委員の定数は併合され極端に少なくなり、財政の負担はなくなるが、当該地域の課題が、併合された市議会（議員）や市教育委員会（委員）の権限のもとで論じられることが多く、当該地域自治の空洞化に拍車がかかってしまう。旧町役場は市の支所となり、大幅な職員の配置転換がなされる。それぞれの町村で進められてきた政策は、合併とともに、放棄や軽視されることも少なくない。支所勤務の職員が市中央から配置され、旧町村の課題なり特色を示す政策が実行困難になっていく。厳しい被災を経験してきた町村が、市に合併すると、過去の被災経験から生まれた防災の仕組みやその土壌あるいは政策が、後ろ向きになり、市の政策の主要な部分から外れることが少なくない。市全体から見れば、一部地域の課題としてしか映らないこともあるのだ。市の中央から配置された職員が「土地勘」を直ちに得ることは難しい。この状況下で津波が押し寄せた場合、住民への避難の伝達や安全な場所への誘導に遅れを生じさせ、対応が後手に回ることもある。一方優位な点は、救援や援軍が比較的早く大規模に投入されることもあるだろう。だが被災の実態把握やどこに何がどれくらい必要かという情報の発信については、キーパーソンを把握できないことが生まれ、遅れがちになる。さらに復興住宅建設に際して、市の中心部とのかかわりが重視され、旧町村空洞化を早める役割をもつことも少なくない。東京という巨大な中心地と地方との関係の類似性が、合併における中心市と周辺旧町村の関係のうちに見ることも少なくなく、災害という異常時に課題が一気に顕在化する。

３　復興における内発的発展力を重視するベクトル

（1）復興の中で地域の課題を克服する――災害文化形成にかかわって

復興の最大の課題は地域の安心・安全を実現し、命を確保することである。安心は地域コミュニティがもつ相互支援に深くかかわる。またそれを発揮できるソフトの災害対応策の充実と更新が不可欠となる。衝撃が発生したとき、自助とそれを可能とする共助の発揮である。そのために、災害の予知・予報の的確な情報の住民への周知、住民が行動できる体制の確保が問われてくる。一方、安全確保は公助の果たす役割が大きい。犠牲は社会的弱者に集中する。これをどのように解消するか。公助を弱者の目線から位置づけ直すことが必要だ。公助の大きな側面はハードな構造物による対応である。さらに、それを超える力がかかった場合の避難の確保である。避難所に逃げ込んでも、そこが絶対安全とは限らない。状況に即して、より安全な地点へ避難できるルートが確保されていなくてはならない。津波に対しては、波高よりも高いところまで上ることのできる避難路を設けることが重要であり、津波体験を活かし、十分な高度をもった地点に当面必要な物資の備蓄は自治体の務めである。住民は訓練を通して、問題点を一つひとつ解決していかねばならない。津波体験に学びそれをそれぞれの時代に適応させて安全度を高めていくことが不可欠となる。安心して暮らせる地域で生活すること、安心・安全は住民が日々つくり続けることが肝心であり、それがきわめて健全な生き方であることという生活観の確立である。安全を住民が主体になって担い、それが地域をつくることにつながるという視座は、復興の中核を占めなければならない。安全確保が上からの押し付けや、コンサルタント会社への丸投げの結果が決定案として示されるなら、「わが町」への思いは低くなる。

復興のまちづくりでは、自然営力の位置づけが重要な要素になる。人間の側の「力」で抑え込むのではなく、受け入れ、回避し、時には地域の特色としてそれを利用する・資源化することが問われている。海は当該地域に豊かさを育み、可能性をそこで生活する人に与えてきた、という歴史的事実の再確認である。過去の災害の事実をできる限り正確に把握するとともに、それを現代において適応できる手法や技術開発が問われている。災害文化はそこまで射程を延ばさねばならない。災害文化をもつ地域を想定したとき、その地域の安心・安全は高くなり、それが地域の発展の可能性をつくる要素になることは間違いない。

(2) 復興には内発的発展が不可欠である

復旧・復興過程において、地域の内発的発展力(1)を機能させないと、外部からの支援にともなう吸収力によって、中央へ一次産品や富や労働力が一気に転移することが多い。中央からの支援を内発的発展力と結びつけ、可能性の高いものに仕立てることが必要だ。

中央が示す統一規格が、個別地域に最適応するものとは限らない。地域の具体性をどこまで実現するか・できるかが課題となる。地域がもつ多様性を展開するなかから、地域の可能性や連携が図られ、その過程と結果において地域の人間の成長や新たなリーダーの形成を見ることになる。地域をつくることは、継続的な取り組みになる。世代を超えることになることを想定すると、被災地でのこの3年の間に見られる女性の極端な転出に「危機」感を抱かざるを得ない。官民をあげて、女性の力が発揮できる環境基盤をつくらない限り、「危機」回避はできない。そして、継続した復興への取り組みが不能になってしまう。

日本全体が人口減少と高齢化に向かうなかで、中央から周辺に位置する被災地に一層の圧力がかかり、地域の「消滅」が想定される状況下で、それを跳ね返し地域の発展をもたらす方法が内発的に展開できるのだろうか。災害によって歴史が失われたわけではない。過去に学んで未来を探ることが必要である。ないものねだりをするのではなく、あるものを最大限活かすなかから、未来の可能性を実現すること、しかも危機にあって（あるからこそ）展開の可能性は高まる。古いものと新しいものが共存する多重の構造を活かす中に可能性は存在する。災害という危機を克服するダイナミックな展開は、住民の前向きの意識や世論を追い風にすることができる。何を地域の特色にするのか、できるのか、どこに焦点を当てるのか。住民の意向と意欲を明らかにしてもらい、いつまでに実現が可能か。実現までのマイルストーンの明確化も不可欠だ。

４　地域連携に持続可能性を求めたい

震災発生直後から、遠野市が救助・支援・ボランティア活動の前進基地となった。遠野市と三陸沿岸市町村位置関係が基底にあるが、以前から沿岸部の市町村と遠野市は災害相互支援協定を結び、また演習訓練も行ってきた。このような体制を組んできたという先見性は大いに評価するとともに、この発展と応用は、地域づくりにも活かされる必要がある。沿岸被災地域（コンパクトタウン化が進むであろう）を南北に三陸鉄道で結ぶとともに、内陸部の農山村地域の市町村とネットワークを形成することが必要だ(2)。山と海が結ばれなければ、豊かな海も山も生まれない。交通系とともに、食とエネルギーにおける地産地消の単位としての機能や安全確保に向けた支援体制を求めたい。

遠隔地との災害時支援協定も結ばれることが多くなった。「めぐろのさんま」という落語を出発点に「さんま」祭りが毎年「めぐろ」で開催されている。気仙沼市は東京都・目黒区に、宮古市は品川区に（行政区分では目黒駅は品川区に位置する）大量のさんまを提供している。これが契機となり、被災直後から前記2区は積極的に支援活動を進めている。また区職員の派遣も続けている。市民レベルの交流と連携を強めることで、子どもの交流や三陸の商品開発と販売における独自のネットワークを育てる可能性も高まっている。

多様で重層化したネットワークは持続可能な社会をつくる。中心地と周辺の関係ではなく、周辺地域間であるいは中央に属する地域との対等なかかわりを求めて、ネットワークを形成する。人・モノ・金が相互に行き交う中に、それぞれの地域の内発的力を発揮できる関係がつくられる必要がある。相互に補完しあう関係、それぞれの地域でなくては得られないものを相互に求め合う対等な関係だ。中央に属す地域に「活きのよいさんま」を求めることは不可能だ。自然を教室とする授業を展開できるのも周辺部にある豊かさだ。エネルギーの連携・間伐材を用いたペレットとペレットストーブ、薪の安定供給、良質の炭が周辺部からもたらされ交流する人口が増えれば、周辺域の地域がもつ魅力が増す。人の交流が1次産業の可能性を増大させていく。連携する地域が相互に安心できるサービスを提供しあう。安心・安全が地域間連携のキーワードになる関係だ。中心部に生活する子どもが、山村・漁村への「留学」を少し長期に実現できる関係を、受け入れ態勢の確立を図りながら展開する。「里山では電気使い放題でない暮らしができる。そういう価値に気づいていくこと」（藻谷他　2013）、それは次世代の新しい連携をつくる種になっていく。中心地域で激しい競争の中に自らを位置づける生き方もあれば、農村漁村で豊かな自然と共生しつつ生活を楽しむ生き方もあることを認識することは重要なことだ。相互に受け入れる連携関係をつくることが、安心・安全を生む第一歩であり、災害を克服する具体的な道である、災害後の新しい世界はここにあると思われる。

５　第Ⅰ部の構成

第２～５章では、市町の首長（あるいはその経験者）が地域の特性を活かし、独自の立場で持続可能な政策や開発の現状を報告している。第６～８章は地域住民が草の根の実践から持続可能な地域をつくる姿を示している。２０４０年までに日本の過疎地域は消滅する危機が迫っている。その数は全国の自治体の半数に及んでいる。まさに日本という地域の崩壊が始まっているにもかかわらず、一極集中の軌道修正は進まない。どの過疎地でも、地域政策に子育て、就業機会の拡大、定住者促進の住宅政策をあげ、これらは過疎対策の三位一体になっている。個別地域から地域の資源を発掘し、時には過疎地域で相互の交流をもって付加価値を高めながら、新たな地域づくりが、待ったなしで問われる段階だ。

第２章は遠野市長の本田敏秋氏が、遠野という地域がもつ「歴史」を今日に活かす政策を具体的に提示し、「６次化産業の展開」「子育てするなら遠野」という総合政策の道を示している。第３章では中村哲雄氏が「逆境が創造の原点」として葛巻の公共牧場の取り組みを皮切りに、風力発電、林業生産活性化、ワイン生産を相互に関わりあいの中から事業展開させ、地域の外からの学習・見学者が年間30万人も訪れる町づくりを論じている。第４章では葛巻町長の鈴木重男氏が、21世紀地球が直面する課題「食糧・環境・エネルギー」に地域から取り組む政策を提起する。都市との関わりを、商品を介する「取り引き」ではなく、人の交流とでつくる「取り組み」に転ずるなかに可能性があることを提起する。

第５章は一戸町長の稲葉暉氏が土地問題の課題を町づくりと関連させて提起。土地問題は被災地では最大の問題としてクローズアップされているが、一戸町では大胆な町づくりを展開している。新しい町の中心部に広場と図書館が配置され、一人当たりの貸し出し冊数がきわめて多い町が生まれている。小児科医院と病児保育施設をセットで設けそれを町づくりの核に据えている。さらに安心して子育てができる町に転入する子育て世代に住居を提供する。それらはユニークで堅実な町づくりに結びつく。第6章は佐々木孝道氏が旧沢内村の深澤晟雄の命を守る村政を紹介。岩手県で乳幼児死亡率がもっとも高い地域からゼロにするには何があったのか、昭和30年代の奮闘が、今日の日本の地域政策モデルになりうることを示している。第7章は万澤安央氏が38年続く「イーハトーブトライアル」の舞台である岩手の魅力ある山と森を駆け巡り観光の豊かさと可能性を明らかにし、継続することが新しい可能性を導くことを示している。第8章は柴田和子氏が舞台芸術を介して地域の活性化が可能であること、同時に芸術が復興には不可欠であることを論じている。

注1　川勝平太（２００８）は鶴見和子の内的発展論を次の12の側面でまとめている。①生命論として、②開かれた生成体系、③可能性の追求、④潜在の創発・出会い、⑤アイデンティティ、⑥人間の成長、⑦指導者、⑧危機の克服、⑨地域の具体性・固有性に立脚、⑩多様な地域性・多様な発展系・多様な人間群像を寿《ことほ》ぐ、⑪地球思考、⑫古いもの新しいものの多重層構造。

2　葛巻町は体験学習費用、宿泊費用などの経費の一部を助成する「被災地生徒等受入支援事業」を創設している。平成25年度までの3年間で、１５００人を超える沿岸部被災地域の子どもたちが農山村に位置する葛巻町を訪れ、体験学習を重ねている。

参考文献

ナオミ・クライン（２０１１）『ショック・ドクトリン上、下』幾島幸子、村上由美子訳、岩波書店
藻谷浩介、ＮＨＫ広島取材班（２０１３）『里山資本主義』角川書店、61頁
川勝平太（２００８）『内発的発展とは何か――新しい学問に向けて』藤原書店

第2章　地域資源の再生による「遠野スタイル」の実現

遠野市長　本田　敏秋

1　「遠野スタイル」の原点

「願わくは、これを語りて平地人を戦慄せしめよ」

これは、遠野物語の序文の一説です。著者である柳田國男は、近代国家をめざし走り始めた当時の日本人に対し、一体何を問いかけたかったたか。そして、100年後の現代を生きる私たちはこのメッセージをどう受け止め、どう行動していけばよいのか。

今地域経営は、これまで前例のない課題や、さらにはまったく経験したことがない世界の最前線に立ちながら、この厳しい時代を生き抜く道を探し続けている状況にあります。

私は、この100年前のメッセージに、都市化が進み、そして地方との格差が拡がる世の中にあって、先人から培われてきたすばらしい歴史や文化を継承している遠野の営みに、自信と誇りをもって取り組んでいってもらいたいという強い願いが込められていることを感じます。

「古くて新しいものは光り輝く」という考えがあります。

古くて古いものは滅び、新しくて新しいものもそのままではいつかは滅んでいく。それでは一体何が生き残るのか、それは「古くて新しいもの」と考えます。先人から引き継いだ古いものと、今、享受している新しいもの、そのどちらも光り輝く可能性をもつ地域資源をどのように地域の中で再生させるかが重要です。官民の枠を超え、意識、組織、制度のそれぞれの壁を超え、地域が一丸となって、総合力で地域の資源を新たに磨き上げていくような地域経営の姿こそが「遠野スタイル」としてのまちづくりの原点なのです。

2　連携とネットワーク

時代の変化という、激しい大波が、基礎自治体に押し寄せています。

遠野市は、いわゆる「都市」に分類されますが、人口規模も経済・財政規模も非常に小さい基礎自治体です。人口3万人ほどの小さな自治体ではありますが、これまでの歴史は、決して穏やかに過ごしてきたわけではありません。小さいながらも改革の荒波を乗り越えながら、地域経営に取り組み、現在に至っております。

かつて、戦後のさまざまな改革のなかで地方自治の強化が図られました。昭和29年には新制中学が合理的に運営できる人口規模を念頭においた「昭和の大合併」のもと、1町7村が合併して旧遠野市が、翌年には3村が合併し旧宮守村が誕生しました。21世紀を迎え、市町村再編政策「平成の大合併」では、旧遠野市と旧宮守村が合併し、平成17年10月に、新「遠野市」が誕生しました。たとえ、どんなに小さな自治体であっても、持続可能な地域社会に向かって、地域経営に取り組んでいかなければなりません。

時折、行政の縦割り構造が、地域経済や地域社会の活性化の障害になっているとの指摘を耳にします。大きく環境が変化するなかで、基礎自治体が果たすべき使命は、多種多様な地域の要素を互いに結びつけるような仕組みづくりではないでしょうか。農業は農業だけ、商業は商業だけ、観光は観光だけというような、施策ごとに分断されたままでは、過去に前例のない課題の解決に臨んだとしても、自ずと限界が見えてきます。むしろ農業、商業などそれぞれの枠組みを超えたつながりこそが、今こそ必要だと考えます。

地域の中だけで課題を解決する方法も今はもう限界です。私は、遠野市内外を問わず、遠野にゆかりのある方、関係者も含め、地域課題の解決に挑戦する人を広く結ぶことが必要だと考えます。多様な地域資源が時代とともに進化し、互いに結び合うことによって、存在感のある地域が形づくられていくと思います。均質化された相互関係のなかでは、新たな挑戦は困難です。発想を変え、違うものを受け止める包容力があれば、たとえ小さな地域でも、これまで想定すらできなかった新しい何かがきっと発見できるはずです。

情報通信技術いわゆるＩＣＴ等多様なネットワークが構築されている現代こそ、もてる知識と熱い意識をもって、地域課題に臨む姿勢が重要だと考えます。それがまちづくりの進化へとつながり、その進化が重層的かつ絶え間なく続いていくことによって、小さくても存在感のある地域社会の実践が可能なのだと思います。

３　地域資源の再生による地域の活性化

（1）遠野遺産認定制度――郷土の誇りをみらいへ

「世界遺産というものがあれば遠野遺産があってもいいのではないか」

遠野市では、平成19年3月に遠野遺産認定条例を制定しました。『遠野物語』の序文「路傍に石塔の多きこと諸国その比を知らず」とあります。今も野には、そこかしこに物語の世界が存在しており、伝統や伝承、歴史や文化といった、先人から受け継いだ宝が、まだまだ残っています。およそ１００を超える地域資源が、今再び遠野遺産として甦っているのです。しかし、遠野遺産の認定は決してゴールではありません。市内各地では、遠野遺産を舞台に、地域住民が一体となって汗を流し、手づくりの協働作業で地域の絆が深まっています。「おらほ（自分たち）の宝」を地域ぐるみで大事にしていこうという意識を大切にしながら、地域への情熱を呼び覚ますことができたことが「遠野遺産」の一番大きな成果といえます。それが今、遠野の新たな観光資源へと進化しようとしているのです。遠野遺産は、条例に基づき市が認定を行いますが、その選定過程では、その筋の権威だとか、専門家が決めるものではありません。また、文献や資料の有無を問いません。有形、無形を問わず、地域の先人・先輩方が大切に守ってきたもので、資料がないというものが相当数多くあります。文献がないから文化的な価値がまったくないということにはならないと思っています。

「地域にとって本当は大事な宝物なんだ」と胸を張り、自信をもって次の世代につなげようとする地域住民の熱意そのものが遠野遺産の一番の審査基準なのです。

（2）ふるさと再生特区――小さな地域の、小さな挑戦

遠野市は、平成14年から「どぶろく特区」に挑戦しています。東北地方の小さな地域でも、身の丈で取り組めるものが何かあるはずだと取り組み始めたのが、この「どぶろく特区」。北国の厳しい冬期間のわずかな楽しみは、それぞれの家庭の味「どぶろく」でした。それが明治以来１００年間、酒税法の規制によって造ってはならないと封印され続けてきました。その地域固有の食文化の復活をかけて、特区に挑戦したことは、今でも各方面から高い評価をいただいています。おそらく「どぶろく特区」という言葉から、遠野を連想される方も少なくないでしょう。

構造改革特区は、そもそも経済の活性化を目論み、国が大胆な規制緩和を施したくてもできなかった分野において、地域を限定して規制緩和を実施し、地域経済の再生を促すという考えに基づくものでありました。ある意味、限られた地域を対象とした社会実験だと捉えてもいいでしょう。

地域経済の活性化だけでなく、もう一つ特区制度には、大きな役割があります。それは、地方自治の観点から、地域の特徴をもう一度よく捉え、何に挑戦できるのか、自分たちの力でよく考える機会ができたということです。

実は、あまり知られていませんが、遠野市の特区の名称は、どぶろく特区とはいいません。正式名称は「日本のふるさと再生特区」です。ふるさと再生のキーワードには、私の遠野市の地域経営に対する思いが込められています。

決して奇をてらって「どぶろく特区」に挑戦したわけではありません。長い年月で培われてきた遠野の気候や風土、歴史や文化、暮らしの延長線上から、いわゆる一つの食文化として、自家製での酒造りを認めてもらいたいとの思いが始まりです。地域に眠っていた古い地域資源というべき「どぶろく」を、特区という新しい手法で発掘できました。平成16年の春、早池峰山の麓の農家民宿ＭＩＬＫ―ＩＮＮ江川を営む江川幸男さんの手によって、１００年ぶりにどぶろくが復活しました。今でも「どぶろく特区は、特区制度の象徴」といわれていますが、官民一体となって地域資源の発掘と活用に取り組んだことで、一定の手応えとして実を結ぶことができたといえます。

小さな地域の、小さな挑戦は、今もなお続いています。ＭＩＬＫ―ＩＮＮ江川のどぶろくは、少しずつですが製造量を年々増やしています。今では、市内５か所でどぶろくが造られ、各施設とも年々製造量が増加しております。また、雑穀を原料としたどぶろくや、どぶろくアイス、どぶろくのかき氷など、そのバリエーションも豊かに進化し始めています。身の丈での挑戦スタイルは、無理なく持続的に取り組まれています。

遠野の観光は、決して目で見るだけではありません。地域に対する市民の愛着と地域づくりに取り組む姿勢が、遠野の観光資源であるといえます。

地域には、さまざまな人がおり、無数の資源があります。その組み合わせのなかから、地域特性が醸し出されるものであって、それは決して一律に統制ができないはずです。どぶろくも、その造り手や風土、米や製法の違いから、風味や強さなど無限の組み合わせが可能です。ある意味その混沌さこそが、どぶろくのおもしろさともいえます。

そういう面では「どぶろく特区」は、遠野地域の独自性を高め、地域の活性化に大いに貢献したものと評価するものですが、この制度の終局目的は、全国展開をすることにあります。私は、この全国展開に少なからず疑問を感じており、現在「どぶろく」は全国展開になっていません。日本中に、同一の基準や価値観だけで地域の個性を伸ばそうとしても、自ずと限界があるのではないでしょうか。はたしてすべての特区を全国展開することが必要でしょうか。全国展開により、地域の独自性が損なわれるようなことがあってはならないと考えます。

（3）遠野みらい創りカレッジ——6つの視点から新たな拠点として

地域・産業の発展と人材育成を目的に、富士ゼロックス株式会社（東京都、山本忠人社長）と遠野市の協働による「遠野みらい創りカレッジ」が平成26年4月8日に開校しました。

この遠野みらい創りカレッジは、市や地域住民と企業や団体、大学生などが連携し、対話や研修、グループワークなどを通じて地域の発展、産業の創出、人材育成などに結びつけることを目的としています。旧市立土淵中学校を活動拠点に、①民俗学研究・発信拠点、②大学との連携、③企業・研究・社員研修、④6次産業化・製品加工販売、⑤グリーンツーリズムセンター、⑥レストラン・簡易滞在の6つのプロジェクトを中心とした活動を展開しながら遠野の魅力を発信していこうとするものです。今年夏には、国内外の大学生と遠野高校の学生が、ともに遠野の未来について考えるイベントが開催されました。参加した地元の高校生にとって、人と人の絆を学び、企業や大学の方々と交流できたことは、将来の大きな糧になったことでしょう。

（４）中心市街地の再生

①ＳＬ銀河鉄道を活かしたまちづくり

東日本大震災以来、沿岸地域は復興へと走り続けていますが、まだまだ多くの課題を残しています。このようななか、ＪＲ東日本が観光面から復興へのけん引をするため、今年の春、約半世紀ぶりにＪＲ釜石線でＳＬが運行されることとなりました。このＳＬは観光面から震災復興を後押しする「復興の象徴」として「ＳＬ銀河」と名付けられました。力強く汽笛を鳴らして走るＳＬの姿は、沿線住民に大きな希望を与えています。遠野市は、同運行を観光復興の絶好のチャンスと捉え、官民一体となったおもてなしにより、多くの観光客の方々に遠野市を楽しんでいただけるように「ＳＬ停車場プロジェクト推進本部」を立ち上げるとともに、ＪＲ釜石線沿線の釜石市、花巻市、住田町と連携し、震災からの復興と観光振興をめざし活動しています。

市内の観覧スポットの中でも、宮守町「めがね橋」は銀河鉄道を偲ばせる絶好のポイントとなっており、隣接する「道の駅みやもり」では、多くのお客様をお迎えできるよう施設の改修も予定しています。また、市民の方々と協働でめがね橋周辺の樹木の手入れを行うなどして景観の整備も進めています。「ＳＬ銀河」は全国から大変人気を博しており、乗車券の入手が困難となっておりますが、ぜひこの機会にＳＬ銀河に乗車していただき、懐かしくて新しい遠野を満喫していただければと思います。

②生まれ変わる駅前・中心市街地

一方で、まちなかに賑わいを再生すべく中心市街地活性化基本計画に基づき、遠野駅前に「観光交流センター」（通称：旅の蔵遠野）と「まちおこしセンター」（通称：あすもあ遠野）を平成24年4月に整備しました。

城下町の町家と蔵を基調とした外観の観光交流センターには市観光協会が入居し、新たな観光拠点として、観光案内や特産品の販売、各種イベント情報を発信するとともに、市民や観光客の交流とまちなかの回遊をめざすものです。まちおこしセンターは遠野商工会と市の産業振興部が入居し、ワンストップで産業振興に関する相談に対応できるようにしました。この両施設は既存の施設を利活用しています。観光交流センターは日本通運遠野支店の跡地を活用し、まちおこしセンターは旧ＪＡ遠野本店を改修したものです。古いものを磨く、あるものを最大限活かすことで、まちは再び光り輝きます。

平成25年4月には、とおの昔話村が「とおの物語の館」としてリニューアルオープンしています。

また、駅前にある、ショッピングセンター「とぴあ（中心市街地活性化センター）」に隣り合わせて市役所本庁舎を、平成29年を目途に整備することにしました。これまで、東日本大震災で市役所本庁舎中央館が全壊したため、とぴあを仮庁舎として活用してきたものの、以来庁舎が分散化しており、住民の利便性を考えると将来を見据えた本庁舎の整備が課題となっていました。そこで、平成24年5月に設置した市内50人による「遠野スタイルによる庁舎機能のあり方を語る市民懇話会」の提言をもとに、進化まちづくり検証委員会の検証結果および今年3月に開催した市民説明会での意見を踏まえ、市の内部協議を経て、同所に本庁舎を整備する方針を決定したのです。市民が相互利用しやすいように渡り廊下でつなぐとともに、これまで同様とぴあの施設内にも市役所機能の一部を残すことにより、一層の集約化により市民の利便性を高めてまいります。

今後はさらに、駅前通りにある民話の道ポケットパークをグリム兄弟縁の地ドイツ・シュタイナウ市との交流のなかから再生しようと考えております。

産業と交流の推進を図るとともに、町家の心が息づく語らいのまちとして、そして遠野市を訪れた誰もが「懐かしさ」と「癒し」を感じるまちづくりをめざしています。

（５）６次産業の推進――地域の特性を活かしたまちづくり

遠野市の広大な面積をいかに活用し、産業の活性化を図っていくかが喫緊の課題となっています。東日本大震災以降、加速度的に整備が進められている沿岸と内陸を結ぶ東北横断自動車道釜石秋田線や国道３４０号立丸峠トンネル化を交通の結節点としての当市の特性と結び付け、地場産業の強化をめざしています。道路整備によるストロー化に打ち勝つ魅力をつくり出していかなければなりません。豊かな自然と文化を有する当市は、第１次産業の６次産業化が産業振興の重要な鍵です。

当市の６次産業の代表例である「どぶろく特区」は、平成16年にどぶろく特区第１号の製造にこぎ着け、現在では民宿等の５業者が製造を行っており、〝遠野のどべっこ〟として多くの方々に愛されています。

最近では、平成25年12月に地元の東北銀行と「農林水産業の活性化に関する業務推進協定書」を取り交わし、東北銀行の協力のもとに、商品開発、販路開拓、金融支援、セミナーの開催等、生産から加工、販売に至る６次産業化の支援や農林水産業の複合化などに取り組みます。

平成26年度からは、子牛や親牛を畜産農家から預かり育成および飼養管理を行う施設として「キャトルセンター」が稼働予定で、遠野牛の生産拡大とブランド化をめざしています。林業の振興では、市内の遠野地域木材総合供給基地で沿岸地域の木材を加工し、復興住宅を建設する「スクラムかみへい住宅」事業に参加し、沿岸地域の復興と産業振興の両面に取り組んでいます。

遠野市の特性として先人から脈々と受け継がれた文化・伝統も重要な要素で、人と地域のつながりが継承を支えています。

平成26年4月には、産業振興と雇用の場の確保をめざす「六次産業推進本部」を立ち上げました。企業や地元銀行と連携し商品開発等を進め、さらには、岩手大学や岩手県立大学との連携協定を活かし、産学官連携による「つながる×つくる」＝「遠野市六次産業推進本部」をめざします。

（6）子育てするなら遠野――少子化に挑む

当市にとって少子化は避けては通れない課題です。なおかつ当市には平成14年以降、産婦人科医が不在という状況が続いており、安心して出産・子育てできる環境の整備が欠かせません。国や県に医師確保を要請するばかりではなく、基礎自治体でもできることとして助産師を採用し、助産院「ねっと・ゆりかご」を開設しました。助産師の立会いのもと、妊婦さんと産婦人科医をＩＣＴでつなぎ遠隔健診を行える環境を整えました。東日本大震災の際は、市内だけでなく沿岸地域からも健診希望や相談が相次ぎ、当市の助産師が懸命に対応を行いました。

震災後、損壊を免れた市役所西館の一部を改築し、子育てサービスのワンストップ化をめざして「元気わらすっこセンター」を設け、市子育て総合支援課・市教育委員会・保育協会を集約しました。親子で遊べる「わらすっこルーム」を備え、子どもにも優しい施設となっています。各子育て機関と連携し、乳児保育や休日保育を継続するとともに病児・病後児保育施設「わらっぺホーム」の運営を行い、保護者のニーズに対応した子育て環境の充実に取り組んでいます。また、親子の時間を大切にする地域社会をめざし、地域ぐるみの子育て支援をめざしています。

教育環境の充実にも取り組んでいます。

平成25年4月には、老朽化した給食センターに替わる「総合食育センターぱすぽる」を整備しました。

施設機能の多重化をめざし、遠野の豊かな自然が育んだ食材を使った食育、地産地消により子どもたちの健全な育成を支えるとともに、高齢者のための宅配弁当を調理する機能を有し、さらには東日本大震災の教訓を活かし、停電時には最大３日間利用可能な非常用発電機を設置しています。また、生徒数の減少に伴い市内中学校の統合も行いました。昨年の春、市内の８校を３校に再編し切磋琢磨する環境を整えたことにより、子どもたちが自ら積極的に仲間の輪を広げ、勉学にスポーツに打ち込んでいます。
「子育てするなら遠野推進本部」をこの４月に立ち上げ、教育委員会や保育協会等との連携を密にして、切れ目のない子育て支援の構築と、官民連携による子育てしやすい環境の整備をより強力に進めてまいります。

（7）３・11災害から――垂直関係から水平連携へ

未曾有の被害をもたらした東日本大震災は、政治、行政のシステムを根本的に変える契機になりました。基礎自治体に突きつけられたものは、さまざまな壁を越えた新たな仕組みづくりの必要性でした。特に、意識（職員）、組織（行政）、制度（法律）という、見えない３つの壁が大きく立ちはだかっていることを、この震災で私自身が現実のものとして実感することにもなりました。

発災直後、県立遠野病院の院長から「県立釜石病院で患者さんに出すお米がない。遠野市で何とかしてくれないか」という要請がありました。私はすぐもっていくように指示を出しますと、職員は「市長、もって行くのはいいのですが、県立の病院ですよ」という話をしてきました。職員としては、まずもって、県の担当に連絡をするのが先ではないですかということなのです。私はその職員の発言は適切だったと思いますが、そこで私が職員にいったのは、「夕方のことだぞ。時計を見ろ、何時だ。もうお昼は過ぎた。夕食の患者さんが食べるお米がないといっているんだ。連絡を取る暇があったら、今すぐもっていけ。[15]

時には届き、夕食に間に合う。だから直ちにもっていけ」と再度指示したのです。また、各被災地では命と向き合うなかで、「人の命を救う」ことを最優先とした判断をしながら、超法規的な対応をやらざるを得ない事例が現実として随所にあったのです。

法律にも、大きな壁がありました。

災害対策基本法と災害救助法です。災害対策基本法には、市町村が当該市町村の災害対策実施の責務を有することを、災害救助法には、救助の実施に関する事務の一部を市町村長が行うことなどをそれぞれ定めています。

この震災では、災害対応のすべての指揮を担い責任を負い、住民の生命、身体および財産を守るべき自治体の首長が、さらには数多くの自治体職員までもが命を落とし、役場庁舎は壊滅的な被害を受けました。このようなきわめて過酷な状況にあって、従来の災害対策法制は、市町村長へ一義的に災害対策の責務を与える反面、十分な権限を与えておらず、援助の要請は、あくまで市町村、県、国といった垂直関係の構造を基本としています。しかしながら、市町村そのものが機能不全に陥っては、そもそも県や国へ救助の要請を行うことすらできる状況にはなかったのです。「人の命を救う」という法律の根本理念が、どこかへ置き去りにされてしまっていたのではないでしょうか。

支援自治体から要請を待たずとも被災地に駆けつけることができ、自らが情報収集を行い、適切な支援行動を即時に判断し展開でき、責任と権限の枠を超えた支援行動、さらにはヨコの連携を支える責任、権限、財源を踏まえた新たな仕組みが必要です。自分の市町村だけがよければよいものではありません。命と時間という極限状況に対応するためには、法と手続きを超えた対応が市町村現場では否応なく求められました。そのためには、水平連携という新たな仕組みづくりが、今求められています。

４　進化し続けること

最近、日本の人口減少が急な坂道を転げ落ちるかのように、官民の有識者会議が相次いで報告をまとめています。これまでも、将来人口推計にあたっては、多くの議論がありました。特に民間の日本創生会議の人口減少問題検討分科会が、大都市への人口流出が続けば約半数の市区町村は消滅の可能性があると指摘したことが、耳目を集めています。

このままでは、過疎の農山村が多く消えると示唆する議論まであります。

私としては、いまさらといった感があります。確かに現状認識は重要です。人口減少と高齢化はまず地方において顕著になり、地域コミュニティや生活基盤の弱体化や崩壊の危機という形として現れていくことは、基礎自治体の首長であれば誰しもが身をもって感じています。

このまま地方は、ただ坂道を転げ落ちていくのでしょうか。私は、そう簡単にはいかないと思っています。地方には、強かさがあります。

このような話があります。遠野市の熊による被害が増え続けているとき、あるおばあちゃんがいいました。「市長さん、熊はなんともできないんだよ。自分は熊を見たら、市に駆除をお願いするより、まず熊に手を振るよ。そうすると、熊は振り返り、振り返り、山に帰っていくよ」と。また、あるおじいちゃんは、「なあに、熊の縄張りに人さまが住まわせてもらっていると考えればいいんだよ」と。これは、作り話のような本当の話ですが、そのくらい強かなおじいちゃんやおばあちゃん世代が、超高齢社会の中でたくさんいます。なおさら安心して暮らしていける環境をこうした世代の方々から引き継いでいかなければなりません。

遠野市は、この人口減少という課題に一足先に挑戦しています。

一つには、昨年4月に外部有識者による遠野市進化まちづくり検証委員会を立ち上げました。遠野市のコミュニティのあり方を検討するため、あえて市外の学識経験者の方々にその検証をお願いしました。既存のしがらみを除いて、どういうシステムがもっとも理想的なのかという議論をお願いしました。集落、行政区長、消防団、地区センター、さらには市民センターのあり方について、従来の仕組みを見直し、新たな役割と機能を見出すことができるか、そして人口減少を見据え新たな地域力を築くための検証を現在重ねているところです。

二つには、さまざまな施策を組み合わせて総合的な取り組みを進めるため、この4月に2つの推進本部を立ち上げました。産業振興を強力に推進し新たな雇用を創出をするための「六次産業推進本部」と、出会いから結婚、そして切れ目のない子育て支援を総合的に推進するための「子育てするなら遠野推進本部」です。副市長と教育長がそれぞれ本部長となり、窓口を一元化し、意識（職員）、組織（行政）、制度（法律）の壁を部局横断的に解消し解決していこうとするものです。

国が、県が、「何もしてくれない」とぼやいていても何も解決しません。地域経営ばかりではなく、一人の人間としても同じことがいえます。何かあったときに、他人のせいにしたところで、何の解決にもなりません。要は、そこで自分が何をしなければならないのか。あるいは、自分一人では越えられないかもしれない。それならば誰かに相談してみようか、いろいろアドバイスをいただこうか。そうしながら、ハードルを越える体力も能力も身につけることができるはずです。地域経営も同じことがいえると思います。

小さな基礎自治体として遠野市が追求しなければならないことは、常に進化し続けることにほかなりません。

第3章　逆境が創造の原点、地域資源を活かした持続可能なコミュニティづくり
――葛巻町の取り組み

前葛巻町町長
一般社団法人葛巻町畜産開発公社顧問　中村　哲雄

はじめに

葛巻町は、農山村や中山間地域ならどこでも欲しいスキー場はない、温泉もゴルフ場もない、高速道路も鉄道もない、もちろん海水浴場もない、ないない尽くしの町です。まさに逆境であり条件不利地域に存在しています。

この逆境の中で酪農と林業を基幹産業にしながら、クリーンエネルギーの導入に積極的に取り組み地球規模での「食糧、環境、エネルギー」の課題の改善に貢献しようと地域資源を活かした持続可能な町づくりに挑戦してきました。

1　葛巻町の産業の歴史と第三セクターの創立

葛巻町は、地理的、地形的、気候条件など大変不利な地域でありましたが、野田などの沿岸の塩を、内陸の盛岡をはじめ秋田まで牛の背に載せて輸送する塩の道の宿場町として栄えた歴史をもっています。そ

の後は馬の産地として、そして１９５０年代までは、木炭王国岩手をリードする主産地であり、１９６０年の人口は1万５９６４人を数えていました。

その後の社会情勢、世界経済、日本の産業構造の変革に伴い、過疎化が始まり54年間に44パーセントの人口が減少しました。２０１４年4月1日現在６９８２人、２８４３世帯となり、今も人口減少は続いています。

県都盛岡市まで約75キロメートル、北の八戸市までも約75キロメートル、沿岸の久慈市まで約44キロメートル、四方山に囲まれてどこに出るのにも峠を越さねばならず交通も不便であります。町の面積は約４万３４９９ヘクタールで農用地は約10パーセント、森林が86パーセントを占めます。そのうち国有林が少なく約3パーセント、公有林7パーセント、私有林90パーセントの構成となっています。１０００メートル級の急峻な山々に囲まれており、年間平均気温は８・４度、降雨量は年間８３１ミリメートルと日本の平均の2分の1程度です。作物を収穫できない冬期間が約7か月続き、冬季は気温がマイナス10度以下の日が多く、農業生産活動には厳しい「山間高冷地」です。このような条件のなかでも水田は６００ヘクタール開田されましたが、減反政策により60パーセントが減反され現在は２４０ヘクタールで作付けされています。

昭和の合併後就任した遠藤喜兵衛町長は、基幹産業は「酪農と林業」であることを提唱し、これら2つの産業育成を推進しています。酪農については、１８９２年（明治25年）に導入されたホルスタインの改良、増殖に力を入れ、飼料確保のために急峻な山地を町が補助金を出して牧草地に転換しました。後継者教育のために「葛巻町立酪農研修所」を開設して酪農振興に努めた経緯があります。林業については「葛巻で他にまさるものは広大な山林」「山の姿は民族の象徴」（山の状態はそこに住む人々の生業の状況を表している）「木を切ったら植えろ」「山の手入れをしろ」と唱え、植林を推奨して林業振興に力を入れてきました。

私は、１９７１年5月1日に葛巻町役場畜産担当、町営牧場担当として奉職しました。１９７１年8月に就任した高橋吟太郎町長は「次の時代に生き残れる酪農の町葛巻町を目指して」「広域農業開発事業」（岩手県においては、北上奥羽山系開発事業）を導入して、農用地開発公団（当時の名称）の施工により公的牧場の建設事業が行われました。１９７５年から１９８２年までの8年間の歳月をかけて１４６億５０００万円の資金が投下されて１１００ヘクタール牧草地の造成、75・3キロメートルの道路整備、6か所に酪農団地の建設が行われました。この事業により公的大規模な牧場（くずまき高原牧場、袖山高原牧場、上外川高原牧場の3牧場）が生まれ、一般酪農家の規模拡大が可能となり、持続可能な酪農経営が確立することになります。酪農家（搾乳）との酪農（育成）の機能を分担しながら効率の良い酪農経営をめざして、１９７６年3月31日に町と農協の出資による第三セクターとして社団法人葛巻町畜産開発公社（後に一般社団法人）が設立され、この3牧場を経営することとなりました。私は役場職員6年目（１９７６年4月1日）に公社経営のため派遣された。

この事業が完成して間もなく高橋吟太郎町長の「山ぶどうでワインを造ろう」という「夢」実現のための事業も始まっています。１９８６年2月14日に町、森林組合、町民の出資による第三セクター葛巻高原食品加工株式会社（くずまきワイン）が設立され、ワイン醸造・販売が開始されます。

１９８７年には葛巻農協の組合長であった鈴木輝雄氏が町長に就任しました。

１９９１年には葛巻町農協（組合長中村正治）が合併10周年を記念して農協の総合事務所と多目的ホール（愛称もうもう館）を建設しました。この施設で、結婚式、披露宴、各種集会、会議、葬祭場などの利用が可能となり、町の活性化に一役果たすことになりました。この頃かつて宿場町として栄えた葛巻町に旅館が一軒もなくなった現状を見て、鈴木町長は「高橋町長により産業基盤は整備された、これからは快適空間もなければ若者が定着しない」と唱え、1993年4月3日2時10分町民待望の総合運動公園（競技場）ナイター野球が楽しめる野球場、ホテル形式の「ふれあい宿舎グリーンテージ」を完成させて管理運営するために3番目の第三セクター「株式会社グリーンテージくずまき」を設立しました。ここに3つの第三セクターが生まれたわけですが、それらのセクター社長は町長です。

1995年郵便局長だった遠藤治夫氏が町長に就任しました。まもなく風力発電建設の話が東京の事業者から持ち込まれ、町は検討を始めます。1998年葛巻町議会議員が風力発電の盛んな欧州視察旅行を実施して、欧州の環境、エネルギー事情を視察見学し、その情報を活かして1999年3月新エネルギービジョンを作成されます。6月には3基の風力発電施設が袖山高原牧場に建設されていきます。

このように、葛巻町は地理的、地形的、気象、交通の便など厳しい条件のなかで歴代町長や町民は「ないものねだり」をせずに「ある資源を活かし」、「制度に基づいた国や県の支援」を受けながら「険しい山襞にしっかり根を張って」、「失敗を恐ることなく、情熱を持って、限りない町の発展を夢みて」「積極果敢に挑戦」し懸命に町づくりに取り組んできました。

1999年8月私が町長に就任します。

2　産業振興による持続可能な地域づくり

地域資源を活かした産業振興の取り組みは、全国のどこでも必要な持続可能な地域づくりの方策です。産業を振興していく過程で情報が必要となり、人材育成の必要に迫られます。さらに生産が始まれば加工、販売と裾野が広がっていき、新しく雇用が生まれ、若者が定着して地域経済が活性化し、疲弊している農山漁村やすべてを失った地域に活力を与えます。

葛巻町は、平成の合併をしないで地域資源と機能と人材を活かして持続可能な地域をめざして「ミルクとワインとクリーンエネルギーの町くずまき」をキャッチフレーズに地域活性化を実現してきました。

基幹産業の酪農は、１２２年の歴史があり、東北地方で一番の酪農地帯です。酪農の町らしい特徴は、葛巻町の品質の高い生乳を利用してそれぞれ違う製品を製造販売する牛乳加工場が4工場1工房あり操業している点に見ることができます。神奈川県平塚市に本社のある守山乳業株式会社は主に乳製品製造、神奈川県横浜市に本社のあるタカナシ乳業株式会社は紙パックで飲む牛乳だけを製造しており、くずまき高原牧場内のミルクハウスでは瓶で牛乳、ヨーグルト、アイスクリームを製造・販売、チーズハウスでは6種類のチーズを製造しています。

５番目は、工房で２０１３年８月に９人の酪農女性が国と町の「6次産業化」の支援を受けて「くずまきジェラートクローバー畑」を創業しています。

葛巻町畜産開発公社が経営するくずまき高原牧場は葛巻の酪農振興の拠点として整備されてから38年目となります。いまや日本一の公共牧場になっています。

林業は、独創的な経営により林業振興を図ったとして林野庁長官賞（山力《やまぢから》大賞）を受賞し葛巻町森林組合が日本一の栄冠を獲得しています。林業の特別な産品である山ぶどうでワインの醸造を始めてから28年、くずまきワインは国内ワインコンクールで毎年銀賞、銅賞を獲得するなど、今では美味しいワインが有名な町となっています。

１９９９年6月3基で１２００キロワットの風力発電開始以来、積極的にクリーンエネルギーを導入してきました。現在では風力発電施設2か所15基が動いているほか、中学校には太陽光発電、くずまき高原牧場には畜産バイオマス発電、木質バイオマス発電施設がつくられ稼働中です。また、家畜の排泄物から世界で初めて燃料電池を製造することに成功しています。また民間の葛巻林業株式会社が１９８１年に木質ペレット燃料工場を建設、現在も稼働しておりこれらの施設が揃っていることにおいて「日本一のクリーンエネルギーの町」だといえます。これらクリーンエネルギー利用・実践の町づくりが評価され、2003年自治体環境グランプリ、2004年東京商工会議所の下部組織日本ファッション協会より新しい町を創造したとしてクリエイション大賞「町づくり創造賞」、2005年新エネルギー大賞、2006年バイオマス利活用農林水産大臣表彰を受賞しています。2011年には日本の過疎地域において優秀な町づくりを実践したとして総務大臣表彰。2013年度、畜糞バイオマスプラントを利用して牛の排泄物処理や生ゴミを資源化、木質ペレット製造に間伐材の利用拡大などを進めてきました。基幹産業である酪農と林業の振興を図りながら両者を結ぶ循環型社会の構築に向けた先進的かつ具体的な取り組みが高く評価され、グリーン購入ネットワーク主催の「第15回グリーン購入大賞」行政部門大賞を受賞しています。これら数々の環境・エネルギーに関する表彰は、町が持続可能な地域づくりを目指しており、それが地域活性化にもつながっている証でもあります。同時に、町民にとっては、グローカルな課題である環境問題に直接関わる地域に自信と誇りをもつ、という成果も生んでいます。

3　地域資源と人材を活かした第三セクターによる地域活性化

全国各地で県、市町村、農協、森林組合、商工会などの既存の組織では経営がうまくいかないと想定される事業を推進する場合、官（第一セクション）と民（第二セクション）双方の利点を活かし、新しい第三のセクションを設立して経営に当たる方式がとられます。これを第三セクターによる経営と称し、ピーク時には全国に約1万社が設立されました。しかし、厳しい経営環境のなか、倒産が続きました。2013年末には7950社が存在していますが、その約40パーセントが赤字経営だといわれています。

葛巻町では、高橋吟太郎町長の時代に実施した「広域農業開発」（北上奥羽山系開発事業）を基礎に、公的機能を発揮する公共牧場を建設し牛の育成に特化する一方で、酪農家が規模拡大を図る道を広げました。

効率の良い酪農経営を実現するために、公共牧場と酪農家のコラボレーションは意義深いものとなります。

公共牧場の経営を従来の町営牧場管理の機能を拡充して展開していくか否か、模索しているなかで、国の補助金も受けられる公益法人を設立して管理運営することが有利であることがわかり、町と農協の出資により社団法人葛巻町畜産開発公社が設立されました。

これは全国レベルでいえることですが、経営がうまくいくか否かは、第三セクター経営陣の人選にかかっていると思います。一般に社長は、自治体トップの例が多いため、現場の責任者（専務理事、常務理事、牧場長、支配人など）の選定が経営を大きく左右します。葛巻畜産公社の場合、想定される牧場の規模、管理予定頭数、事業内容から、町内にはその技術の蓄積もなく、経営能力をもった人材も見当たらない状況でした。当時の高橋町長は役場の課長以下私まで町営牧場担当者を前に「これから管理運営、経営する葛巻町畜産開発公社の事業はお前たちには経営できないから、小岩井農牧株式会社にお願いして経営できる人を派遣してもらう」と宣言されました。初代の専務理事は小岩井農牧株式会社[1]の取締役で農場長経験者の武田裕氏。２代目には小岩井農牧株式会から畠山章一氏を現場の経営トップ（理事長は町長）に迎えました。葛巻役場からは総務部長と私（業務主任）と雑務手の３人が派遣されています。この他に小岩井農場から獣医師とトラクターオペレーター２人が派遣され、公社正職員２人、臨時職員３人でスタートしました。しかし、すべてが初めてのことで「牛を飼う牧場として創設されたのに牛が集まらない」、「資金が足りない」、「技術者がいない」など、ないない尽くしの厳しい状況が続きました。その未知の状況を、やる気と情熱とアイディアを出すことで、一つひとつ乗り越えていく以外に発展の道はありませんでした。ここでの体験は「情報の量が仕事の質を決定する」、「情報の量がアイディアの量も質も決定する」ことだったと思います。さまざまな困難にぶつかりましたがいつも「情報に助けられて」乗り切り、活路を見出し事業を軌道に乗せることができました。

その結果、葛巻町内では、くずまき高原牧場、袖山高原牧場、上外川高原牧場を経営し、町外の5市町村に5牧場を借りる大規模公共牧場に成長していきました。当初計画の200パーセントにあたる200 0頭の牛を飼うほか、特産品開発と人間教育も実践しています。牧場から新しい商品と新しい役割を生み出していく発想は、すべて雇用の場を創造することを目的に挑戦してきた結果です。今日14事業を構築して、雇用を100名創出し、売上11億円、累積黒字5000万円の経営になっています。年間30万人が訪れる牧場に成長しました。その成果は、「オーライ（往来）日本大賞」、都市と農村の交流を推進した優良事例として「グリーンツーリズム大賞」、日本一の畜産を実践しているとして「畜産大賞」、日本の農業全体のなかで日本一の実践をしているとして「日本農業賞大賞」を受賞でき、名実ともに日本一の公共牧場に成長することができました。

1986年地域に自生していた鉄分の多い山ぶどうでワインを造ろうと葛巻高原食品加工株式会社（くずまきワイン）を設立してワイン醸造、販売を創業しました。当初は、醸造技術、販路拡大にも苦戦し、赤字経営が続きましたが、鈴木重男現葛巻町長が常務取締役に就任して4年間で売上げを45パーセント伸ばし、赤字ゼロ、借金ゼロの会社に再建しました。現在はブランデーも醸造し、レストランも経営するまでになりました。国産ワインコンクールで銀賞、銅賞を連続受賞。また「魅力ある葛巻高校創造に貢献」しようとドイツに10年間に50名の生徒と先生を10日間派遣しています。従業員43名、売上高約4億円で累積黒字5000万円のワイン会社に成長しています。

1993年、昔宿場町だった葛巻町に宿泊するところが一軒もない事態に陥りました。町が中心となり株式会社グリーンテージくずまきを設立してホテル経営を創業しました。町の迎賓館的役割を担うとともに、都市との交流の拠点として、また視察者の宿泊施設としての役割を果たすものです。従業員21名、売上高約1億5000万円で黒字経営を続けています。

これら第三セクター３社で売上高約16億円、累積黒字約１億円、従業員１６４名（80名が都会からの帰郷者）が働く職場が誕生しました。元気、活力溢れる町のイメージアップと地域経済の活性化に貢献しながら事業が成功しているため、マスコミなどが注目し、多くの視察が訪れています。他の地域で第三セクターは必ずしも経営が順調でないなか、葛巻の３つの事業はいずれも黒字経営であり、雇用を確保できているため、これが町民の自信と誇りにつながっていると思えます。

４　私の葛巻町経営

「株式会社葛巻町」の発想で企業的感覚による町の経営を目指して取り組みました。就任時の訓辞は「役場の仕事は、サービス業、顧客である町民の満足度の向上を」、「常に問題意識を持ちプロとして質の高い業務を遂行すること」、「当たり前の事を他者よりも一生懸命やること」、「情報の量が仕事の質を決定する」等意識改革を唱えました。このことは、どのような業界であっても必要なことと考えています。

私が町長を務めていた頃の状況は、国の税収が65兆円から40兆円に激減した時代であり、効率の良い地方自治体経営という名目で合併が推進され、国から地方への交付税交付金は蛇口を閉めるがごとくいとも簡単に前年対比で年１～３億円も削減されていきました。私の就任時点の交付金の額をそのまま８年間合計した額と実際に交付された額の差額は約50億円にのぼります。大幅削減されるなかでの町政運営であったわけです。

農山漁村にとって役場職員は多い方が良いに決まっているのですが「売上げの激減している会社の職員がそのままの定数」ということはあり得ないと考え、定年退職に対して不補充ではないが、５～10人の退職に対して１～３人の採用、という方法をとりました。また「60歳定年が当然」の時代に59歳で退職勧奨により退職していただくなどして８年間に職員50人を削減しました。この過程で課の統合により課長職６

ポストを削減するなどの行政改革を断行して黒字決算とし、借入金約20億円の削減など財政改革を実現することができました。このような取り組みに対して議会議員はみずから6人削減し10人に、農業委員会は8人削減し14人になり、この面での町民負担の軽減を進めることができました。

5　21世紀の課題「食糧・環境・エネルギー」への取り組み

１９９９年8月町長に就任して、町長として何をするのか「問題意識の塊」になっていました。間もなく21世紀が訪れました。多くのマスコミ報道の中に「人口はやがて１００億人になる」、「地球上では食糧を生産できる農用地と森林が毎年北海道と東北6県の合計面積と同じくらい減少している」という報告に衝撃を受けました。地球の危機に「気づいた」のです。猛然と情報収集しました。ますますその深刻さがわかってきました。財政力の弱い小さい山村であることも忘れて「町が持っている多面的資源と機能を最大限に生かし、21世紀の地球規模での課題である食料、環境、エネルギーの問題に貢献しながら、町の発展的状況を構築したい」と唱えました。

基本方針を明確にするために「環境エネルギー政策課」を設置しました。後に「農林環境境エネルギー課」に改編して積極的に取り組みました。

（1）「食糧問題への取り組み」

現在地球上で食糧不足人口は約10億人。餓死者８８０万人。酪農、畜産、農業を振興してこの問題に貢献しようと考えました。牛乳の生産量は、日量１００トンこれは、カロリーベースで計算すると3万３０００人分の食料になりますが、牛にも穀類を給与するため葛巻町の食糧自給率は２０１パーセントです。

（２）環境問題への取り組み

林業の振興により二酸化炭素の吸収力を高めようと、森林組合と連携してさまざまな施策を進めました。木を切ったら植える「再造林」への支援、「間伐材搬出経費」への支援、「町産材で家を建てる」ことを奨励し最大50万円の支援を行いました。クリーンエネルギー導入に対しては、エコカー導入、太陽光、太陽熱、木質ペレット燃料ストーブ、ボイラー導入、薪ストーブ購入などを奨励して二酸化炭素排出削減に貢献しようと考え支援しました。また、広く国民に呼びかけて寄付を募り葛巻町の森林を整備することにより温暖化防止に貢献しようと「寄付条例」を制定しました。現在約７７０万円の寄付が寄せられ「再造林」などに投資されております。これに呼応して森林組合では、企業の協力により温暖化防止に貢献しようと「企業の森」を設置しました。現在８社で約３００ヘクタールに約７０００万円が投資されて企業の資本で森林が整備されるとともに、雇用が確保され、林業の振興となり温暖化防止に貢献しております。

（３）エネルギー問題への取り組み

石油資源は有限で現在の油田の大半は約40年ほどで枯渇するとの報告もあります。それまでほとんど事業化されていなかったクリーンエネルギーの導入は１９９７年京都議定書締結以来、国内の風力発電事業者が国内の適地を探索した結果、日本では、高い山や海岸線に風が強く発電適地であることが示されました。葛巻では、30年前から高海抜地帯に大規模な牧草地を造成して酪農を振興していました。牧草地は、障害物がなく風車にとって良い風が吹いています。牧場の管理事務所に電線が通っていたので、風車で発電された電力は、この電線に接続するのに容易でした。このように先人が酪農を振興し、それが新しい事業としての風力発電を進めるうえで基礎条件にすることができました。１９９９年6月に3基の風力発電施設が建設され、これに先駆けて、新エネルギービジョンが作成されていましたので、私は積極的にクリ

図１　グリーンパワーくずまき風力発電所
上外川高原牧場に建設され、2003年12月稼働の12基の風力発電所。発電量は1750キロワット×12基＝２万1000キロワット。

ーンエネルギーによる発電を推進しました。

町が関わり導入し構築したクリーンエネルギー施設への投資額は、風力発電施設15基（２万２２００キロワット）、太陽光発電施設（50キロワット）、畜産バイオマス発電施設（37キロワット）、木質バイオマス発電施設（１２０キロワット）で合計２万２４０７キロワットにのぼります。この施設建設費用は、約57億５５００万円ですが、町の持ち出し投資額は、１億１５９３万円でした。事業協力金として寄付７０００万円をいただきましたから差し引き４５９３万円でした。他は、国、県、ＮＥＤＯ（独立行政法人新エネルギー・産業技術総合開発機構）の補助金と民間企業の投資であります。

クリーンエネルギーの推進は実は社会資本整備です。どの施設も建物を建設せずして発電はできません。風力発電約１７５０キロワット級の基礎には一基につき大型生コン車３００台（１３５０立方メートル）分のコンクリートを使用するのです。地球環境改善につながるコンクリートなのです。そして風力発電をはじめクリーンエネルギーは、多くの視察者を呼び込み地域の活性化が実現していきます。そして、地域住民が住んでいる地域に全国に先駆けた事業がしかも地球環境にやさしい事業内容として展開しているのですから、「わが町」への自信と誇りを持つことにもつながります。

原子力発電所の事故により人間が住めない地域をつくり、日本中が恐怖に陥り、その被害は甚大でいまだに安全を確保できずにいる現実を直視すべきです。これまで原子力発電などからの電力供給により発展を遂げ繁栄を享受してきましたが今私たちは「どのような地域をつくり、どのような日本、地球を次世代に引き継ぐのか？」が問われていると思います。

原発依存を改めて、電力浪費の生活様式も根本から見直すべきです。まず、省エネに努め、水力、風力、地熱、太陽光、畜産バイオマス、木質バイオマスなどの自然の恵みである再生可能エネルギーによる安全で安心な電力を確保するべきです。再生可能エネルギーの適地はほとんど農山漁村です。この政策を推し進めることは、均衡ある国土発展につながります。日本の辺地農山漁村に活力と住んでいる人々に自分の住んでいる地域に自信と誇りがもてるようになります。日本は、食糧、環境、エネルギーの地球規模での課題改善のため国民的合意形成を図り積極的に貢献すべきです。

おわりに

持続可能な地域づくりに方程式はありません。気がついた人、気づいたことから改善しよりよい社会形成のためにみんなで取り組むべきことです。その結果、住んでいる地域住民が自分の地域に自信と誇りをもてる状況を構築することだと思います。

葛巻町は、ないない尽くしの状況にありましたが、長い年月をかけて産業の振興を図り、第三セクターを設立して地場産業を進化させ、さらに食糧、環境、エネルギーへの積極的な取り組みが相乗効果を発揮するようになってきました。15年前葛巻を訪れる交流人口は約８万人でしたが、現在55万人が訪れる町となり地域経済の活性化、雇用の拡大、若者の定着などが実現されつつあります。町民が自信と誇りを持てるようになりました。

現在の葛巻町は、鈴木重男町長のもとこれまでの取り組みを継承しつつ、交流人口の増大とともに定住人口の推進を図っており、町外からの移住者の優遇措置を講じて効果を上げております。

持続可能な地域づくりにおいて葛巻町には失敗はない。それは、ないものねだりをせずに、地域にある資源と機能と人材を活かして地域に愛着と情熱をもち、絶対にあきらめないで成功するまで淡々と黙々とこつこつと努力を惜しまず取り組んできたから可能になったのだと確信しております。

注1　小岩井農場は岩手県雫石町に広大な面積で農場経営をする、日本の大規模農業企業の先駆者。三菱グループに所属し、本社は東京駅前の丸ビル内にある。

第4章　安心安全を地域からつくる――情報・食糧・教育・雇用

葛巻町長　鈴木　重男

1　ミルクとワインとクリーンエネルギーの町くずまき

○葛巻町の概要

岩手県葛巻町（人口6939人、世帯数2857世帯［平成26年4月末現在］）は、岩手県の北部に位置し、町の総面積（434・99平方キロメートル）の86パーセントを森林が占める緑豊かな高原の町である。町内に高速道路や鉄道はなく、また、ゴルフ場やスキー場、温泉といったレジャー施設もなく、観光資源等に恵まれた環境とはいえない本町では、地域にある資源を最大限に活かしたまちづくりを行っている。

○基幹産業の振興とクリーンエネルギー

基幹産業の一つである「酪農」は、明治25年にホルスタイン種を導入して以来、120年を超える歴史をもつ。農地に適した平らな土地がほとんどない本町では、昭和50年代に食糧生産基地確立を目指した国家プロジェクトである「大規模牧場開発事業（北上山系開発事業）」を導入し、未利用地である1000メートル級の山々が連なる高地三拠点を牧場や採草地として整備するとともに、第三セクター方式で社団法人葛巻町畜産開発公社（通称、くずまき高原牧場）を設立し、酪農の振興を図ってきた。現在は、乳牛の飼育頭数1万頭、牛乳の生産日量100トンの「東北一の酪農郷」と称されている。なお、くずまき高原牧場では、牛乳、ヨーグルト、アイスクリーム、チーズといった乳製品の製造、販売を行っているほか、牧場のもつ多面的な機能を活かした体験交流事業を積極的に展開するなど、多角経営を軌道に乗せている。

もう一つの基幹産業である「林業」は、古くからナラを中心とした木炭生産が盛んであり、昭和30年代までは、日本一の生産量を誇っていた。その後、寒さに強いカラマツの植林に転換し、現在では、優れた強度を持つカラマツ集成材が、建築用材として公共施設に使用されているほか、関東方面からも高い評価をいただき取り引きされている。また、昭和61年には、山林に自生する特用林産物の山ぶどうを主原料としたワインを醸造、販売するための第三セクター、葛巻高原食品加工株式会社（通称、くずまきワイン）を設立した。現在、26タイプのワインを醸造しているほか、ジュースやブランデーまで製造し、町の特産品づくりの第一線を担っている。

このように、食料を生産し、環境を保全し、地域循環型のまちづくりを目指して、どのような時代も黙々と一生懸命に取り組みを進めてきた先で、クリーンエネルギーに到達した。平成11年に「新エネルギーの町・葛巻」を宣言し、牧場に吹く強い風を活用した大規模風力発電の導入、学校施設等への太陽光発電の設置、不要なものとされてきた家畜排泄物や間伐材等を利用したバイオマス発電の導入など、クリーンエネルギーを推進してきた。この結果、現在では、食料自給率約２０１パーセント、電力自給率約１６６パーセントと推計されている。

このように、本町では、山村のもつ力を最大限に活かし、「ミルク（酪農）とワイン（林業）とクリーンエネルギーの町くずまき」をキャッチフレーズに、町民が誇りをもてる「住み続けたいと思えるまちづくり」を推進するとともに、「山村のモデル」となる町を目指している。

2　東日本大震災等による被害

○ライフラインへの影響

平成23年3月11日に発生した東日本大震災では、本町は、人的被害、家屋の倒壊等は発生しなかったものの、町内全域において、住民生活に密着するライフラインに被害を被った。

地震と同時に町内全域で停電が発生し、各家庭の照明、テレビ、暖房機器、調理機器等が停止するなど大きな影響を受けた。また、停電の影響から給水施設が利用できなくなり、断水の被害を受けた地域もあった。停電は、少しずつ復旧したものの、町内全域においての復旧は、震災発生から丸2日後の13日午後となった。

本町では、震災が発生する2か月ほど前の平成22年12月下旬から翌年1月上旬にかけて、二度にわたる豪雪災害により、大規模な停電を経験した。倒木による電柱の倒壊、電線の断線が原因であり、復旧に時間を要し、最長で4日もの間停電が続いた地域もあった。また、固定電話回線の断線により、携帯電話不感地域の集落が孤立化する事態ともなった。さらには、倒木により、県都盛岡市へと向かう国道２８１号線が寸断され、交通や物流も大きな影響を受けた。

○酪農への影響

豪雪災害や東日本大震災は、基幹産業である酪農経営に甚大な被害をもたらした。長時間の停電は、機械による搾乳作業を停止させたほか、搾乳を順調にできない乳牛の健康状態にも影響を及ぼした。また、手作業により搾乳しても、停電により冷却器が稼働せず、さらには、加工場でも操業を停止したため、生乳を出荷できず、廃棄を余儀なくされる事態となった。

そして、追い打ちをかけるように、原子力発電所での放射性物質流出事故に係る風評が、さらに被害を拡大させ、廃用牛の出荷停止、市場価格の暴落など、酪農経営は、危機的な状況に陥った。

3　安全・安心に暮らせるまちづくり

○災害を経ての教訓

本町のまちづくりは、「酪農」、「林業」という基幹産業の振興を中心に据えながら、一歩ずつ前進してきた。昭和50年代には、酪農生産基盤の整備を中心とした一次産業への取り組み、昭和60年代には、山ぶどうなどの地域資源を活用した二次産業への取り組み、平成初期には、宿泊施設の整備など、交流基盤の整備を中心とした三次産業への取り組み、平成10年代には、基幹産業の延長線上にあったクリーンエネルギーの導入など、環境、エネルギー問題への取り組みを実施してきた。

私は、平成19年町長就任以来、「安全・安心に暮らせるまちづくり」の実現に向けて積極的に取り組んできたが、東日本大震災をはじめとする大規模災害の体験は、改めてその重要性を認識させるものであった。

（1）情報

○地域情報化の取り組みの発端

地域情報化への取り組みは、平成18年に発生した豪雨災害にまで遡る。この豪雨災害は、被害総額約40億円という大規模な災害であり、また、昭和30年の町村合併以来、初めて避難勧告を発令した災害でもあった。

当時、都市部では、日常生活における高度情報化が急速に進展していたが、本町をはじめ、地方の山村は、都市部に遅れをとっており、災害発生時等に活用できる情報伝達手段も限られたものであった。こうした状況下での豪雨災害の発生は、町民に、情報伝達手段の脆弱さと整備の必要性を痛感させた。そして、これを機に、情報通信基盤施設の整備に向けた取り組みを進めていくこととなった。

○都市部と遜色のない情報通信環境の構築

平成19年度、情報通信基盤施設の整備に向けて、総務省のモデル指定を受けた調査研究事業を行い、この結果を受けて、3年計画で情報通信基盤施設の整備を開始した。平成20年度は、中核となる公共施設のネットワークと情報伝達手段の確保のための整備を実施、平成21年度は、情報通信手段をさらに拡充するため、地域イントラネット基盤施設を拡充整備した。平成22年度には、高速ブロードバンドの利用環境の構築と地上デジタル放送完全移行に向けた基盤整備を実施し、町内全域に450キロメートルにも及ぶ光ケーブル網が敷かれ、都市部と遜色のない情報通信環境が構築された。

東日本大震災発生時には、平成23年度に開局の予定で整備を進めていたケーブルテレビ「くずまきテレビ」の試験電波により、災害関連情報を配信し、町民に対して迅速な情報伝達を行うことができた。同年4月に開局した「くずまきテレビ」は、現在、情報伝達手段の核として、全国初となる町議会の生中継や町内のさまざまな出来事を紹介する番組をはじめ、多様な情報を映像やデータ放送、テロップなどで即時に配信し、町民生活のなかに定着している。

○災害に強い情報通信環境の構築

こうして情報通信基盤施設の整備を進めてきたが、豪雪災害や東日本大震災のような大規模停電が発生すると、これまで整備した情報通信基盤は機能しないという新たな課題を突きつけられることとなった。

このことから、災害発生時の情報伝達手段の確保強化を目的に、平成23年度、ポータブル衛星電話を整備するとともに、町内集会所等37の公共施設に小型発電機を整備した。この年に発生した台風15号による災害では、停電、固定電話回線の不通により、情報伝達において孤立化した集落にポータブル衛星電話を配備し、現地の状況をリアルタイムに確認するなど、その威力が発揮された。

さらに、災害時に避難所となる地区センター等25施設には、太陽光発電設備、蓄電設備を整備し、無停電化を図った。これにより、災害等による停電発生時の電源および冬期間の暖房の確保が可能となったほか、平常時、太陽光発電により発電した余剰電力の売却代金を、施設を管理する各自治会の収益とし、活動費の一部に充てられるなど、地域活性化にも一役買っている。

平成24年度には、これまでに構築した複数のシステムをワンオペレーション化し、情報伝達の即時性と効率性を高めるとともに、どんな災害が発生しても、いずれかのシステムが機能するように、伝送路や情報伝達手段の多重化などを進めた。また、携帯電話については、不感地域の解消に向け、関係者の協力を得て取り組んだ結果、町内における携帯電話の世帯カバー率が99パーセントにまで向上した。

こうして、一つずつ災害に強い情報通信環境を構築し、現在は、これらの情報通信基盤施設の一層の活用のために「ＩＣＴ利活用会議」を設置し、新たな活用の可能性について検討を進めている。

（2）食糧

○災害に強い酪農環境の構築

災害発生時の長時間にわたる停電の経験から、酪農家における非常用電源の確保が課題とされたなか、その対策について、酪農家に対するアンケートなどを実施し、検討を進め、東日本大震災発生の年の10月には、非常用発電機の購入費を助成する町単独の補助事業、「畜産用非常用電源確保対策事業」を創設した。これは、非常用発電機を共同購入した場合の2分の1、上限50万円を補助するというものであり、39戸の酪農家が計13台の非常用発電機を購入し、災害等による停電時の対策を図った。

○風評被害の払拭

東日本大震災による原子力発電所での放射性物質流出事故は、本町の酪農に大きな影響を与えた。乳牛の粗飼料について、暫定許容値を超えるようなことは、ほとんどなかったにもかかわらず、国内のみならず海外からも、東北で生産された食糧の安全性を疑問視する声があがった。いわゆる風評被害である。これは、酪農家にとっては致命的なものであり、いくら放射線量を測定し、安全であることをアピールしても、一度植えつけられた消費者の不安は、そう簡単に覆るものではなく、正しい情報が正確に伝わりにくいことを痛感した。そこで私は、消費者の不安を一掃し、その安全性をアピールするため、放射線量の値にかかわらず、町内すべての牧草地を除染する方針を打ち出した。そして、国、県等の支援をいただきながら、平成24年度から3年計画で、町内すべての牧草地の除染作業を実施している。東日本大震災の発生から3年が経過し、風評被害は大部薄れてきたが、この経験を教訓とし、今後も、風評に左右されることのないような安全な食糧生産にしっかりと取り組み、情報を発信していきたい。

○新たな酪農構想

現在、本町では、「新葛巻型酪農構想プロジェクト」を立ち上げ、次世代の新たな酪農の方向性を構築する作業を進めている。私は、これまでの１２０年の酪農の歴史のうえに、新たに多頭経営体やコントラクター組織の育成、経営環境の整備、再生エネルギーの導入などを進め、さらに１００年継続する葛巻型酪農として、世界からも注目されるような総合的な一次産業のモデルを目指していきたいと考えている。

（３）教育

○復興教育の推進

岩手県は、東日本大震災のつらく、悲しい体験をそのままで終わらせることなく、子どもたちが共に手を取り合って、勇気と希望をもって前に進んでいくため、県内の小・中・高・特別支援学校が心を一つにして、東日本大震災を見つめ、未来を担う人づくりを進めることを目的として、「いわての復興教育」プログラムを作成した。このプログラムでは、これまで行ってきた教育活動を復興教育の視点で見直し、被災地域の学校も、被災地域を支える学校も、共通した思いや考えのもと復興教育に取り組んでいくこととしている。

本町の小・中学校および町内にある唯一の高等学校、岩手県立葛巻高等学校では、このプログラムを基に、被災地域の学校を支える立場として、自分たちの手で、自分たちのできる支援をしようと、和太鼓や合唱による交流活動など、被災地域の児童・生徒を招いてさまざまな取り組みを実施している。さらに、町内のスポーツ団体は、被災地域のチームを招待してのミニバスケットボール大会や少年サッカー大会を開催するなど、町をあげて被災地域の子どもたちとの交流に取り組んでいる。

○体験学習の支援事業

東日本大震災発生後、本町では、被災地域の子どもたちに教育や体験を受けることのできる環境を提供するとともに、自然や動物に触れることで改めて生きる力を感じる機会を提供したいという思いから、被災地域の学校の体験学習を受け入れ、体験学習費用、宿泊費用などの経費の一部を助成する「被災地生徒等受入支援事業」を創設した。震災から3年が経過した現在も事業を継続しており、平成25年度までの3年間で、1500人を超える被災地域の子どもたちが本町を訪れている。

○少子化対策と子育て支援

少子化の進行は、どこの自治体でも大きな課題となっている。少子化による学校規模の縮小は、配置される教職員の減員、クラブ活動等集団活動の停滞など、十分な教育環境の構築に支障を来すものであり、子どもたちの教育を守るためにも、少子化に歯止めをかける取り組みが喫緊の最重要課題である。

本町では、取り組みの一つとして、安心して子育てができる環境の構築と子育て世代の支援を目的とする年長児の保育料無償化や世帯第三子以降の入園児の保育料の無償化、さらには、中学生以下の医療費の完全無料化を実現した。

○次世代の人材育成

中高一貫教育を実施している本町では、少子化が進行する中にあって、地元にある唯一の高等学校を守り、存続させるため、県立葛巻高等学校に対してさまざまな支援を行っている。通学に係る経済的負担を軽減するため、通学費の助成やスクールバスの運行を行うとともに、一流の文化に触れる機会の少ない生徒のために、芸術家を招いての鑑賞会等を開催する経費を助成するなど、葛巻高等学校の魅力づくりを支援している。また、町単独の育英奨学金制度の創設や高校生の海外派遣、郷土芸能活動の支援など、葛巻高等学校の特色を打ち出すため積極的に取り組んでいる。それでも、生徒数が減少し、葛巻高等学校の分校化や統廃合の不安は解消されない状況にある。

こうした状況を踏まえ、葛巻高等学校に対して新たな支援策を打ち出そうと、本年度、町役場内にプロジェクトチームを立ち上げた。このプロジェクトチームでは、将来、社会の各分野で活躍する人材が葛巻高等学校から数多く輩出されることを願い、さまざまな視点で議論を重ね、さらなる魅力づくりのための準備を進めている。

（４）雇用

○町内の雇用環境の情勢

男性型企業の少ない本町の雇用情勢は、大変厳しいものがある。それでも、乳製品加工メーカー等、数社の誘致企業のほか、当町の三つの第三セクターや町森林組合等は、地元住民のほか、多くのＩ、Ｕターン者等を受け入れており、本町における重要な「雇用の場の提供」の役割を担っている。今後、町内全域に敷かれた光ファイバー網など、都市部と遜色のない情報通信基盤等をアピールし、企業誘致に引き続き努力していかなければならないと考えている。

○雇用の場の確保（持続可能な産業づくり）

町民の働く場所を拡大したいと考えている私は、町内の事業主に対して、新たに若者や高齢者を雇用した場合に奨励金を交付する「若者（高齢者）雇用促進事業」を創設したほか、「くずまき型持続可能な産業づくり支援事業」により、後継者の育成や町内で新たに起業しようとする人を応援する仕組みを構築した。さらに、後継者不足等により、設備投資に二の足を踏む商店等に対しては、「商店等設備更新支援事業」を創設し、設備投資のハードルを下げ、事業を継続しやすい環境づくりに取り組んでいる。

また、六次産業化の推進に取り組んでいる本町では、「くずまき型農畜産物加工ブランド力強化支援事業」を創設し、町内で生産される農畜産物を原料とした付加価値の高い農畜産物加工品の商品開発、販売等を手がける起業活動を支援することとした。昨年は、この事業の活用第一号として、酪農家の婦人グループによるジェラート工房が開業したところである。

4　山村のもつ力

○山村の機能と人口減少

21世紀の世界的規模での課題は、「食料・環境・エネルギー」といわれているが、例えば、国内で食料自給率が100パーセントを超える地域は、北海道、青森、秋田、岩手、山形の1道4県しかなく、逆に東京、神奈川、大阪といった大都市圏では、食料自給率が1桁という状況にある。

これは、どちらかといえば不便で住みにくいといわれる本町のような山村にこそ食料を生産する力があり、また、環境を保全する力、さらには、エネルギーを生産する力が存在しているということである。これまで、このような状況が理解されにくかった都市部においても、東日本大震災による原子力発電所事故を機に、現実として山村のもつ力への理解が深まったと考えているが、山村の現状を見ると、人口減少、高齢化など、きわめて厳しいものがある。

国内において過疎地あるいは山村といわれる地域は、国土の57パーセントであるが、ここに居住する住民は国民全体の８・88パーセントでしかなく、この１割にも満たない住民が約６割の国土を保全しなければならないのである。また、食料生産に関わる農業者の平均年齢は65・８歳という数値もあり、この数値は、今後も上昇するであろう。

○「取り引き」から「取り組み」へ

これまで、都市一極集中型の政策により、山村のもつ力が都市に吸収され、あるいは、人も山村から都市に流れ込んだことにより、「都市は繁栄し、山村は疲弊する」という現在のような状況に至ったのではないだろうか。しかし、山村と都市は、相関関係にあり、どちらか一方だけが永続的に発展し続けられるというものでは決してない。つまり、山村が発展しなければ、都市の発展も止まり、やがて、日本全体が衰退に向かうことになるだろうと危惧している。

また、これまでの山村と都市との関係は、例えば食料の生産一つにしても、生産者の意に関係なく、市場原理のなかで、価格から荷姿まで決定され、山村で生産したものを都市住民に買っていただくという、都市と山村との「取り引き」でしかなかった。

しかし、これからは、都市住民が過密の都市から過疎の山村に移り住みたくなるような施策を国策として展開し、山村と都市とが、お互いのもっている機能をしっかりと理解し合いながら補完し合う「取り組み」へと転換することにより、相互が活き、活かされる関係にならなければならないと考えている。私は、やがて、そのような時代が到来することを心から願っている。

第5章　町づくりは人の意識を育てることである

――土地問題を中心にして

稲葉　暉　一戸町長へのインタビュー記録

期日　2014年5月8日（木曜日）
聞き手　山崎憲治、山崎友子

沿岸部の被災地域では、高所に多くの移転集落の建設計画が立てられている。津波防災にとって、高所移転はきわめて有効な方法である。しかし、移転によって生活が大幅に制限されたり、旧中心地を放棄し、未利用地に帰すようでは、新しい町の活気を生むことに困難が予想される。開発の利益が、中央のプランナーの手に握られ、その後の生活・消費活動も中央の資本に吸い取られてしまうのではないかという心配が強くなる。一戸町の新しい町づくりは、町の中心に広場・公園があり、それに近接して県立病院・介護施設、ホール、図書館が設置され、その外側に流通施設を配置している。東北で1人当たりの利用図書数は第1位というすばらしい実績があがっているのも、この計画がうまく展開している証である。今日は町づくりから見えてくる、地域の姿を稲葉町長に語ってもらうこととした。

Q　3・11以降の日本をどうつくるかという問題意識をもった町づくりについてお話を伺いたいと思います。

町長　まさに町はどうあれば好ましいか、首長として考えてきた。お決まりのヨーロッパ視察をしてみた。そこには、教会やシティ・ホールが町の中心にあり、ここでは結婚式があげられ、小さい商店街（モール）があるのを目の当たりにして、町の「へそ」をつくると、自然と人が来ることを確信した。特に、休日ともなると三々五々人が集まり、よい時を過ごす。コミュニティとして望ましい町の姿を知ることができた。

一戸は、昔からの宿場町、一部城下町という歴史を経るなかで、町並みが形成されてきた。確かに、高度成長期に所得が向上し豊かになったかもしれないが、「町の『へそ』はどこにあるのか？」と思った。

意識的に人を集める町づくりがなされてきていなかった。「へそ」になりうる土地がない。商家の土地等、なかにはすばらしい庭も見られるが、個人の所有物としてあり、コミュニティに開放されていない。地価も高く、行政が手を出しにくい。放って置くと、郊外開発が展開し、町から離れたところに人が集まる中心地区が展開することになりかねない。またバイパスができ、そちらに商業施設も引き寄せられてしまう。歴史性・計画性もなく、開発に都合のよい場所での展開が見られ、自然発生的につくられてきた古い町にも新しい町にも「へそ」がなくなる。このような状況で余計「へそ」をもつ町づくりを考えるようになった。

もう一つは、古い町の方は、みんなで決めるのではなく、経済力のある人や金融機関がいい場所に店舗を構える。しかし、休日にはこれらの店はドアが閉じられ、人が集うことはない。古い町ではへそのない空間＝閉じた空間をつくってしまっている。

このような思いをしているときに、ヨーロッパへ行くと、民主主義の時代にあっても古い時代につくられた「へそ」を大事にし、時には保全に向けて規制もしている。さらに驚いたのは、ストックホルムでは市の中心部に老人ホームをつくっていた。その見識に驚いた。日本では、老人ホームは土地の安いところ、すなわち町の中心から外れた郊外に立地する。

さて、どうするか？

県立一戸病院の移転問題が持ち上がった。古い町にあった病院施設、これは1ヘクタールの用地であったが、新しい病院用地には5ヘクタールが必要といわれた。そのため用地を他の場所に求めなければならない。しかし、用地交渉が困難で、行政担当者は地価の安いところを買おうとする。それは人の来ない山の方に病院が立地することとなる。そうするとスプロール化が始まる。他の県立病院をいくつか視察してみると、町から離れたところに立地した病院によって、商店街に人は来ない、駅からも人がいなくなっている状況が生まれていることに気づかされた。

病院は町で一番集客能力のある施設。一方、病院建設において用地交渉が難しい。下手をすると他の地域で見られたことと同じ現象が起こってしまうと。しかし、外国には例がある、自信をもって町づくりを進めるべきだと考え、ヨーロッパを目標にした。

Q　町づくりは土地問題、地価問題と深く関わっています。そもそもこの土地神話はどこに原因があるのでしょうか。

町長　戦後史を考えてみることが必要です。確かに、農地解放そのものは成功しました。自作農を創設し、生産性が一時向上しました。一方、土地が「財産」となってしまった。

ある時、中央アジア（タジキスタン）からの農業研修生が来て、意見交換会をもつ機会があった。ここで私が述べたことは次の3点に集約できる。

①農地解放は確かに自作農を創設し、地主・小作という旧来の生産関係を解体させたが、同時に日本の農用地が細切れの所有になってしまった。
②経済成長に伴い農地が個人の財産と位置づけられ、誰もここに手をつけられなくなった。
③農地が分散細切れ形態で、資産として保持することが課題になると、農業生産に大きな影響を及ぼす問題になる。

だから、「独立間もないタジキスタンにあって、急いで農地の私有化をすべきではない」と助言した。いま歴史を紐解けば、農地の私有化については、一呼吸おけばよかったと思っている。その後もこの課題について国としては議論したことがない。戦後日本の重大な「忘れ物」だと考えている。

そもそも、ヨーロッパでは、所有権と利用権は別個の存在。根本に、土地を商品にはしないという共通の認識がある。都市と農村の土地のあり方が問われている。残念だが、土地バブル崩壊を経ても日本では反省がない。地価上昇が利益を生み、不労所得の源泉になってしまっている。生活と土地は切り離せない大事な問題である。しかし、土地の所有権の問題は一貫して論議できていない。

二十数年前、東京のフォーラムに招かれた。そこで、日本の経済は「土地本位」だと強調したのだが、「それはよくない」という話にはならなかった。

金融機関にとってみれば、土地はもっとも確実な担保物件であり、地価の上昇は担保の価値を高める役割を果たすのだから、農地を含め土地は資産的価値でのみ計られるという結果が全国で見られることになる。これはまずいという論議が起きていないことが問題だ。土地問題の解決には、個人的な権利の乱用ではなく、まず使用について民主的なプロセスが必要という議論さえなかった。

Q　町づくりには用地交渉が欠かせませんが、どのようなご苦労がありましたか。

町長　小学校の用地交渉のとき、粘ったほうが「勝ち」になっていった。自分の師弟が学ぶ学校、地域の中心に位置付く施設をつくるという考えが、いつの間にか消えてしまっていた。骨の髄まで、地方でも土地が商品になっていることに、行政を担うものとして、そして地域をつくる仲間として、ショックを受けた。

Q　バブルが崩壊し反省したこともあったのでは？

町長　確かに、地価は「右肩上がりでない」ということを国民は確認させられた。しかし、意識構造は少しも変わっていない。今も地価が高くなり、資産価値が高まる状況が生まれることを強く望む人は少なくない。しかし、それでは結果的に、ただ東京の不動産価格、あるいは不動産の価値の総体に日本中の人が吸い寄せられることになるだけではないだろうか。

Q　ヨーロッパモデルに近づけつつ、一戸モデルをつくるということですか。

町長　ヨーロッパの成功例と日本の失敗例を頭に置かざるを得なかった。しかし、用地交渉が難しくても、町民に必要な施設と空間は、町の中心につくらなければならない、このモデルは揺るがしたくない。この思いを粘り強く実現することが必要だ。土地を買うこと、借りること、種々の手法を用いて必要な用地の確保を進めていった。

病院から始まり、これに連続して福祉施設。中央の広場・公園をはさんで、文化施設・ホール・図書館を配置、そして商業流通施設をもってくる。中央の公園は市民が手づくりで関われる機能と役割をもつものにする。

理想的な町づくりへ、一歩前進ができたと思う。ヨーロッパでは、市民皆で考えている。しかし、当町では非公開で進めざるを得なかった。土地ブローカーの暗躍が予想され、せっかくの住民参加が混乱する恐れがあったため、残念だが情報を管理せざるを得なかった。この点でヨーロッパの参加型の町づくりに一歩遅れを取っている。

Q　一戸の町づくりの手法は三陸被災地の新しい集落づくりに応用する場合、どの部分で可能なのでしょうか？

町長　一戸の町づくりの実践から、三陸復興・新しい町づくりを見ると応用可能な部分と、それぞれの地域の特有な課題という二つの面がある。集団移転が抱える課題のなかには、震災で起こったのではなく、もともと日本がもっていた問題もある。土地問題は今まで個人に任されていて、それも大変であったが、集団となるとまた新たな困難な課題が出てくる。権利の調整と地価を押しとどめる対応策で、今被災地は苦労していると思われる。一方で、時間が経てば経つほど、被災地の人口が流出することは明らかだ。時間の経過とともに、新しい町づくりの規模を縮小し、当初計画を変更せざるを得なくなる。早期に実現することはコミュニティの維持という面でも必要なことだが、同時に中身を深める努力も必要だ。

図１　工業団地上空から市街地を望む

用地取得の難しさは、沿岸、県北、県南の順に難しく、これが被災地の町づくりを遅らせている。そのために、世論を盛り上げる、地権者を説得する、元の土地のスムーズな買上げなどを行い、土地を確保すべきである。相場以上の値段で動かさざるを得ない面もあるのではないか。

そして、せっかく苦労して土地を確保したならば、手を抜かずに、住む人に満足してもらえる町づくりを進めることが、未来の三陸、つまり日本をつくることにつながると思う。しかし、実際には時間や手間がかかることは事実だ。

Q 沿岸部の首長から町づくりを教えてほしいという依頼はなかったでしょうか。

町長 微妙な問題だ。生活者の視点で町づくりを進めることが肝心という点を助言することがあった。たとえば図書館とモールが一緒にあると、買い物のついでに本を借りることができ、読む機会も多くなる。親が買い物をしている時間、子どもは図書館の児童室で、例えば読み聞かせに参加する。こんなイメージの町づくりを大手のディベロッパーは果たして取り組むことができるだろうか？　生活者の視点で町をつくるということが肝心なことだ。職員が不足するため、大手の開発業者に丸投げ方式では、土地問題を根本から見直すことにつながらない。

一戸町の新しい町の元の土地の形は棚田であった。地形を大幅に変更する類の土地造成は行っていない。傾斜を利用し、元の地形を変えることをせずに、逆に時間をかけて町をつくっていった。三陸沿岸に許される時間と一戸町に与えられた時間とは大分違っていると思うが、元の地形を大幅に変更しない、スロープ状の地形を積極的に利用すること、地形変更のハードにあまり手間暇かけないで中身を吟味したことが新しい町の特色にもなっている。

また、例えば公園づくりでも国の交付金は自由度が低いため使わなかった。交付金を使えば規制がかかり、変更が難しくなる。新しい町の特色を出すことにおいても時間をかけ、みんなの様子を見ながら、意見を聞きながら、ちょこちょこ変えながら新しい町をつくる手法を用いた。だから、公園でも補助金を活用する方法を止めた。これが町の「へそ・中心」をつくる方式だと思う。みんなの意向をできるだけ反映させる、この方式が活きた町づくりになると思っている。

Q 新しい町づくりと同時に昭和の町を守り、つくっていく。ここでの子どもを中心とした町づくりをというコンセプトはどこから来たのですか？

町長 高齢化が問題だが、ある時点から少子化が別の意味で大きな問題であると認識した。高齢化対策は国からモデル・施設・サービスの型が示され、整備が進んでいる。しかし、少子化対策は独自の展開を、しかも近々に具体化しないと、地域の消滅という深刻な問題に結びついてしまう。直ちに、試行錯誤的に手を打たなければならないと感じた。

そこで、昭和の町を守ることと少子化対策が組み合わされば面白いと感じた。

Q 一戸町での「少子化」対策とは、どこに焦点を当てた対策が立てられているか、ご紹介ください。

町長 大都市の中央では保育所が足りないことが、最大の焦点になっていると思う。一戸町では少子化が進み、保育施設の定員を満たさない原因を考えながら、施設の維持発展を前提にして、トータルに対策を考えなければならない。同時に、自治体に政策展開がある程度任されている。一戸町が実施している

主な対策をあげると、
①医療費自己負担―学齢期までをゼロとしていたが、それを高校生まで拡大している。
②保育料実質無料化に向けて補助を強めたい。今は、児童手当1万円を保育料の上限にしている。財源があればゼロにしたい。
③子育て支援の住宅政策でも、今の若者の暮らしと所得が我々古手の時代と違うことをまず考えておかねばならないことから出発した。今の20歳代の若者の生活レベルは高い。最初に車をもつ。携帯をもつ。しかし、収入は上がらず、家賃が負担になる。生活の逼迫度は高い、といわざるを得ない。現在の20歳代の生活を想像してみよう。２ＤＫの住宅に住み、ここに5～6万円の家賃を支払っている。この負担がもっとも大きいことに気づいた。町有の安い住宅があれば良いと思った。若い人たちがここに移り住むことにより、町の人口を増やそうというものだ。一方で、貸家経営をしている家主さんたちに影響がないように気をつけなければならない。幸い国の雇用促進住宅を安く手に入れ、子育て世代に限定。町外からの転入者のみ入居可とした。この政策で50人もの子どもが増えた。フランスは第二次大戦後少子化対策を継続して展開しており、いまや合計特殊出生率は2・0にまで引き上げに成功した。デンマークは少子化と高齢化対策をセットで考え対応している。

Q　小児科医院と病児保育施設をセットで昭和の町の中心に置かれました。きわめて先進的な町づくりだと思いますが――。

町長　昭和の町づくりの中心に町設民営の新しい小児科医院をおいた。小児科は診療報酬が少なく、なり手が少ない科。そこで町も支援し、医者を確保するとともに、併せて病児保育園を設けた。より受診率が上がった。

Q 病児保育は少子化対策では目玉の政策ですね。どの保育施設も病気になった子どもは「お預かりできません」と対応しますからね。結局保護者が仕事を休み、子どもの面倒を見なくてはならなくなります。

町長 安心して子育てができる。子どもが病気になっても、医師と看護師、保育士が親と連携してケアできる体制をもつ施設を、町の中心に置いた。一戸町の子育て、少子化対策を明確に示すものです。これによって、安心して子どもを育てる体制がつくられると同時に、古い町の活性化ができている。明確なコンセプトをもった町づくりなのです。

一つひとつのニーズの把握を行い、確実な対策を考えていく。結局、政策の実現は、ある意味で所得の再分配であるといえる。ヨーロッパではそれを当たり前のこととしてやっている。このように、一戸町の地域の課題をおさえ、先見性をもって、予測して先取りすることが、町の活性化につながると考えている。

Q 一戸町には縄文遺跡があります。これを現代とどう結びつけるか、可能性をお聞かせください。４５００年前の人類の生活の証を現代に生かし、それを未来にどうつなげるか。コツコツ整備してきたことが、確実な成果に結びつきつつあるのではないかと思いますが。縄文と現代の産業を結びつける可能性はありますか。

町長　震災を体験することによって、身近なものを大切にするという生き方を学ぶことができた。すぐに自給自足に戻せというのではなく、まず地域がもつ資源を最大限に活用し、循環を強める気運を盛り上げることが必要。今の生活を見直す、入り口のところにいると思われる。

町内では木質バイオマス火力発電所が近々に始まる。「縄文パワー」の復活である。風力発電も2～3年後に実現する。冬の北西の季節風、夏のやませ、今まで厄介者だったが、これを「原料」にする。3・11では石油が厳しい状況に陥り、その後石油火力の価格が高くなっている。一戸町には畑地灌漑のためのダムがあるが、配水と同時に電力を起こしている。

このようにエネルギー政策を地域の産業振興と関連させて展開していきたい。地産地消をエネルギーにまで広げて進めることが重要だ。

Q　町長として学校教育に期待することは？　震災では、岩手県沿岸部での学校管理下での犠牲者はゼロでした。また、避難所の運営などを見ても、地域と学校のつながりの強さが大きな力となったと思われますが。

町長　子どもを誰が育てるか、という問題だ。子どもの育ち方は社会のあり方に規定されている。便利になりすぎて、気づきが遅くなっている。肌で感じる力が弱くなっている。学力もさることながら、基本的に生きる力が低くなっている。先発世代が露払いをしすぎ。地域で子どもを育てるという、地域の力が必要だ。このことは、子どもの学力問題にとどまらない。大人の生き方にも影響を及ぼしている。

最近次のようなことを聞いてショックを受けた。

一つは、ある会社の採用担当者から聞いたことだが、本社採用に外国人が増えてきた。彼らが日本人と比較して「人間力」が数段上だと実感していることだ。二つ目は一戸町での実話である。夏休みの子ども会の高原でのキャンプが親の反対で中止となり、集会所でのお泊り会となった。子どものなかには、日常虫に刺されることがまったくなく、刺されると本当に大変な事態になる子が出てきている。

このように守られすぎたなかで、「たくましく」生きることをどう実現するのか？　子どもを誰が育てるか？　親だけではない。地域が育てる面もある。「森と風のがっこう」の吉成さんの実践には学ぶべきことが大きいと思う。ヨーロッパには「森の幼稚園」がある。子どもは教室よりはるかに多くを学ぶとともに、学び合うことから、もっと大きな学びの場をつくっている。

また、スクールバスを制限することもやらざるを得なくなっている。バス運行の距離を５００メートル短くして子どもを降ろし、後は歩かせる。笑い話ではなく、ここまで意識してやらないと、きちんと歩くことも、育たないのも事実だ。

子育て支援は今まではお金中心だったが、これからは、このような内容そのものが問われている。「たくましさ」を育むうえで、地域がもっと前向きにならないと、厳しい結果を生むことになるのではないかと危惧している。

道徳をやることとは違う。野山で勉強しよう。基本的な体験が少なくなっているので、すぐに成果は生まれない。子どもたち同士学び合う。生活そのもの、自然の中＝フィールドで学ぶ。一戸町には自然のフィールドという教室はいくらでもある。これを大いに活用することが、特色ある学校、一戸町でなくてはできない地域の教育をつくっていくに違いない。中・高校生の海外派遣を進めているが、向こうであなたの意見を言いなさい、と言われて発言がなかった。困った。何も言わないという日本社会の処世術の問題かもしれないが、解消することが必要だ。海外派遣を継続させる面でも、自分の意見が素朴でもきちんと表現できる力が望まれると思っている。

第6章　諦めの境地から生きる郷へ――旧沢内村長深澤晟雄に学ぶ

西和賀町（旧沢内村）深澤晟雄資料館　佐々木　孝道

はじめに

「与えられた人間の生命が完全に燃焼しつくすまで、自分たちで自分たちの生命を守り続けることが、主義主張を超えた政治の基本でなければならない。教育も経済も文化もすべてがこの生命尊重の理念に奉仕すべきものである」

「私は住民の生命を守るために私の命を賭けよう」（昭和36年村長選挙での公約より）、政治の原点は「生命尊重」であるといった、旧沢内村長の深澤晟雄《まさお》さん。3・11の大震災を経験してこれほど晟雄さんの言葉が痛切に突き刺さり、再認識させられたことはなかった。生命健康があってこそ、産業や教育がある。「自分たちの命は自分たちで守る」そういった晟雄さんは、昭和40年1月28日、59歳の若さで亡くなった。この昭和40年は前年から降り続いた雪が、3メートル以上にも達し異常気候の年になり、その後低温や冷害につながった。この時、「5年前のチリ地震津波の時のお返し」として陸前高田市から「困った時はお互い様」と4000束の苗がトラックで運ばれた。旧沢内村の人々は人間の温かみに触れ、熱い涙を流した。チリ地震津波は昭和35年5月24日早朝であった。この時、村長は村民に緊急支援を呼びかけ「村一丸となって被災者の苦しみを和らげてあげよう」と義捐金や慰問品そして、11万束の救援苗を送った。「被災者の苦しみを和らげてあげよう」の言葉に生命尊重の理念が伝わると思います。住民の心を基に住民と共に行政をつくり上げ、村民の「健康・生命」を守ったばかりでなく、村民に「自信と誇り」を実感させたことに学ぶ意義がある。深澤晟雄さんという一人の政治家を通して現代を問うことは沢山ある。３・11の復興に向け慈愛の人「深澤晟雄」さんが、少しでも参考になれば幸いである（晟雄さんの言葉を原文そのまま載せることにより、晟雄さんが伝えたかったことをより深く理解していただければ幸いである）。

１　旧沢内村（現西和賀町）

平成17年11月1日沢内村と湯田町が合併して西和賀町となる。人口は合併当時７７０３人平成26年2月28日現在６３９７人（少子高齢化の勢いは止まらない）。晟雄さんの村長時代の沢内村の人口は約６０００人であった。もともと、この地方は沢内通りといって南部藩の隠田《かくしだ》であり、岩手県と秋田県境の奥羽山系の中の盆地である。標高４００メートル、１０００メートル級の山々に囲まれた北上川の源流、和賀川が旧沢内村の中心部を流れている。南部藩時代おしよせる飢餓と貧しさの繰り返しで、沢内三千石、お米の出どこ、枡《ます》ではからず箕《み》（身）ではかる。全国に知られている「沢内甚句」は凶作のため上納米の身がわりに村一番の美人娘、「お米《よね》」を差し出したと伝わる悲話である。宿命的な豪雪により半年も交通は遮断され、貧しく病気が多く苦難の連続であった。

『覚書にみる澤内』によると、沢内通りは流刑の地であり、南部盛岡藩追放刑によると「重《オモ》キ追放」「遠《トオキ》追放」「中追放」「近追放」があり、沢内通りは2番目に重い罰の「遠追放」に相当する。１６７３〜１８６８年間の１９５年間で１７５人の沢内通りへの追放刑がある。「天牢雪獄《てんろうせつごく》」とはよくいったもので、沢内の自然環境から天然の牢屋となり逃亡が困難であり、逃亡しても途中で亡くなったとの記録もあった。追放地での生活ははっきりしないが、特定の家に預けられ食扶持はその働いている家からのようである。時々、その地の目明し、与力などが見廻ってその囚人がそこに居ることを見て行く程度であって追放になった人々は、預けられた百姓と生活を共にしたと思われるが、沢内に追放になった者で逃亡や欠落して再追放になった者は6人だけであり、非常に少ない。自然環境から逃亡も困難なこともあろうが厳しい自然の中にあって共に生きていこうという沢内通りの住民の包容性が追放者の心に伝わっていたのではないか、と思われる。

毎年の凶作、飢饉などで沢内通りの住民のわが身が大変な時、多くの追放者を押しつけられても沢内の人々は苦情の文章が見受けられない。沢内通り民衆の忍従というか諦観の如きものが考えられる。これは現代にも通じているのではないか？……と『覚書にみる澤内』には書いてある。とにかく、犯罪者の流刑地であった沢内通り、なかには極悪非道の者ばかりでなく政治犯や文化人もおり、閉鎖的な沢内に文化文明の窓を開く役を果たしてくれた人もいたのである。

2　慈愛の深澤晟雄村長誕生

深澤晟雄さんは、1905年（明治38年）12月11日和賀郡沢内村太田の小地主の家に生まれる。父初市（後に晟訓《まさくに》に改名）と母タミの長男であり一人っ子である。父は村会議員、曾祖父は県会議員という政治一家であったが、その政治活動により家産を傾けたため「政治には関係してはならない」が、家訓だった。晟雄さんの小学校時代の沢内村は電気も通ってなく貧しく、無医村であり、冬に人が死亡すると隣村の湯田村まで箱ぞりで運び、死亡診断書をもらった。医者にかかるのは亡くなって死亡診断書をもらうとき、というのが貧しい村民の悲しい現実であった。夜ランプを灯して勉学にはげんだ晟雄さんは、貧しい村の暮らしの思いを勉学にぶつけたのではないかと思われる。小学校を卒業し、盛岡中学校への進学を希望したが、父の反対で盛岡には向かわず、大正8年一関中学校へ入学した。運動が不得意で作文好きな晟雄さんは弁論部に入っている。成績は優秀でさらに進学を希望し、父に仙台二高へ行く思いを伝えたがまたも父は認めず、いったん沢内に帰村。大正14年、医師になる条件で仙台二高（理科）に入学したが、哲学書など読書に没頭。昭和3年、どうしても医者になる気になれず、東北帝国大学法文学部に父の許しを得ず無断で入学。この時、「生命尊重」の原点ともいうべき阿部次郎教授の教育を受ける。根本の価値は人の価値であり物の価値ではない、人間の尊厳をすべてに優先させるいわゆる人格主義であり、後の晟雄さんの人道主義的行動に大きな影響を与えたのが、この恩師阿部次郎教授であった。

昭和6年大学を卒業し、中国大陸へ雄飛、上海銀行時代に沢内村出身で沢内村初めての女医田中キエさんと結婚、昭和7年長女杜士子《としこ》誕生。昭和9年妻キエさんが妊娠中毒で亡くなる。子どもは両親のいる実家へ預ける。昭和12年現在の花巻市東和町土沢出身の菊池ミキさんと再婚。満州拓殖公社に就職、満州重工業東辺道開発会社、北支開発山東工業会社などを歴任、この間、英語や法律の教師もこなす。この頃、妻のミキさんは固い決心の末、一生自分の子どもを産まないこととすることで杜士子の本当の母親になることを決意した。ミキさんの死後、満州時代の思い出を書いた手記が見つかった。それはミキさんが84歳の時に書いたものだった。「……私が初めて家を離れて自分の所帯を持った昭和12年ごろ異国満州の新京の事である。リンゴ箱を食台として何一つない家庭を持ち今日食べるものも見知らぬ遠い満州で調達することから始まった。そんな時、思案にくれている時励ましてくれたのは晟雄さんの言葉だった。〝まず人間は必ず人間観を持つ事だ、その為にはまず本を読む事だ。次は人生観を持ってふらふらしないで、それに向って進む事だ。人生はそう甘いものではない。従って、これに向って進むという大英断し、これより他に道はないという事を深く思慮する事だ。理想だけでは生きてゆけない、その時いかなる道を歩けば良いか足もとをよく考えて大英断を持って自分の考えた方向に進むのだ〟……」。ミキさんは晟雄さんを評して、難しい問題、困難なことにぶつかるとさらに、燃えるようにやる気が出てくる人だと語っていた。

昭和20年第2次世界大戦の敗戦により終戦。溜川炭鉱の総務部長として民間人の最高責任者の立場で中国の人民裁判にかけられ死を覚悟するが、中国人に対する人道主義を貫いたことを中国人が証言し無罪となり、八路軍による護衛で青島行きの汽車に乗ることができ、昭和21年に佐世保、そして雪国の沢内へと帰還する。農業をしながら村の青年たちに、村医の斉藤龍雄、太田祖電《そでん》らと農業、政治、宗教、そして、民主主義の大切さを教育した。少ない情報しか入ってこない村にとっては、知識人の講座は大変有意義であり、若い年代を中心に多くの人々に多大なる影響を与えた。昭和23年佐世保船舶工業株式会社総務部次長として就任し、再度村を離れる。昭和29年朝鮮戦争特需景気も終わり、不景気による人員整理を命じられるが、首切りをやらずに総務部長職に辞表を出して村に帰郷。間もなく父の晟訓が亡くなる。父の言葉「一村一郷に尽くすのも男の人生」が心の中に染み込んでいたと思う。県立黒沢尻南高校沢内分校（定時制）の学生たちに英語を教えるようになる。農業をしながら学ぶ学生たちと接しているうちに、村の貧困の原因がはっきりと、見えてくる。晟雄さんは授業中「教科書を机にしまいなさい。皆、沢内はこのままでいいと思うか?」と問いかけ、沢内の厳しい現状を話し合っている（その学生のなかには後に教育長になり村長にもなる新町出身の故加藤昭男さんもいた）。熱っぽく語る晟雄さんの言葉に学生たちは、多くの影響を受けた。間もなく空席であった教育長になることを要請され、これを承諾し教育長に就任、沢内村に光を当てる第一歩となった。

教育長になり村づくりのためには女性の力が不可欠と考え、婦人会づくりのために徹底して村を歩き、「対話と行脚」を進め村内に15の婦人会を確立させ、ついに沢内村婦人会連絡協議会ができるまでになる。そして、それは青年連絡協議会につながった。また自ら、編集長となり村民との大事なパイプ役となる広報活動にも力を入れた。昭和30年4月15日発行「広報さわうち」創刊号による教育長兼編集長の抱負を次のように書いている。「広報活動を伴わない民主主義なんて目鼻のない人間のようなもので、奇怪な化け物の類であろう。村広報はいうまでもなく村政の実状をそのままに、村民に知らせることを任務とする。……第一点は広報の客観性である。政治的に無色であり、思想的に無臭であり、いささかも主観によって歪められた広報であってはならないとの意である。第二点は広報の民主性である。広報は決して当局一任のものであってはならない。第三点は広報の庶民性である。広報は官報式であってもならないし、研究論文であってもならないので、平易と興味の庶民性を重視し、親しまれる広報を作ろう……。広報活動は村づくりの『ビタミン剤』であり民主主義の栄養素である。少々金をかけても止むを得まい。広報活動に金を惜しむな、という村民の声が、村当局にも議会にも高らかに鳴り響く日も近いと信じる。広報は村民のものである。……」。一言でいえば「村民が主人公」ということであり、村民が自ら考え自分たちでつくり出していくことこそ自治であると主張している。

その後、「広報さわうち」は昭和31年の岩手県市町村広報コンクールで第3位1席に、そして昭和33年には全国でも入賞するようになる。新教育長の行動力、実行力は村民のなかに広く知れ渡っていく。そこに佐々木吉男さん（後に名コンビの助役となる人）という農協の専務が晟雄さんを訪ね、懇願した。その内容は、村の数少い現金収入のナメコ栽培が今一つ軌道に乗らない。せっかく沢内産のナメコを売ろうとしても、売り出すときは山形産になる。村にナメコ協会をつくりその支部長になってほしいとのことである。そして、晟雄さんはこの佐々木さんに押されて支部長役を引き受けた。またも「対話と行脚」により佐々木さんと共に全村を廻り、ナメコの栽培を訴えた。やがて、県下でも名のある名産地となっていく。村の予算2000万円の当時、それに近い生産高を上げ、村にとって貴重な収入源につながった。昭和31年に助役に就任する、当時役場職員で村への思いが強い高橋清吉さんとの出会いがある。高橋さんは、国保係で、この人の熱意が後に老人医療、乳児医療の無料化につながった。当時、保険料の滞納が多く、やっかいもの扱いの国保で医者も安定せず病院の評判はすこぶる悪かった。そんなとき、晟雄さんは「なんでも相談してくれ」と高橋さんに伝える。ある日、晟雄さんの自宅で酒を飲みながらの話し合いとなった。高橋さんは普段は口数が少ない人であったが大の酒好きで、酒が入れば入るほど仕事の話になり、国保保険料の滞納の件、税金を完納した人への表彰、保健婦資格を持つ人の育成、保健活動の先進地視察など今まで思っていたことを、思いっきり晟雄さんにぶつけた。後にこの酒にまかせて話したことを晟雄さんは全部高橋さんの考えた通りに実施した。これにより高橋さんはさらに、張り合いをもち仕事に打ち込んだ。晟雄さんの職員のアイデアを活かし、それを奨励する仕事の進め方は現在にも通用する。理想的リーダー像だ。そしてこれらの人の支えで、昭和32年5月、無投票当選で深澤晟雄第18代沢内村村長が誕生することになる。

3 「かまど返し村長」から「親愛なるブルドーザー村長」へ

晟雄さんは助役に、かつて一緒にナメコの普及に力を注いだ佐々木吉男さんを選んだ。佐々木さんは実直、ゆったりしているが物事を見る目の鋭さ、控え目だけど強さをもっていて、一緒にいるとリラックスできる。晟雄さんは最高の相棒を得たのである。二人はまずこの沢内村を苦しめている悪条件の原因をはっきり打ち出し、その解決に向って目標を定めることとした。ここでも「対話と行脚」から始まった。各地区、公民館で本音が出る話し合いを重ねた。いわゆる、徹底した「草の根民主主義」である。回を重ねるごとに村民は参加し意識を高めるようになり、晟雄さんの村づくりをする姿勢や情熱に村民の理解や敬意が生まれ、少しずつ実を結ぶことになっていく。

沢内村を苦しめているのは豪雪、貧困、多病多死の三つの悪条件であることを突き止めた。三悪追放をめざし、その第一歩として1年の半分、交通を途絶する冬の雪を取り除くこと、つまり道路の除雪をすることから始めた。議会の猛反発にめげず、村の総予算が3800万円だった当時、約500万円のブルドーザーを購入した。このとき、「かまど返し村長」（かまど返しとは破綻すること）と言い非難する人もいたが、隣村への除雪を始めてその結果、丸太の積み出しが可能になりひと冬で約3000万円の収入が村民を潤すことになった。「かまど返し村長」から「ブルドーザー村長」へ親しまれるニックネームを得たのである。晟雄さんにすれば、「1日で何台車が通る」そんなことで道路行政をやられてたまるか！ という反骨精神の表れでもあった。しかも、ただ一方的に行政が除雪をしてあげる、ということでなく冬季交通確保期成同盟会なるものをつくり、住民の寄付を募り、村民も参加しての除雪対策であり、「皆が力を合わせれば何でもできる」ということを確実に実証した結果であった。これが日本の地域医療史を変えた、村政の始まりである。

4　運命の加藤邦夫医師との出会い

昭和32年村長に就任し、三悪追放という基本政策に打ち出し、除雪と同時に保健にも力を入れた。当時、岩手県の乳幼児死亡率（出生1000名に対しての数字）は全国一悪く、その岩手のなかで沢内村は特に悪かった。（昭和31年乳児死亡率は69・6人）すなわち、全国一悪い乳児死亡率だった。県は10年計画で半減する計画をつくることになり、それに呼応し沢内村も乳児死亡率の半減運動を展開した。ただちに、保健婦（現在の保健師）2名を採用し、保健婦の補助役をする住民の補助機構、保健連絡員制度を設置したのである。この保健行政に力を入れ始めた昭和33年10月、大変な事件が起こった。麻薬中毒の医者による盲腸の手術の失敗で患者が死亡したのだ。このとき、岩手日報北上支局長の村田源一朗さんという（現在、岩手日報社相談役）若い記者がこの事件を嗅ぎつけて、動き出していた。村田さんはこの事実を確認し、村長に、「手術中に禁断症状を起こし、患者が死亡するという事実は大事件であり、社会的に糾弾させなければならない。これは沢内村だけの問題でなく事実を公表し、この医師集団に対して解決の協力をよびかけるべきである」といった。村長は保健行政の「つぼみ」が出てきて、これからというときの大事件であり、これでは沢内村はまた無医村に逆もどりになってしまう。なんとか「記事を書かないでほしい」と嘆願する。村長と村田記者との間で厳しい論議が交わされる[1]。

村長、村民たちの必死な努力、そしてそれを受け止めた村田源一朗さんにより、生命行政は救われることになる。後に、この経緯を書いたのが村田さんの「書かざるの記」であり、新聞記者は書くのが仕事だが書かなくても、世の中のためになることもある、ということで注目され、現在も若い新聞記者の人たちに知れ渡っている。晟雄さんは村田源一朗さんとのやりとりの前にすでに問題の医師の件で、盛岡の岩手医大に乗り込んで怒りの批判をぶつけていた。「私はあなた方の大学のこのような非良心的なあり方には、絶対に承服できません。今夜かぎりで岩手医大とは縁を切りたい。私の村はご承知のような僻村ですから、好んでくる医者はないと思うが、しかし私はあなた方の大学の非が改まるまであなた方を攻撃しつづけます」誰一人反論するものはいなかった。晟雄さんはここから、母校東北大学への体を張っての直訴を始める。そして、9か月もの時を経て東北大学の中村教授からついに、3か月交代での医師派遣の約束を勝ち得る。昭和34年のことだった。この年の8月から最初の医師が派遣されたが3か月ではなく、11月まで4人1か月交替で派遣され、医師の定着が見られないことに対して、村人たちにも不安の声が出るようになっていた。

昭和35年3月17日5人目、運命の加藤邦夫医師が初めて来村したのだった。加藤邦夫医師も1か月交代するつもりで来たのであったが、晟雄さんの「村の責任で村民の生命と健康を守るために、予防に力を入れる保健活動をやっていきたい」人間の尊厳を基とする生命行政を語る識見ある人物像に感動し、その後15年と4か月沢内病院に勤務することになる。

以下は加藤邦夫先生が描く深澤晟雄さんのプロフィールである。

「慈愛のまなざし、長い雄弁な挨拶、話し合いにおける演出の名人芸、理想に直接する結論の引き出しのうまさ、村づくりのビジョンに向って組み立てられた構想の各部分にすべての人と物を巧みに組み込める指導者、教育者……」

①深澤さんは、村行政の推進展開のため職員が自主的に独自に村民の課題を把握し、課題解決策を発想し、具体的計画案の企画作成を促し、その提案を採用し、称賛する方策と態度を採られた方です。

②村議会の予算審議では内に秘めた村づくりの理想に向けて、一切の困難な答弁は村長自身が自分の責任で対応し、部下職員に転嫁することはありませんでした。

③深澤さんは大きな手の平の上で人々を遊ばせ、喜ばせ、楽しませ、生きがいを感じさせたお釈迦様を想わせる大きな仁徳を蓄えた類い稀な方でした。

５　全国初の老人と乳児の医療費無料化と乳児死亡ゼロの快挙

加藤邦夫さんは沢内病院第６代院長に就任した。その当時、晟雄さんの７つ年下で同じ東北大学出身で秋田県横手市平鹿総合病院の院長であった立身政一《まさいち》さんは、深澤村長の村政顧問であり、大変晟雄さんと仲が良く平鹿総合病院は沢内病院の親病院になっていた。立身院長は、外科医師や不足の看護師を派遣してくれ、また立身院長自らも出張手術を行い、協力を惜しまなかった。若い加藤院長にとって、立身院長は大変心強く大きな支えであった。この昭和35年、沢内病院の財政は累積８５０万円の赤字であり、病院存続の危機であった。そこで村長は、加藤院長に病院再建計画、沢内村地域医療計画の策定を懇願し、その専門的内容は院長に一任、議会対策、財政、人事の対策等はすべて村長、助役で対応し首脳会議（基本方針、基本構想の合意を目的に村長、助役、院長）の随時開催、企画会議（実施計画策定を目的に助役、院長、厚生課長、病院事務長）の随時開催、人材活用として沢内村内外の計画策定に必要な人材の支援要請など具体化した。沢内村内外のあらゆる人材を駆使しての２年間の慎重な協議の末に、「沢内村地域包括医療計画」は決定され実行へと移されたのである。この「沢内村地域包括医療計画」は、村民一人ひとりが幸福追求の原動力である生命と健康を、生涯にわたって守りつづけ、自然死に接近することを目的とし、生涯一貫して継続性のある包括医療サービスを沢内病院を核にして村民に提供することとした。そのために、保健、医療、福祉、教育を統合した地域包括医療体制の確立と村民のセルフ・ケア向上を目的とすることを定めたのである。さらに昭和35年は高橋清吉さんが願っていた65歳以上の老人に対し医療費無料化を断行することにした。これに対して県は、医療費無料化は法律違反であるとしたが、村長は国民健康法には違反するかもしれないが、その上の憲法違反にはならない。日本国憲法第25条には「すべての国民は健康で文化的な最低限の生活を営む権利がある。本来国民の生命を守るのは国の責任であり、裁判になるなら受けて立ちましょう。国がやらないなら私がやる。国は後からついて来ますよ。人命の格差は許せない、生命健康に関する限り、国家ないし自治体は、格差なしに平等に全住民に対し責任を持つべきである」これには県の厚生課長も深澤村長に感嘆し、法律に抵触しないようにと逆に協力をした。

保健活動事業夏季大学の講演で深澤村長はこういっている。「病気になった時だけ病院が必要ではなく、病気にならないようにするのが病院の本当の役割なのです。もう病院の必要がないようにするんだ、というところに一切の焦点をしぼらなくちゃいかん、つまり一切を保健活動にしぼってやる、その努力にもかかわらず病気になった場合には保険、つまり健康を保たせるために病気を治してやるんだ、という考え方が非常に重要な点であろうかと思います」。

昭和36年5月「住民の生命を守るために、私は命を賭けよう」と生命行政一本で戦った2期目の村長選は、わずか３０５票差で辛くも当選した。またこの年は、医療費無料化を60歳以上の老人と1歳未満児へと広げた。本当は全村民を対象に医療費を無料化したいのが本音であったが、お金があまりにもかかりすぎるので、立場の弱い老人と赤ちゃんにしぼったわけである。その結果、気がねなく病院に通えるようになり、明るく元気な老人が増えていった。また、保健婦さんたちのめざましい活動により、乳児の健康管理も一段と進み、村民ぐるみの保健活動の歯車が回り始め、昭和37年ついに、1年間に生まれた赤ちゃんが1人も亡くならない「乳児死亡率ゼロ」の快挙を達成したのであった。

6　早すぎた沢内の慈父深澤村長の死

「沢内村地域包括医療」は、①すこやかに生まれ、②すこやかに育ち、③すこやかに老いる、この目標を達成するために、誰でも（どんな貧乏人でも）どこでも（どんな僻地でも）いつでも（24時間365日、生涯にわたって）最新、最高の包括医療サービスを提供することとした。日本の医療の原点、模範となるべく、いわゆる「沢内方式」は、一歩一歩しかも確実に実を結んでいった。再選された深澤村長は決して、驕ることはなく翌年昭和37年1月30日発行の「広報さわうち」で新春に思うことと題して次のようにいっている。

「『一体態勢』とは全体主義に見られるように指導者の考えに無批判に一体になることではありません。目的手段が概ね住民に共通のものであり、だからこそその達成が住民各自の責任に連がる共通のものである場合に、真に民主的な一体態勢と申せましょう。民主主義の特徴は、自己責任に依る自由だと申してもいいでしょう。若しも健康や土地改良が住民の幸せの基礎的条件だとするなら、それは一人一人の俺がやらなければならないという責任の自覚こそ必要であり、その責任の集計が即ち一体態勢ということになりましょう。放任しては立ち得ない貧しい方を救いあげることが正しいとするなら、住民一人一人がそのことに責任の自覚を持つことが一体態勢だと申していいでしょう。政治家一人の力は弱い、だから住民の一体態勢を築く為に有益なヒントと刺激を与え、その強まった態勢をバックとして強力な施策を強力に押し進めることが政治家の任務ではないでしょうか。幸せの近道は一体態勢だ、それは一人一人の責任の自覚だと私の胸に再確認させせながら、今年も頑張りたいと思います。どうか私を叱って下さい、私を励まして下さい、心を込めて結びの言葉といたします。……」。住民の意識改革を促し、有益なヒントと刺激により、一つの塊になり行政を進める。これが晟雄さんの政治理念の「一体態勢」だ。

昭和38年2月、昭和32年から冬季交通確保期成同盟会が結成され6年、ついに冬の雪をブルドーザーによる除雪で克服し、湯田・盛岡間の定期バスが開通する。病院の方も、同じ東北大学出身の増田進医師（外科）が副院長として就任し（増田進医師はその後、20年以上も沢内病院に貢献する）医師体制がさらに充実する。増田医師に対し、村長が「医者の給料は高いですね。でも、必要だから貧乏村であっても出すんです。しかし、出す以上、医者がサラリーマン根性を出したら承知しませんよ」といったのは有名な話です。さらによいことが続く、生命行政が評価され第15回保健文化賞に輝いたのだ。ますます、生命尊重の村沢内村は全国の注目を浴びることになる。しかし、昭和39年8月晟雄さんに悪性の食道癌が見つかり、横手市平鹿病院で立身院長が自ら執刀することになった。その手術の当日、平鹿病院に向かう車中で加藤邦夫医師に対し、遺言ともいえることを語っている。「昔、医者になる事を村民に期待されたがそれを果たせなかった。医者として医療に尽くせなかったが、政治家として医療に力を入れてきた。私にはやらねばならぬ道義的責任がある……」。心の中でずっと仙台二高から東北帝国大学に入学するとき、無断で法文学部に変えたのを気にかけ続けていたのだった。医者になる以上のことを成しとげていている晟雄さんは、その責任は十二分に果たし終えている。この年、岩手日報文化賞を自治体として初めて受賞することになり、術後の体で晟雄さんは、その受賞式に出席している。12月放射線治療のため、福島医大病院に入院、しかし、昭和40年1月28日、肺炎を併発して59歳と1か月で生涯を閉じたのである。

おわりに

昭和38年沢内村保健医療体制の視察として、あの有名な日本医師会長の武見太郎さんが、来村して講演

図１　深澤晟雄資料館

している。日本医学会のボスで「ケンカ太郎」の異名をもつ武見太郎さんは、沢内病院が望めばどんな技術指導も惜しまない、そして晟雄さんが亡くなったときは、「深澤晟雄先生は日本国の総理にしても遜色のない人でした。まことに惜しい人物を失った」と語ったそうである。あの武見太郎さんでさえ、晟雄さんに対し尊敬の念を抱いていたのだ。この偉大なる深澤晟雄さんの理念、功績を全国に広げ、後世に伝えるため、平成19年６月に太田祖電（深澤村政時、教育長、後に村長を20年間勤める）を中心に、ＮＰＯ法人「深澤晟雄の会」が発足、深澤晟雄記念館（現資料館）の設立に向けて『村長ありき――沢内村　深澤晟雄の生涯』の著者及川和男さんはじめ、多くの方々の協力を得ることができた。そして運良く「自治宝くじ」の助成金を受け、平成20年10月に資料館をオープンすることができた。その間、平成19年10月には深澤村政時代の助役、佐々木吉男さんが95歳で、平成20年１月には晟雄さん夫人のミキさんが96歳で相次いで亡くなった。私は吉男さんとはかつて朝６時からのお茶飲み友だちであって、よく吉男さんは「晟雄さんとは毎日、生きるか死ぬかの崖っぷちを歩いているようなものだった」とか、「本物か本物でないか、世の中たったのそれだけだ」などと、いっていたものだった。またミキさんが、晟雄さん関係の資料や身につけていた物を大切に保管してくれていたおかげで、シンプルではあるが充実した内容の資料館を完成することができた。深澤晟雄さんから学ぶことはまだまだ沢山あり、とても私などの幼稚な文章能力では伝えきれない。さらに深く、知るためには及川和男さんの傑作、『村長ありき』を読まれることをお勧めする。ミキさんの抜群の記憶力、そ

図2　深澤晟雄の銅像

して当時、足を使っての気の遠くなるような困難極まる取材によって、完成されたこの本は、日本に深澤晟雄さんの存在を紹介することとなる最大の契機となった本である。そして、できるならば、直接西和賀の「深澤晟雄資料館」に来館していただき、この地方の風、空気を肌で感じとって、深澤晟雄さんを身近に体感してもらえればありがたいと思う。

最後に、晟雄さんが亡くなる1か月前のＩＢＣラジオ放送での昭和40年、年頭のあいさつを紹介して小論を閉じたいと思う。

「私は民主主義の基本でありますところの人命尊重の考え方を政治の最終目標といたしまして、今後も住民福祉のため努力をいたしたい所存でございます。ややもいたしまするど、現実的な生活の厳しさから『命あっての物だね』ではなく『物だねあっての命』というふうに考えやすいのでありますが、物が命よりも大事だというふうになりましたんでは、これはきわめて危険な恐ろしい考えだと申すほかございません。このすがすがしい、希望の躍動する新春に当たりまして、皆さまと共に改めて政治の中心が、生命の尊厳、尊厳にあることを再確認いたしたいのでございます。そして、経済開発と共に社会開発という佐藤総理大臣の考え方を一歩進めまして、生命尊重のためにこそ経済開発も社会開発も必要なんだという、政治原則を再認識すべきであると存ずるのでございます」

注1　以下は2011年3月22日、岩手日報本社相談役室で村田さんにインタビューしてNPO法人「深澤晟雄の会」ニュースに連載した内容の抜粋です。

村田　当時は交通の便も悪く、隣村の湯本温泉に泊って、原稿を書いているところに夜10時ごろ深澤晟雄さんが訪ねてきて、記事にしないでもらえないか、と言うんです。今の沢内は医療改革をいろいろやっている、そういう中で欠陥的医師を採用したこともさることながら、これが表に出ると沢内に医者が来なくなる。と言うわけです。それで僕は、いや、その事情は分かるけれども今辺地の無医村地帯に医者を呼ぶべくいろいろな努力がされている。もちろん新聞社も辺地医療振興の考え方なので、この記事はプラスの方向になるように書きます。と言ったら、一旦引き上げて行ったんですが、また来たんですよ。一時だった。しかし、僕と二人の議論は平行線だった。本社では翌日夕刊のトップ記事で扱うと言っている。僕もそのつもりで原稿を書いていたんです。次の日の朝、僕は原稿を本社に送って、電話を置いた9時半ごろでした。再び、晟雄さんが来たのです。晟雄さんの後に4～5人の村民が一緒でした。この村人たちの家族が、証拠も何もないのですが麻薬の医者の誤診で亡くなったと言われている。その家族の方々がぜひ、村のために記事にしないでほしい、と懇願するように話すのです。これには、僕も打たれましてね。それで本社に10時ごろでしたが「あの記事には間違いがあるからすぐ降ろしてくれ」と電話したんです。もちろん、特に問題があるわけではないが、トップ記事だけにそうでも言わないと本社では降ろさないわけです。それで降ろしてそのままになったんですよ……。

参考文献

及川和男（2008）『村長ありき——沢内村　深澤晟雄の生涯』れんが書房新社
及川和男作製「深澤晟雄　略年譜」
菊地武雄（1968）『自分たちで生命を守った村』岩波書店
菊地達也（1985）『北の思想』成隆出版
沢内村郷土史研究会編（1989）『覚書にみる沢内』沢内村郷土史研究会

第7章　情熱こそが推進力、イーハトーブトライアルの38年

イーハトーブトライアル大会会長　万澤　安央

1　3・11による大会開催への直接的な打撃

２０１１年3月11日、東日本大震災が東北地方太平洋側一帯を襲いました。８月末に第35回を迎えることになっていたイーハトーブトライアルは、まさに大震災に見舞われた地域一帯を含んで行われる予定でしたから、沿岸の市町村の様子がどうなっているのか、そのことが真っ先に私の頭に浮かびました。

4月に様子を見に行くと予想以上に東北地方太平洋側の沿岸はどこも大きな被害を受け、一日で再建の道はとてつもなく険しいものと予想されました。内陸部の被害はさほど大きくはなかったのですが、八幡平市田代平《たしろたい》の七時雨山荘からスタートして、田野畑村・羅賀荘に一泊して再び七時雨山荘に戻る、往復３３０キロメートルのトライアル大会は、宿泊先の羅賀荘が津波で壊滅的な被害を受けた事実に直面しました。

しかし、その前々年まで、第1回大会から33年間お世話になっていた隣の普代村は、奇跡的なまでに防潮堤が被害を最小限に食い止めていて、約１５０メートルの断崖の上に建つくろさき荘はまったく無傷のままだったのです。そんなわけで、２０１１年はまた再び普代村の「くろさき荘」に戻って伝統の大会を続けられることになりました。5月の中旬に普代村村長を訪ねて正式にご挨拶したところ、前年は田野

畑村に宿泊したイーハトーブトライアルがまた普代村に戻ることを大変喜んでくださいました。皮肉なことに、大会宿泊先は宿泊収容人数の不足のため、２０１０年にくろさき荘から羅賀荘に移ったばかりだったのですが、羅賀荘が使えなくなったとき、すぐに戻る場所があったことが私たちにとっては奇跡的な幸運でした。

普代村の被害を最小限に食い止めた普代村の防潮堤は一躍全国的に有名になりました。その外にあった大会恒例のヒルクライムセクションも、周りの様子が津波で一変していましたが、村長はそこでいつもの元気なヒルクライムを見たいと希望されました。そして「毎年、復興してゆく様子を見てほしい……」ともいわれ、私たちも奮い立ちました。前年、羅賀荘で私たちを大歓迎してくださった田野畑村は普代村よりずっと大きな被害を受け、羅賀荘再建の目途も立たず大変な状況でしたが、やはりいつもと変わらず村営長嶺牧場でセクションを楽しめるようにしていただきました。

内陸の他の町村も、大きな被害は見えないものの、間接的には「取引先が津波で壊滅」とか「沿岸の親戚が津波で亡くなって……」という方々が大勢いらして、まったく被害がない人はやはり少数のようでした。しかし、いつものように私たちを気持ちよく受け入れてくださるおかげで、第35回大会は特別に雰囲気の良い大会となったのです。

このような数々の奇跡的幸運と地元の方々の変わらない歓迎ぶりに少しでも応えようと、第35回大会（と第36回も）では参加者と実行団員から義捐金を募り、合計90万６２０円が集まりました。それを大会でお世話になっている、あるいは過去にお世話になった4町村、野田村、普代村、田野畑村、岩泉町に4等分して22万５１５５円ずつを贈呈しました（第36回では合計75万６０００円が集まり、18万９０００円ずつを野田村、普代村、田野畑村、岩泉町に贈呈）。

また、無償で被災ライダーに貸し出す……という案も実行団の中から出ました。そもそも「被災してバイクはないけどイーハトーブトライアルに参加したい……」というパターンに当てはまるライダーがいるかどうかわかりませんでしたが、大会参加者に呼びかけたところ、３名の希望者と貸し手がうまくつながり、大会に参加した際にはともに大喜びでした。

このように、大会として３・11による直接的な打撃は大きかったものの、結果的には多くの幸運が重なって、長い大会の歴史が途絶えることなく、第35回大会はいつも以上に良い雰囲気で終わることができ、関係者一同感謝の気持ちでいっぱいでした。

２　いつのまにか世界一のトライアル大会に

そもそもイーハトーブトライアルの原点は、私が20代の初め、１９７０年に関東地方のトライアル好きを集めて毎月開催していた「関東トライアル」でした。

１９７３年にホンダのトライアル講師契約を結ぶと同時に、スコットランドで開かれる世界最古の「スコティッシュ６日間トライアル」に２年連続出場した経験を元に、広大な自然を舞台にしたトライアル大会を開催したいとの構想が生まれたのです。

ホンダと契約があるうちはトライアルスクール講師として日本全国を飛び歩いていましたから、大規模トライアル開催適地も同時に探っていました。が、いくら探しても山が急すぎ谷が深すぎて私のイメージに合う場所は見つかりませんでした。

ほとんどあきらめかけていた１９７７年春に、ひょんなことで普代村に行く機会があり、そこから安家《あっか》川《がわ》に沿って林道を上り詰めた袖山の景色が、なんと私のイメージどおりのなだらかな山々が連なる英国のウェールズ地方とそっくりだったのです。さらに国道４号線を南下して現在の盛岡市玉山区あたりの北上山地の山がスコットランドそっくりに見え、登ってみると目の前に岩手山の美しい姿があり、雲間からもれる光芒がなんとも神々しく、その瞬間に岩手での大規模トライアル開催の決心が固まったのです。

さっそく東京に戻ってトライアル仲間たちに「素晴らしい場所が見つかったので、岩手で2日間トライアルを開くから、ぜひ参加して！」と触れ回り、その年の8月に第1回イーハトーブトライアルが開催されたのです。このとき、東北自動車道はまだ浦和料金所から古川ＩＣまでしか開通していませんでした。

参加者わずか27名、主催スタッフは盛岡のトライアルクラブ員を入れて10名でしたが、コースは雄大そのものでスタートのアクト牧場（当時、岩手町にあったホンダ所有の実験牧場）から、普代村くろさき荘まで、１日目２２０キロメートル、２日目１６０キロメートルの砂利道主体のコースでした。

図１　雄大な自然の中を走るイーハトーブトライアル

このときは、スタート地点が決まったあとに七時雨山荘を見つけたので、第2回からは七時雨山荘がスタート・ゴールの場所となり、以後、イーハトーブトライアルの象徴的な存在となりました。

第2回大会の参加者は、初回の2倍、60名となり、第３回はその倍の１２０名と増えてゆきました。これは参加したライダーたちが「イーハトーブはすごく広くて美しくて人が良い」と口コミを広げた結果でした。

この当時はまだ山間部の集落にも分校があり、子どもたちもたくさんいましたので、ライダーがみやげとして持参した各種のステッカー欲しさに道路わきにずらりと並んで、「シールちょうだい！」と声を張り上げたり、紙ふぶきで歓迎してくれたり、冷たい水をコップに注いでくれたり、ゆでたとうもろこしや、冷たいトマトを配ってくれたのです。そのことがライダーたちを感激させ、まさに宮沢賢治が作品中で言い習わした「ドリームランドとしてのイワテ＝イーハトーブ」になってゆきました。

第10回大会あたりから、地元の町村から援助の申し出が相次ぐようになり、中には金銭的な支援の話までありましたが、それらすべてを「地元のアイデアで歓迎する」形式にしてもらい、私たちは主催者として金銭を受け取ることは一切しませんでした。アイデアは色々あり、山の上で牛乳を飲ませる、アイスクリームを配る、ブルーベリージュースを飲ませる、ゆでとうもろこしを振舞う、ペットボトルの水をもたせる、海産物の土産をもたせる、イカ焼き、豆腐田楽などをふるまう……と、町村色あふれる歓迎のもてなしが並びました。これがライダーたちにとっては行く先々で歓迎される楽しみとなり、結果的にもっとも良い大会の魅力ともなったのです。

参加者数は、第10回大会では２７６名となり、申し込んでも抽選にもれると参加できないほどの盛況となり、第12回大会で初級向けクラスである「ネリ」が安比高原をスタート・ゴールとして追加されたことによって、参加人数はさらに伸びました。第13回大会から出光興産株式会社が冠協賛となり、「出光イーハトーブトライアル」としてますます充実した大会となってゆきます。世界チャンピオン経験者など、外国人ライダーの招聘もこの頃から行われるようになり、１９９０年、第４回大会に英国から招いたミック・アンドリュース選手に「なに？　参加人数４０６人なら世界一じゃないか！」といわれるまで、うかつにも私たちはそのことに思いが至りませんでした。

その後も順調に参加人数が伸び続け、第20回大会には史上最高となる８４４名の参加者を集め、以後、徐々に参加者は減り続け、近年は４００名前後に落ち着いていますが、現在でも世界最大の参加人数を誇るトライアル大会であることに変わりはありません。

２００６年、第30回大会のゲストとしてニュージーランド（ＮＺ）からオリバーファミリー６人を招待したことは大会の転機となりました。過去はすべてヨーロッパからの招待でしたが、１９８３年に端を発した私とスティーブン・オリバーさんとの不思議な縁がもとでこの招待が実現しました。招待の理由は親、子、孫の３世代トライアルライダーというオリバーファミリーの姿こそ、将来のイーハトーブトライアルが目指すモデルにふさわしかったからです。しかも６名のうちチャンピオン経験者でないのはスティーブンの奥さんだけという、まさにトライアルファミリーで、それぞれの腕前に合ったクラスに参加しました。

そして、最年長のアラン爺さん（当時69歳）は走り終えたあと、にっこり微笑んで「グレイト・コンセプト！」と、この大会のあり方を大絶賛したのです。「ＮＺではトライアルに参加しても、うまい人だけが楽しんで、うまくない人はだんだんやめてしまう。この大会では下手な人も、みんな泥んこで笑って楽しんでいる姿にショックを受けた」というのです。じつは、イーハトーブトライアルは競技ライセンスが不要で、誰でも参加できる草トライアルとして始まっていて、いまでもその形態は変わらずに多くのライダーを受け入れています。こういう楽しみ方に重点を置いた大会は、モータースポーツ先輩国であるＮＺにはなかったのです。オリバー家の中心人物である長男スティーブンさんは、この大会コンセプトどおりの大会をＮＺでも開催したいと申し出てくれ、イーハトーブの名称を使うことの許可を花巻の宮澤和樹さん（賢治の弟のお孫さん＝賢治作品著作権管理者）からいただき、２０１０年から正式に「ＮＺイーハトーブトライアル」が始まり、記念すべき岩手からのモータースポーツ文化輸出となりました。日本からも私を含む数名の参加者が第１回、２回、それに４回大会に参加し、いずれも日本人がクラス優勝の大活躍を見せています。

また、スティーブンさんの3人の息子たちのうち、長男は1回、次男は3回、三男も3回岩手にやってきてイーハトーブトライアルに参加しているので、すっかり日本でもなじみの顔となり、多くの交友関係もできています。はじめはスティーブンさんと私が友人というだけの関係だったのが、いまではオリバーファミリー全員とイーハトーブトライアル参加者全員が既知の間柄になった……というのはなんとも嬉しい限りです。このように、本家であるイーハトーブトライアルに参加して楽しんだライダーたちには、「いつかはNZイーハトーブトライアルに参加したい」という新たな目標もでき、そのことがイーハトーブトライアルの新しい魅力ともなっています。

3　大会中の大怪我により参加者が死亡

順風満帆のように見えたイーハトーブトライアルに、3・11を上回る存続の危機が訪れたのは2013年、第37回大会でのことでした。

大会中に参加者がバイクの操作ミスにより意識不明の大怪我を負い、ドクターヘリで盛岡の病院に運ばれましたが、手当てのかいもなく翌日死亡するという大事故が発生したのです。岩手町の北緯40度公園で大勢の観客が一部始終を見守るなかで起きた事故でした。亡くなったライダーは盛岡市の59歳の方で、連続参加19回目というベテランであり、腕前も中級クラスの中堅でしたから、初心者の事故とは性質が違いました。

長い急坂をあと少しのところで上りきれず、それを助けるために待機していた4人のお助けマンを不要との意思表示をし、落ち着いてバイクの向きを変え、上ってきた坂を下ったのですが、その速度が速すぎたのと、なぜかでこぼこの多いほうにラインがそれてしまい、後輪が跳ね上げられて、ライダーがバイクの前に投げ出され、うつ伏せに着地したかたちになったのです。そのときに胸を強打したことが死因となってしまいました。

この痛ましい結末に、ご遺族と同様に、私たちもうちひしがれ、沈みました。しかし、葬儀のときに亡くなったライダーのバイクとウェア装備一式が飾られており、「毎回この大会を楽しみにして亡くなったのですから本望だったと思います。この事故により大会が中止されるようなことがあったら、それこそお父さんは浮かばれません。どうか、大会は継続してください」と、奥様と３人の子どもさんたちが声をそろえて言われ、後日、同じ内容を書面でいただいたことは大きな悲しみの中にあってせめてもの救いでした。

モータースポーツは潜在的な危険が大きいことは参加者のだれもが承知しています。しかし、どんな事故でもそうですが、「あのときああしていれば……」「もっとこうしておけば……」と、悔やまれることばかりが重なって起きてしまうのです。この場合、もっと下手な人ならお助けマンに任せて、命を落とすようなことはなかっただろうと思われるのです。私たちは常にどこかで下手な人々の心配ばかりしてきましたが、現実には誰の上にも大事故の可能性は等しくある……という、当然の事実にあらためて直面したのです。

それから７か月経った２０１４年３月上旬に、第38回大会の継続開催が正式に決まりました。ここに至るまでには多くの関係者の努力と決意が必要でした。まず、警察による事故の現場検証ののち「事件性はなし」との結論が出るまでに２か月を要しました。主催者として著しく安全面の配慮が欠けていたと警察が判断したときには厳しく主催者責任が問われ、当然大会は中止せざるを得ない局面でした。

この大会の主催組織は私たち大会運営実行団とテレビ岩手の共催であり、そこに出光興産株式会社の冠協賛がついているので、この三者による話し合いが何度も重ねられ、「安全面に最大の配慮をする」ことで開催継続が決まりました。具体的には、失敗したときの危険性を最小限にするため、高低差の激しいヒルクライムセクションを廃止しました。

そして、私たち実行団がセクションを設定するときに、独立した外部機関としての「安全委員会」のメンバーが安全面からのチェックを行い、改善が必要なら指摘を行うことも決定しました。

安全委員長はテレビ岩手社長、副委員長には大会副会長成田省造氏の息子、匠君が選任されました。成田匠君はＦＩＭ世界選手権トライアル日本ラウンドのセクション設定と安全運用を十数年担当してきた経験豊富な適任者です。この他に元岩手県警・玉山免許センター所長の平野文男氏も副委員長として選任されました。これにより、重大事故が起きたときの責任の所在がより明確になり、事故防止策の徹底が図られることになりました。

そして37年間、イーハトーブトライアルの象徴となっていたスタート・ゴールの八幡平市・七時雨山荘に別れを告げ、15キロメートル海に近づくかたちで一戸町・奥中山高原にスタート・ゴールを移転したのです。その理由は、2日間トライアルで田野畑村・羅賀荘から戻る場合、奥中山から七時雨山荘までの狭く、曲がりくねって見通しの悪い山道に、疲れたライダーたちが夕方差し掛かる状況は、全コース中もっとも事故の可能性が高いからでした。牧歌的な美しい七時雨山荘の芝生でくつろぐ心地よい時間がなくなることは大会としての大きな魅力を失うことでもありましたが、安全な大会として生まれ変わるためにはやむをえない決断でした。

まだ雪がどっさり残る4月中旬に、私は大会継続開催決定をお知らせするために、いつもお世話になっている主だった地権者の方々を訪ねてまわりましたが、全員が自分のことのように開催継続を喜んでくださいました。その期待に応えるためにも、私たちは従来にもまして参加者全員が「笑顔で帰宅」できるように、気配りの行き届いた大会を実現するぞと心に誓いました。

４　今後も「岩手を自慢するイベント」として継続

今後イーハトーブトライアルを継続するうえでの障害はいくつか考えられます。

まず、実行団員と参加者の高齢化です。そういう私自身が、この大会を始めたときは29歳でしたが、第38回大会では67歳になりました。しかし、うまい具合に実行団員として関わることに興味をもつ若い人も少しずつ現れてきているので、そう心配することもないように思えます。また大会会長の私に万一のことがあったときは、現在40代の後釜を指名してありますので、その点も心配無用です。

参加者も同じように年々中心層が上がって、今は全参加者構成年齢では50代がもっとも多いのです。参加者については20歳以下は保険料のみで実質参加費無料としていることもあって、父が息子を連れてきたり、近所のおじさんが連れていってやろうという場合もあります。そういう場合は連れてくる人がトライアルバイクも用意してやるので、20歳以下の参加者はおんぶに抱っこの優遇を受けながらトライアル初体験ができるというわけです。また息子が20歳を過ぎていても家族割引もありますので、家族で参加する人たちは有利な割引を受けられるようにしてあります。

この割引利用者は毎回十数組いますので、それなりに有効な役割を果たしているのです。

地域社会にも同じ問題があります。昔はたくさんの子どもたちが並んで紙吹雪で歓迎したり、ノートにサインしてくださいとか、シールくださいとか、参加者がまるでスターになったような気分を味わえたものですが、いまは子どもの姿はなく、廃校となった分校が静まり返っています。それなりに活気のあった集落もいまは人口が減少していますので、商店やガソリンスタンドが次々と消えてゆくのは寂しいですが、これればかりは私たちにはどうしようもない問題です。

しかし、美しい岩手があり、親切な人々がいる限りこの大会は続いていくことは間違いありません。

第20回大会のときにドイツアルプスのふもとの美しい村から招待した20歳の女性ヨーロッパチャンピオン、イリス・クラマーさんは「ここはスコットランドそっくりね！　こんな広くて美しい場所でトライアルをやれるなんて、本当に幸せな人たちね」とうらやましそうでした。その理由はドイツでは土地所有者が他人を決して立ち入らせないため、広い場所でトライアル開催は不可能なのです。

国中が公園のような国、ニュージーランドから来たにもかかわらず、NZイーハトーブトライアルの主催者、スティーブンさんもこの大会の行く先々で「ここはNZより美しい！」と3回言いました。一つ目は七時雨山荘の芝生の上で、二つ目は葛巻町の上外川《かみそでがわ》牧野、三つ目は普代村の青々とした海を見た普代浜でした。もちろん、日本全国からの参加者たちは口をそろえて「岩手は美しいし、広い！」と大絶賛。隣の青森県、秋田県、宮城県からの参加者が「岩手はちがう。すべてが広くて美しい」と言うのですからその高い評価に間違いはありません。親切な人という点でも岩手は飛びぬけているのです。となりの県から来た草トライアルの主催者が「畑を耕している人が手を振ってくれるなんてオラの県ではありえない」というのです。岩手の人々の親切さが特別であることは以下の話でもわかると思います。

38年も続けていると、子どものころにシールちょうだいと声を張り上げていた子どもたちが親となって、またその子どもたちが応援してくれる姿もちらほら見られるようになっています。葛巻町のはずれにある自動車整備工場では数年前から近所の子どもたちをたくさん集め、「歓迎イーハトーブトライアル」と書かれた手製の横断幕をかかげ、通過するライダーたちにスイカや水などをふるまってくださるようになり、ライダーにとってまさにオアシスのような名所となっています。

小学校低学年の子どもたちが十数名も並んでライダーたちに忙しくスイカを配るのを後ろでニコニコ見ている若いお父さんに話を聞くと、「昔、中学生のころに親父が私をバイクの後ろに乗せてイーハトーブトライアルを追っかけて見せてくれていました。その後、私は関東方面で自動車整備の仕事についていましたが、結婚して戻ってみるとイーハトーブトライアルがうちの前を通っていることがわかり、どうしても歓迎のもてなしがしたかったんです」と言うのです。つまり、この自動車整備工場は、親、子、孫の3世代でイーハトーブトライアルを応援している……というわけで、実にありがたくも素晴らしいことだと思います。まさに「継続は力なり」を実感する場面でした。

初めは好き者たちの集まりでしかなかったイーハトーブトライアルも、回を重ねるうちに社会的役割を意識するようになりました。それは、この大会はスポーツ観光である……という自覚です。「観光とはその土地にあったサービスを買ってもらうこと」という観点からいえば、美しい岩手をいいとこ取りするスポーツ観光であるイーハトーブトライアルは、まさに観光業の真髄を捉えていたのです。

いうまでもないことですが、イーハトーブトライアルは町おこしのために始めたものではありません。トライアルライダーにとってのドリームランド、イーハトーブを実現させたい……との思いだけでここまでやってきたのですが、結果的にこれ以上ないほど岩手にピッタリのスポーツ観光となっているのです。

しかもテレビ岩手が毎回1時間番組を制作し、放映していることも岩手の魅力を周知し、参加者を集めることに貢献しています。いまは地上波は岩手県内だけですが、衛星放送でも放映するので一応全国放映をしているとも言えます。

さらに冠スポンサーのおかげもあり、長年にわたり毎回（1000万円近い）数百万円の予算を大会開催費用として岩手で使い切っているのです。もちろん400名ほどの参加者が岩手で使う費用も馬鹿にはなりません。それらを合わせると経済的な波及効果もそれなりにあろうというものです。また、大会運営はスタート・ゴール、昼食場所、宿泊場所などすべて既存の施設を活用していますので、大会として通過町村に一切の費用負担（税の無駄遣い）をかけることがありません。

そして、ここが一番重要なことですが、岩手県や市町村にまったく費用負担をかけず、対外的に岩手を自慢するイベントとして、国内外に岩手ファンを38年にわたって増やし続け、地元の方々に誇りに思ってもらえる「世界一の大会」が他にあるでしょうか？ それが実現している最大の理由は、私たち実行団員全員が「どうです、岩手はいいところでしょう？」という、「心から岩手を自慢する気持ち」で準備に汗を流し、時間を費やしているからなのです。団員たちの中には岩手と、この大会が大好きなあまり、遠い他県から毎回やってくる人もいますが、もちろん岩手を自慢する気持ちに変わりはありません。かく言う私も52歳までは東京生まれの東京育ちでしたが、岩手県民となって16年経ついま、岩手を自慢する気持ちはだれにも負けないと思っています。いまこの原稿を書いている5月末は、毎年8月末の大会までに3か月しかありません。２０１４年は過去に例がないほど山の上に雪が残り、まだ下見も思うようにできないのですが、いつものように3か所の森林管理署にコース予定図を提出し、入林許可をもらい、警察には道路使用許可申請をし、地主さんにはお礼を届け……その間には毎週のようにコースとセクションの草刈……と、地味で大切な作業が続く忙しい時期になりました。

実は一部の役割を除いて実行団員に報酬はないのです。せいぜいガソリン補給や食事がふるまわれるだけです。それでも、この大会に関わって岩手を自慢し、ライダーたちのおもてなしをし、「笑顔で帰宅」してもらうことは団員たちの誇りであり、生き方そのものでもあるのです。実行団員たちのこの情熱があるかぎり、イーハトーブトライアルは岩手の方々にとって自慢の大会として今後も長く続いていくことでしょう。

「観光とはその土地に合った、楽しい時間を売ること」

この言葉を実現し続ける大会に力を傾けていきたいと思っております。

第8章　すべてのキーワードは「心」

一般社団法人岩手県芸術文化協会会長
（岩手県岩手郡岩手町）　柴田　和子

1　岩手県芸術文化協会の使命

岩手県芸術文化協会は、岩手県の芸術文化の普及振興と、その活動の拡大促進を図ることを目的として、昭和50年に社団法人として発足した。現在、各分野62団体が加盟する県内最大芸術文化活動の組織である。

その前身は、戦後間もなく、焦土と化した国土と疲弊した国民の精神を、芸術文化の力で復興をめざそうと、音楽・美術・文芸・演劇等各分野の先人たちが立ち上がり、昭和22年、全国に先駆けて、岩手芸術祭が催行されたことが基礎となっている。その歴史、変遷、組織・運営については、改めての紹介とするが、新法律に基づき、本年（２０１４年）４月、一般社団法人として新たなスタートを切ったところである。本来の理念からすれば、当然公益法人であるべきと考えるが、財政問題が大きな課題であり、組織・運営の強化と諸問題を解決しながら、将来的には、公益法人をめざすべきであろうと考える。

さて、私は現在5代目の会長として務めさせていただいているが、前会長勇退により、前々会長時代から副会長として、非力ながら補佐の立場にあった私が後任に推薦されてはいたが、荷が重すぎると固辞していた矢先、東日本大震災が起きたのである。私は、その復興・支援のために、自分が成し得る道は、人間の生み出した知的財産である文化・芸術の力で、被災地の「心の復興」をめざしていくことであると、一大決心を固めたのである。

実際、国内外から、文化芸術に携わる多くのアーティストたちが被災地を訪れ、その支援活動が繰り広げられた。どれだけ多くの人々が、癒され、慰められ、希望と勇気を与えられたか測り知れないものがある。人々の心を揺さぶる歌や音楽、一幅の絵画や書、一遍の詩……等々、物質面とはまた別の、いわゆる「心の復興」支援に、芸術・文化の果たす役割と重要性が改めて見直されることとなった。

ここで紹介したい事例がある。

(1) 祖母の「赤とんぼ」

祖母は明治36年生まれ、祖父と結婚当初、まだ1歳にも満たない赤子（私の父）と3人、東京で暮らしていた。そして、大正12年9月1日関東大震災に遭遇した。都心近くの家は、一瞬にして火の手にまかれ、父をおぶって、かなり離れた避難所までひたすら逃げたとのこと。長期ではないにしろ、避難所生活を強いられたなかで、一番困ったことは、共同生活のなか、夜中であろうがお構いなしに、父が泣き止まないことであった。周囲にはばかって、祖母は父をおぶって外へ出て、ガレキの中を歩き回っていたとのこと。そして満天の星の下、誰はばかることなく、大きな声で、「赤とんぼ」を歌っていたという。「歌っているときは、すべてを忘れて、本当にいい気持だった……」と。きっと背中の父もスヤスヤ寝入ったことであろう。私の記憶では、祖母は何かにつけて、かなり度々「赤とんぼ」を朗々と歌っていた。それは祖母の「心の歌」だったと今思う。

(2) 白いふくろうの縫いぐるみ

震災から間もない頃、私が所属する女性ボランティアグループ岩手おなご塾おらんどでは、一時も早く救援物資を届けたいと、縁の深い大槌町赤浜地区に、４トントラックいっぱいの小学生児童たちへの新しいランドセルや生活物資を積んで訪れた。大津波の残した惨状は想像をはるかに越えていて、私たちは驚きとショックで言葉を失った。そして、ひょっこりひょうたん島のモデルとなった蓬莱島の赤い鳥居は無惨にも跡形もなかったが、出迎えてくれた赤浜小学校の全児童の明るく元気に振舞うけなげな姿に、涙を抑えることができなかった。

図１　新渡戸稲造の書
昭和８年三陸大津波の復興支援の講演の際「団結は力」と訴えた。
（出典：柴田蔵）

避難所の体育館で物資を手渡しする段になり、私たちは意外ななりゆきに驚きと衝撃を受けた。物資の中で、一番人気は、生活用品や食物などではなく、真っ白いフェルト布の、手のひらに収まるフクロウの縫いぐるみであった。避難所の子どもからお年寄りまで、たちまち笑顔が広がり、我先にと手を伸ばし、２００個のそれはあっという間になくなった。

実は、そのフクロウはわけありのものだった。それは町内の手芸好きの女性が、被災者を慰めようと、夜なべをしてつくったもので、いざ役所へ届けた際、「今はこういう物は必要なし」と受付拒否されたものであった。その女性が「何とか届けて……」と私たちに託したのである。こんなに喜ばれるとは思ってもみなかった。２００個のフクロウが入った箱はあっという間に空になり、皆さんその感触を楽しんだり、頬ずりをしたり、なかには孫の分、友だちの分もと何個も希望するおばあちゃんもいた。

この現象に私たちは深く考えさせられた。そう、今の今必要なのは、被災者に寄り添う「心」、癒し、優しさだと……。「心」がいかに大切か、当たり前のことに気づかされた。

あれから早くも3年余の歳月が流れ、今や被災地では刻々と状況が変わり、それに伴って、新たな問題発生や地域格差が大きくなっている。そして、真の「心の復興」のためにはどうしたらいいのか？　そのテーマは、あまりにも大きい。しかしながら、その追求と実践は、我々岩手県芸術文化協会に課せられた使命であると考えている。

2　原爆に散った郷土の華――園井恵子生誕100年祭

絶世の美女、園井恵子をご存じであろうか？　戦前、宝塚のトップスターに登りつめた彼女は、大正2年松尾村（現八幡平市）に生まれ、生後10か月から小学校までを岩手町川口で過ごした。当時そのあたりでは知る人もない宝塚に憧れ、並々ならぬ努力の末、見事志を遂げ、後に女優への道を進み、国民的人気を博しながら、昭和20年8月6日（奇しくも園井32歳の誕生日）、広島で、あの忌まわしい原爆に散った。まさに郷土の華、園井恵子。

私は、彼女の濃密な生き様を後世に残すべく、顕彰ブロンズ像建立を呼びかけた。それは、私の使命でもあると勝手に思い込んでもいた。しかし、莫大な費用を要するこの計画は、当時、地元からはほとんど賛同が得られず、数人の有志とまさに孤軍奮闘。今振り返ると、かなり強引な計画だったとは思うが、園井ファンが全国的なこと（知らないのは地元）、宝塚ＯＧの方々の結束の素晴らしさのおかげで、ありがたい強力な支援の輪が広がり、遂には地元も腰を上げ、平成8年、感動の除幕式を迎える結果となった。

私は、園井恵子の同級生の工藤剛嗣氏（故人）とともに、寝食を忘れて全国を走り回ったことも、若さがなせる業と、当時が懐かしく思い出される。また、本年創立１００周年を迎えた宝塚歌劇団は、その在籍生徒数は４５００名に及ぶとのことだが、ブロンズ像となっているのは園井恵子が唯一と聞き、何とも嬉しく、また誇らしい思いである。

園井恵子が、東日本大震災後、俄かにクローズアップされたのは、言わずもがな福島原発事故による新たな社会問題が発生しているからである。折しも昨年（平成25年8月6日）生誕１００年を迎える記念事業を町を挙げて数年前から実行委員会を組織して準備を進めていた我々は、それを単なるお祭り的な記念事業ではなく、〝平和の象徴園井恵子〟を通して、そのテーマを「平和の学習」として地域の子どもたちに継続して説いていくことを再確認したのである。

図２　園井恵子のブロンズ像
彼女を偲び戦争なき世界の実現を祈念し、小学校時代を過ごした故郷・岩手町川口に設置。岩手山をバックに姫神山を望む。

ここで、園井恵子が岩手の母へ宛てた最後の手紙を紹介したい。彼女は即死ではなく、神戸の知人宅へ命からがら避難して終戦を迎え、自らは助かったと信じていたのだった。

……戦争も、こうした形で終わりになるとは思ってもおりませんでしたし、いまのところ、体も精神もくたくたの有様です。……

……中略……

お会いしたくて、たまらなくなりました。ほんとうに九死に一生を得たとはこのことです。いつも皆さんが私のことを心配していてくださる。その気持ちが、今度のこの幸せを生んだものと思います。

三十三年前の、しかも八月六日、生まれた日に助かるなんて、ほんとうに生まれ変わったんですね。時局のこうした流れのなかにも、日本国民として強く立ち上がるようにと、神様の思し召しかもしれないと、おおいに張り切っています。

ほんとうの健康に立ちかえる日も近いでしょう。そうしたら、元気で、もりもりやります。やりぬきます。

これからこそ、日本の国民文化の上にというよりも、日本の立ち上がる気力を養うための、なんらかのお役に立たなければなりません。

皆さんお元気で、食糧増産に励んで下さい、いよいよきみちゃん（注―妹）お望みのお百姓時代が来ました。

母さんとみよちゃん（注―妹）と、三人で、どうぞしっかりおやり下さい。

哲ちゃんと康ちゃん（注―弟たち）は、うんと勉強して下さい。

何でも知ることです。何でもやることです。実行し、反省、そして実行です。元気で頼みます。

皆さんによろしくお伝え下さい。

八月十七日

母さんへ

園井の想いが凝縮されたこの絶筆は、時を越えて人々の胸を打つことであろう。

家出同然に一人故郷を離れた15歳の春から、常に強い意志をもち続け、希望に向かって突き進んでいった園井。不幸な戦禍をくぐり抜け、思いもよらぬ終戦。再び芝居ができる喜びと共に、いよいよ自分ができることで、精一杯復興の力になりたいとの決意もつかの間、原爆症の急激な悪化により、8月21日帰らぬ人となる（盛岡市恩流寺に眠る）。

彼女の死の意味を同郷の我々は、戦後70年を控えた今に蘇らせ、その〝教え〟に満ちた生涯を後々に語り継いでいくことこそ、世界平和を築くための学習であると思うのである。

具体的には生誕１００年を機に、園井の母校岩手町立川口小学校児童への平和の学習カリキュラムの実践である。８月６日も近づく頃、〝園井恵子さんについて〟の話の後に、ブロンズ像と周辺の清掃をしてもらい、さらに、ホロコースト記念館（広島県福山市）より株分けをしてもらい受けた、アンネ・フランクの〝平和のバラ〟の手入れも、地区のボランティアの大人たちと共同作業で行うものである。これらは、我々「園井恵子を語り継ぐ会（平成６年からの園井恵子を顕彰する会を再編する形で平成24年岩手町有志で組織）」がサポートするもので、今後、川口小学校の継続行事として採択された。

平成25年８月は、岩手町にとってまさに園井恵子月間となった。以下は生誕１００年祭の事業概要である。

園井恵子生誕１００年祭――ふるさとの丘に虹を追って

◆資料展　８月３日～25日（岩手町立石神の丘美術館）

◆開幕式　８月６日（ブロンズ像前）

・岩手町立川口小学校５年生による、群読詩「お帰りなさい、園井恵子さん」の朗読

・夢と平和を託した１００個の風船飛ばし

・アフタヌーントーク「園井恵子と私」元宝塚歌劇団流けい子氏

◆映画「無法松の一生」上映会　８月10日（プラザおでって）園井恵子が一躍銀幕のスターとなる昭和18年の映画

・広島の被爆体験の話、村上啓子氏（茨城県牛久市在住）

図３　園井生誕百年祭開幕式「夢と平和の風船」

メインは、8月25日（森のアリーナ）4人の宝塚ＯＧをゲストに迎え、岩手町民総勢２００人とが織りなす舞台発表である。

一部のシンポジウムでは、宝塚歌劇団を代表する演出家岡田敬二氏より、「宝塚の創始者小林一三氏の教え〝清く、正しく、美しく〟の通り、美しくも短いドラマチックな生涯の園井さんという素晴らしい先輩を持ったこと、そしてその方をいつまでも忘れないでいてくださる岩手町の皆さまに、宝塚歌劇団の一員として、心から敬意を表する」との言葉をいただき、一同感慨無量であった。

二部の舞台の構成は、岩手町の芸術文化協会の各団体が中心となり、郷土芸能・祭関係の団体等一丸となって、園井の愛した故郷（岩手〜宝塚）をモチーフとして、その一生を展開していくものだが、今回は特に、町内の少・中・高生を多勢巻き込んで、まさに世代を越えての岩手町民（アマチュア）と、宝塚ＯＧのプロの方々とのコラボであったことが特筆すべきことであろう。若い世代を巻き込むことが、将来につながる、まさに持続可能な社会づくりのもっとも重要なポイントである。

また、この事業の財源は、まずは岩手町からの助成金と宝くじ財団からの助成金を得て、他に入場料収入、企業協賛によるものですべてを賄ったわけだが、その申請や予算組み、決算も収支とんとんにこぎつけるテクニック等は我々素人にはなかなか難しく、実行委員には行政サイドからも入ってもらったことも成功であったと思う。官民一体というわけである。園井恵子によって、岩手町を全国に発信する大きな機

図４　素顔の園井恵子
（八幡平市教育委員会所蔵）

会であるから、教育委員会が主体となって力強い後押しをしてくれた。

とにもかくにも、岩手町民にとっての長い熱い夏は無事に終わった。１０００人を超す観客（町内外、県外の）の鳴りやまない拍手に、すべての苦労が吹っ飛ぶ想いで、一同喜びを分かちあった。

さらに嬉しいことが続いた。本年（２０１４年）３月、宝塚市主催による園井恵子展開催が実現した。園井が〝心のふるさと〟とする本場宝塚へ、いよいよ70年ぶりにご帰還となったわけである。これは、前述の岡田氏や園井さんを知り、心を寄せて下さる宝塚市の皆さんの熱意と厚意によるものであった。

我々は、次なる新しい第一歩が始まったことに、胸の高鳴りを押さえつつ、岩手から宝塚、そして広島……全国へと、園井恵子の平和のメッセージを送り込んでいきたいと思っている。

３　人生は舞台づくり――〝好き＆楽しい〟が決め手

「三つ子の魂百まで」とはよく言ったもので、私の60数年の人生のなかで、その動きの根幹を成すものは、間違いなく幼児期の体験に基づいている。

その昔３歳だった私が、両親に連れていってもらった東京宝塚劇場。その華やかで光輝く夢の世界に、私の衝撃たるや口も利けない程で、以来寝ても覚めても〝タカラヅカ〟となり、「将来私の居る所は宝塚の舞台の上」と心に決めて、「宝塚ごっこ」は始まった。

小学生になった私は学校から帰ると、クラスメートたちを集めて、私の勝手な仕切りで歌やダンスの練習の毎日。家の廊下をステージに、障子を幕に見立てて発表会ということになり、近所のおばさんたちに招待状を出すと、これがまた律儀に足を運んでくれ、盛大な拍手とおひねりまでくれるものだから、我々はしっかりと味をしめて、次なる発表へ向けての練習に精を出すのだった。

さて、私はいよいよ宝塚受験の段になり、密かに準備をしていたのだが、家を継ぐべき一人っ子の私は、家族・親族全員の反対により、我ながら意外に、もろくも白旗を揚げてしまい、結局普通に大学受験の道を選ぶことになり、大いに挫折感をなめていた。

東京での4年間の学生生活は、大好きな故郷〝岩手町〟を外から眺めることにより、他との比較もさることながら、改めてその長所と短所を認識する良い機会であった。結果、自然環境の素晴らしさ、人情豊かな人々、どんな時でも自分を温かく包んでくれる偉大な家族のような〝岩手町〟に、より感謝といとおしさを深め、卒業と同時に迷うことなく、岩手県岩手郡岩手町の住民となり、現在に至るというわけである。

人間には必ずや転機というものが訪れる。当時、町長職にあった父の私設秘書をしながらも、ごく普通の日常を送っていた私は、長女の通う保育園のひな祭りの余興に、お母さんたちに声を掛け、当時ブームの〝ジャズダンス〟を披露した。これが予想以上に好評で、その練習のプロセスがとても楽しかったこともあり、「それでは続けましょう」ということになり、自宅の土蔵を俄かレッスン場に仕立て上げ、週1回のサークル活動をスタートさせた。

〝明るく、楽しく、心身のセンスアップ〟をモットーに、「どうせやるなら、ちゃんとしたネーミングを」と、北緯40度（North Latitude 40°）の岩手町から、その頭文字を取り、「N.L.40°《エヌエルフォーティ》ダンサーズ」と命名。同線上に位置する世界の都市との交流ももちろんながら、実は限りなく〝宝塚〟をめざした舞台づくりが、私の密やかなる想いであった。幼い頃の〝宝塚ごっこ〟が、ここに再び生まれ変わって誕生した。昭和58年のことである。

私は決めた‼「宝塚ごっこをしながら、彼女たち（素晴らしい原石）を〝煌めく宝石〟に磨き上げよう。岩手町から〝煌めきのメッセージ〟を発信しよう」と。しかし、あまり気負いはなく、実のところ「3年も続けば上々」等と思っていたのだが、町の芸術祭での初舞台が、あまりにも大きな反響を呼び（ド派手な宝塚メイクや衣裳、レオタード姿などが……）、我々は一躍町中の話題となり、どうにも引っ込みがつかなくなり、また、ちゃんとした市民権（?）を得るまではとの意地もあり、以来走りに走って何と、30周年まで来てしまった。

我々はとても仲良しで、楽しいことをいっぱい企画した。なかでも積み立てをしての年に一度の宝塚観劇ツアーは、まさに「百聞は一見にしかず」。本物の舞台を肌で感じることにより、各々の意識も高まり、確実にレベルアップにつながった。やがて自主公演を開催する程になり、地元の会場では手狭のため、姫神ホール（盛岡市玉山区）での昼夜2回公演も数回にわたり、とうとう念願の岩手県民会館大ホール公演も実現した。

N.L.40°ダンサーズは、少なくとも岩手町においては、芸術文化活動の主導的な役割を担っていると自負している。多くの町内外の人々が、我々の舞台を楽しみに期待を寄せてくれるようになった。さらに嬉しいことは、旦那さんはじめ、家族の意識改革に成功したことで、ダンスに関しての無条件の協力が得られるようにもなった。「好きなダンスを気持ちよく続けるためには、仕事も家事も絶対に手抜きをしない」と、お互い誓い合って頑張った結果と思う。

図５　園井恵子生誕百年祭記念ステージ
「ふるさとの丘に虹を追って」のワンシーン
踊り：宝塚歌劇団OG、N.L.40°ダンサーズ。2013年８月25日。岩手町スポーツ文化センター「森のアリーナ」にて。

N.L.40°ダンサーズの舞台は、構成・演出・振付など、私がかなり好き勝手にやらせてもらっているが、あくまでもすべて自分たちの手でつくり上げる舞台である。そして、常にできるだけ多くの人々を巻き込んで、地域参加型舞台をめざしてきた。実際２００～３００の弁当を用意することも度々だった。喜びを分かち合う仲間は多ければ多いほど、楽しさや感動が大きく、達成感もひとしおだ。

実際、舞台づくりは人生の縮図のようなもので、光と影の部分があり、実は表に出ない裏方の力がいかに重要かということである。地味な役割を買って出てくれる仲間あってこそと、感謝の念を絶対に忘れてはいけない。また、チケット売りも大変である。黙っていては売れるものではなく、足を棒にしてＰＲしないと、満席の客席はありえない。

公演前、１か月ともなれば、連日連夜の練習にも熱が入り、帰宅後も衣裳づくりなど夜なべ仕事もあり、楽に数キロは体重も減ったものだ。

いよいよ本番、幕が上がれば、あれよ、あれよとフィナーレとなり、客席からの温かい拍手に包まれて、各々の想いを胸に、各々のドラマの幕が降りる。感動と共に、祭りの後の一抹の寂しさと、少しの悔いを残しながら……。そしてこれがまた、次につながるのである。完全完璧はあり得ないわけで、「次こそ必ず‼」と、反省と意欲は成長の源である。

我々は、そんな舞台の〝魔術〟にすっかりとりつかれてしまい、そんななかでダンサーズは洗練され、自信に満ち、背筋を伸ばして表情豊かに変身を遂げ、あの〝ひな祭り〟の頃の彼女たちとは、明らかに別人の女性たちがそこにいた。

結びに

私は、宝塚に憧れたことから園井恵子を知り、園井さんから、たくさんの素晴らしい〝ご縁〟という〝宝物〟をいただいたと思っている。ド素人の我々が、宝塚のトップスターの方々と同じ舞台に立つなど、普通ならあり得ない。それが、平成９年からは毎回ゲスト出演をしていただき、創立25周年（平成19年９月22日、於岩手県民会館大ホール）には、宝塚史上トップ中のトップ、鳳蘭さん出演が実現した。〝夢〟は現実となった。私は入団こそ夢破れたが、もっと嬉しい形で、愛する岩手町で、大好きな仲間たちと共に、幸せを分かち合えたのだ。紆余曲折を経ながらも、〝継続〟してきたからこそ勝ち得た結果と思っている。

その時私はちょうど還暦を迎えた時であった。自分を見つめ直す良い時期でもあった。そして決めた。「今だ！　引退だ！」と。

気がつくと、幼い頃から〝踊る〟という環境の中にいた２人の娘のうち次女が、私を超えて育っていた……。

どんな分野でも、継続していくためのキーワードは、〝後継者の育成〟であり、これは、かなり先を見越して、意図的に育てないと、なかなか困難なことであろう。さあここで問題なのは、せっかく芽の出た若者を、「まだ若いくせに……‼」などと、育てるどころか、足を引っ張り、芽を摘んでしまう見当違いの年輩者が現実多いことは残念である。

以上、私の持続可能な地域おこしの決め手は、〝好き&楽しい〟であり、何事も楽しくなければ意味がなく、楽しいからこそ継続意欲が湧くのである。そして、自分を育ててくれた故郷や人々へも、〝好き&楽しい〟想いを向けることである。

原点は〝郷土愛〟なのではないだろうか？

第Ⅱ部　地域と生産・復興

第1章　復興の力を生むうえで必要な企業の役割

岩手大学元教授　山崎　憲治

1　被災地から

東日本大震災から3年が経過した。5年間で25兆円にのぼる「復興」予算が組まれ、その消化が進んでいる。原発による汚染された地域を除くと、被災地から瓦礫の大半が撤去されている。しかし、被災地の現場に立てば、復興がなかなか進んでいない、手つかず状態に止まっているのではないかと思う光景を目にする。何よりも被災地の人口減少が急速に進んでいる。とりわけ20歳台前半の女性の地域外への転出が極端である。それは今後の子どもの誕生に直接関わってくる。10年後には小学生の入学者がほとんど見られなくなり、次いで中学生にさらに地域社会形成が困難になるという、広がりと深刻な内容につながっていく。日本創生会議は２０４０年に日本の自治体の約半数が消滅するというショッキングな数値を示した[1]。被災地において、それはすでに現実の姿になっている。被災地では20歳台前半の女性の転出に止まらず、30歳台後半まで女性の転出は少なくない。これは小・中学生の母親世代の人口転出の面もある。これらの女性にとって復興政策が活きたものとして映っていない現状が示されている。同時に高齢者が被災地で相対的に高い人口構成をもつ構造がつくられ、消費構造にも大きな影響を及ぼしている。

一方、地域の商店街は壊滅的打撃を受けたものが多く、その再建は遅々として進まない。プレハブ商店(街)がつくられ、被災者の消費行動を支える主要な環を構成する。同時にそれはあくまで「仮設」の水準に止まることが多い。そこに被災を避けた地区に大型店舗（あるいは品ぞろいの豊富で多様なサービスを複合的に実現できるコンビニ店）が進出すれば消費行動は一変する。復興予算として道路建設が展開し、その道路が大型店舗へのアクセス路にも用いられ、規制緩和と復興のシンボル的要素をもった大型・コンビニ店舗が堂々と展開する。被災地の社会的ニーズの後押しを受けた出店である。仮設店舗に止まっている地元商店（街）は厳しい競争に立たされる。進出店舗は新たな雇用を創出する。しかし、基本は不安定なパート労働である。被災地における労働市場開拓という「社会貢献」をかかげての登場である。安定した労働市場が創設され、それが拡大再生産されるとは言いがたい構造である。被災地域を循環する経済のパイを大きくする役割を果たすとは言いがたい状況が生まれている。

仮設商店（街）は、津波浸水地域から安全地域へ再建を求めて行動するが、実現するまでには想像を超えた時間が必要となる。その間、かつて顧客だった地元住民の消費行動はまったく異質のものに変化し、客足は進出した大型・コンビニ店に向かっていく。被災地であれば、進出する大資本店舗は、地元商店との競争と軋轢という「壁」が取り除かれた環境、さらには進出を被災者から求められての出店という追い風にのって事業の展開が進んでいく。

この構造の変化、すなわち「惨事便乗型資本」の草刈場になりかねない状況からの脱皮は可能なのか。そのチャンスはどこにあるのか。鍵は地域の力の実現にある。「地産地消」を食糧に止まらず資源、労働にまで広げ確実なものにつくり上げていくことが復興に問われている。地域の企業がいかに再建するか、個々の企業活動ばかりか、企業間の連携を強め、それを新たな地域復興の力にすることができるかが問われている。

2　被災企業の復興

津波は多くの企業の工場・店舗・倉庫・資材を一瞬に消してしまった。企業の多くはこれらの施設を海岸沿いの平坦な土地に立地させていたからだ。もっとも厳しい被害は、企業主・社員が亡くなった場合である。絶対的被害であり、企業の再建に大きな空洞を長く残すことになる。再建を不能にさせるケースも生まれている。今回は被災地の中小企業に焦点を当てて、その再建をフォローしてみた。流失↓再建の過程で、「地元に根づく企業だからできること」が復興のキーワードになる。復興には外部からの支援・資金・融資が不可欠である。同時に企業の内部の力の発揮、それは社員の力をどう結集するかにかかっている。第2章の田村氏の文章ではっきりと示されているが、経営者が「絶対に解雇はしない！」と宣言しそれが具体化するなかで、社員の団結力と企業再建の活力は確実なものになる。ハローワークでは「解雇」を勧め、失業保険の適用で企業と社員を救う道を示すことが多い。しかし、中長期で捉えれば、社員の力が企業の再建そして地域の復興には不可欠なものとなることは間違いない。

経営者は被災直後、社員・その家族の安否を把握することに努めた。安否確認ができたあと、それぞれの企業が有している可能性を最大限活かすことを進めている。二つの課題が見られた。生産施設が流失したなかで、社員の地域復旧への活用と残った商品の被災者への提供である。

(1)「仕事がない」のではなく、すべてを業務にする

陸前高田のように市役所が被災し職員に多くの犠牲が生まれている場合、緊急援助の物資運搬や配給は滞りがちになる。地元の企業が率先して物資運搬を担うことが見られ、それを企業の業務と認定する、そして給与を支払う。これは理想形だ。現実にこれを展開した企業もあった。第8章でレポートした八木澤

商店は生産した醤油を消費者に届ける仕事から、地域の情報をもっていた。それを最大限活かし、たまたま残ったトラックを用い、支援物資を被災者に届ける「業務」を展開。第2章の田村氏は、経営する高田自動車学校は高台に立地していたため、津波の直撃を免れた。本来の業務はできない。しかし被災地支援物資の集積・配送拠点として、さらに配送の実際を社員が担う役割を果たしている。このような活動を通して、次のステップや課題が明確になっていく。

（2）津波を逃れた商品を被災された人々へ提供する

たまたま、被災を免れた商品、食料があった場合、それを被災者に提供する。第3章では齊藤氏が「かもめの玉子」がとった支援の実際を語っている。大変な金額の商品を、被災しなかった車両を用い、社員が率先して被災者に配給している。被災者は、地元で全国展開している商品を口にすることで、安心を得ることにつながる。同時に、疲れた体に「あまいもの」は元気を出す素を提供した。

（3）企業活動の復興・生産施設の早期復旧

最短で企業活動を復活させる。これが地域の復興に可能性と勢いを生む。今回報告をする企業はいずれも早期の復旧を果たしている。早ければ早いほど、支援と融資を受けることができる可能性が高まる。これは酔仙酒造の鈴木氏の第4章に詳しく示されている。経営者は被災状況を把握するとともに、生産復旧への青写真を早期に立てている。被災した元の工場の再建より、安全立地の視点から地域内での他の場所への拠点を移すことも考えたうえで、臨時に生産ができる工場を借り「つなぎの商品」を生産している。この緊急避難的措置が消費者離れを食い止め、本格普及への足がかりをつくっていく。同時に、復興計画を独自の市場調査検討を経て、策定している。許認可を伴う工場再建の場合、地元自治体の支援・短期の審査・許可は操業再開への拍車となった。酒造りの場合、10月1日を蔵出しにし、杉だまを軒に掲げる、目標設定の明確化であり、そこに向けて社員、建設関係者が集中して努力する。課題設定の明確化、スケジュール管理と調整、実行・確認・修正そして再実行。ここでそれぞれの企業の力が試されることになる。それは、結果として地域の生産力の早期復旧に結びついていく。まず、先行する企業が方向性を明確にして、実行すること。この動きが他の企業への波及効果を高めていく。

（4）生産の復活と急激な需要の伸びへの対処と新商品の開発

出荷と同時に急激な需要が生まれる。これはビッグ・チャンスであると同時に、次の安定期に向けた準備期間ともなる。一時解雇をせざるを得なかった企業も、社員の復帰を可能にする。社員にとっても新しい仕事環境に取り組むことになる。震災以前にとっていた生産・販売のシステムを維持する一方で、新しい需要への対処が、次の生産・販売システムの構築に結びつくチャンスとなる。被災地の復興に日本が時には世界が注目しているなか、当該地域を代表する商品の（再）登場は、「特需」ともいえる展開が見られる。それは新しいニーズを知り市場を確保し、地域ブランド形成のチャンスでもあるのだ。追い風に乗って、被災以前から温めていた事業展開を具体化する企業がいくつか生まれれば、それが底流で地域ブランド形成に向けた方向をつくることになる。

（5）起業活動へ積極的に関われる地域づくりと地産地消

新商品の開発と同時に起業を進める機運が醸造される必要がある。被災地には支援と相互扶助の土壌がつくられている。これは社会的起業活動をする基盤が生まれやすい環境にあるともいえる。東日本大震災は日本という地域が抱える矛盾が顕在化したものであるから、地域課題がはっきり示されていることが少なくない。その解決に向けた具体性をもつ提案は地域に受け入れやすい。多くの被災地で食料、エネルギー問題が課題となり解決に向けたアイディアが論じられている。これらを地産地消に結んで展開できれば、地域の活性化に直結し、復興の確実な歩みと方向性を明示することになる。工藤氏の第６章は、起業の積極的意義を学生に向けて発信している。新分野に道を開く面白さと可能性がもつ豊かさを提示している。一方、第５章の八重樫氏は農業生活40年から、農業のもつ可能性を地域の風景と絡めて論じている。単純な規模拡大では、安全な食に結びつかないこと、地産地消に基本をすえての生産と地域間連携が食糧確保の鍵になることを示している。坂内氏の第７章は、エネルギー問題の一端である暖房に焦点を当てた論考になっている。岩手型ペレットストーブの開発や太陽光の究極の利用である地中熱の活用である。間伐材を利用するペレットは、林業の展開とのペアで可能性を広げるものである。起業による地域間連携が災害に強い地域をつくることに道を開いている。第９章は岩手大学の中島准教授がＥＳＤの概要を示すとともに学生の起業レポートの報告と分析を行っている。

（6）地域連携の展望

地元の他の企業活動との連携で地域の新しい可能性を切り開く、従来の枠組みとは異なる地平をつくることが確実な復興となる。特定の企業ががんばるだけでは地域の復興は実現しない。新たなアイディアと人を生み、育てることが肝心であり、その仕組みを被災地からつくり、発展させる試みを田村氏の第２章に読むことができる。被災地にはチャンスがある、それをどう活かすか、成長させるかが問われる課題であり、このチャンスを見逃すと、急速な人口減少という地域消滅の危機が迫っていることにも強い警鐘を鳴らしている。新しい起業とともに、今ある企業の組み合わせをコーディネートすることも可能性のある起業となる。旬の野菜とワイン、水産物と日本酒、林業と住宅建設、菓子と酒など、いくつもの多様な展開の可能性が、地域を横断する企業連携として新しい地域をつくることにつながっていく。

3　可能性の追求

「一人も解雇しない」、「一社もつぶさない・つぶさせない」田村氏や河野氏の文章の中に書かれた言葉である。被災後、経営者が相互に連携しながら、この言葉の実現を図っている。会社と従業員の信頼関係は、地域をつくる結節環である。すべてを失うなかからの出発は、確かな展望と厚い支援で、急速な回復を可能にする。

復興の原点は被災の克服である。被災し地域の弱点と課題が明らかになるなか、これらの弱点を克服し、安全と安心が実現される地域がつくられれば、この地域で生活したいと考え転入する人も少なくないはずだ。それが新たな起業を伴う転入なら地域発展の可能性は拡大する。ハードな工作物によって安全を確保する手法は限界がある。またこの（想定内での）安全確保が地域を発展に導く可能性は少ない。ところが、弱点を克服する手法の優れている点は、地域の可能性を引き出す点にある。マイナスをプラスに転じる手法は、企業のあり方ばかりか、地域の可能性を広げるうえで肝心な視点となる。

注1　中央公論（2014年6月号）には二〇四〇年に消滅可能性の高い自治体896の全リストが掲載された。

文献

増田寛也他「ストップ『人口急減社会』」中央公論、2014年6月号

第2章　「なつかしい未来創造株式会社」が陸前高田にもたらす可能性

なつかしい未来創造株式会社
株式会社高田自動車学校代表取締役　田村　満

はじめに

陸前高田市の3・11以前の状態について概観しておきます。市政が施行された1954（昭和29）年当時は3万6000人の人口でしたが、徐々に過疎化が進み、2011年3月11日の東日本大震災直前は2万4000人にまで減少してしまいました。日本における地方の小都市は人口問題で消滅する、といわれ続けておりましたが、陸前高田市も例外ではありませんでした。このことは我々のなかでは十数年も前から指摘してきましたが、それに対する施策がほとんど取られていなかったのが現状であり、実際にこの50数年間、毎年約200人ずつ人口減少が進んできました。

このような状況のなか、2007年7月に岩手県中小企業家同友会の気仙支部が産声を上げました。気仙地方（陸前高田市・大船渡市・住田町）で活動する経営者が、この地域の衰退を憂い、立ち上げた団体です。当初は28名の会員数でしたが、その数は瞬く間に増え、3年も経たないうちに80名近くにまで達しました。それ程に、この地域の衰退は酷く、それを憂いていた経営者が多くおられることになります。

そして、これから、というときにあの忌まわしい惨事が起こってしまいました。東日本大震災です。当市の被害の大きさは筆舌に尽くせないものです。亡くなられた方が約1600人、未だに行方不明の方が約２００人。そして、２０１３年10月現在で、住民票ベースで見ると、人口は約１万９５００人への減少という惨憺たる有様です。しかも、住民票がありながらも、市外に出ている人も沢山おりますので、実数は約１万８０００人というところでしょう。先行きを考えると不安な要素が沢山あり、弊社の社員も含め、住民の皆さんの心中を察すると悲しくならざるを得ません。

1　中小企業家同友会気仙支部の動き

当市の商工会会員企業は約７００社でしたが、この中で被災した会員は約６００社で全企業の86パーセントを占めています。その中で、現在（２０１３年10月）、営業を再開した企業はたったの約３２０社、廃業を決断した企業は、実に約２３０社にものぼります。このままだと本当に市の態をなさなくなってしまうことが懸念されました。しかし、我々にとっては、このことは容易に予測できましたので、「一社も潰さない。潰させない」というスローガンの許に、岩手同友会気仙支部の皆さんと共に各経営者の皆様に対し、「雇用の維持や資金のやり繰り」などを中心に、これからどのように再建して行くことができるのかを説明して回りました。ところが、結果的に社員を解雇せざるを得ない企業も多かったように思われます。なぜなら、雇用調整助成金や教育訓練給付金を上手く使って、雇用を維持することはできるはずなのですが、それを申請するまでの時間的な余裕がありませんし、助成金が給付されるまでには半年もかかってしまうという時間的な問題がありました。

ある程度の蓄えがある企業であれば、それを導入することもできるのですが、ほとんどの企業は潤沢な蓄えがあるはずもなく、売上が突然ゼロになった状況のなかでは、社員に給料を支払うこともできません。そこで経営者はハローワークに相談に行くのですが、そこで勧められることは解雇です。解雇すれば、翌月から失業保険が出るからといわれます。会社を再建するためには、経営者一人の力だけでは難しいので、社員がどうしても必要だと我々は考えているのに、ハローワークでは解雇を勧めるのです。これは普通の考え方からすると、まったく逆ではないでしょうか。公的な機関が解雇を勧めるとは、通常の状態では考えられません。やはり、異常事態、緊急事態なのです。

弊社は、合宿で集中して実技や学科を受け、短期間で自動車運転免許取得をめざすコースもあり、被災当日は約１５０名の合宿生が在籍していました。その生徒さんを無事に帰宅させた後に、私は社員たちを集め、「絶対に解雇しない！」と明言しました。社員は全員無事だったのですが、親を亡くしたり子どもを亡くしたりした社員もおりますし、家を失った社員もいます。それらの社員に対し、会社の財政が厳しいからといって解雇するような、非人道的なことなどできません。社員には、出勤してくれていれば、後述する支援物資を運ぶ等のボランティアの活動が沢山ありましたが、たとえ出勤できなかったとしても、すべてを業務の一環とみなし、給料を払い続けました。

２ 自動車学校としてできること

一方、我々が行ってきた活動の一つに、全国で４万３０００社の会員がいる中小企業家同友会の仲間から送られた支援物資を、避難所に配るという作業がありました。幸いなことに、弊社は、１９９６年11月に、それまで高田松原にほど近い海のそばにあった教習施設を、現在の高台に移転したため、津波の直接の被害を免れることができましたので、弊社が支援物資輸送の拠点となりました。初めは、当市の災害対策本部に物資輸送のお願いをしようと考えて、市当局と話し合いましたが、市当局では引き受けることができないという結論になりました。それは、当然のことかもしれません。なぜなら、当市の職員は、パートも含め約１００名以上の方々が亡くなられていますから、手が回らなかったということなのでしょう。方法はほかにありません。我が社員や八木澤商店の社員や同友会の皆さんで、全国の仲間から寄せられた支援物資を配ることになりました。

当時の我がエリアの避難所は、北から南まで約200か所ありましたが、我々の少ない人員では、それをカバーすることができません。そこで、救援物資が潤沢に届けられている避難所を除き、それ以外の避難所約40か所をピックアップして、ゲリラ的に配送しました。なかには、避難所ではない個人の住宅に避難していて、食料を中心に物資が枯渇している所もありましたので、それらもカバーすることになりました。その時に力になってくれたのが、八木澤商店の社員たちでした。彼らは、醤油等の配達のため、個人宅の情報や、どこにどのような人々が避難しているか等の情報もしっかり把握しておりました。我々にとっては本当に頼もしい存在でした。

弊社は、合宿生の宿泊のために寮と食堂をもっていました。大災害後は、これらの施設を全面的に開放しました。また自動車教習コースが広かったこともあり、被災地域支援のために有効で多様な使われ方をしました。一時の避難場所・支援物資の輸送所・全国の各地からの警察官基地・自衛隊車両の滞在地・燃料の給油所・社会福祉協議会の事務所・ボランティアセンター・金融機関の事務所・報道関係者の宿泊所・各種会合のための会議室・バスの発着所等々、依頼されれば何でもやろうというスタンスで臨んだ結果だったと思います。これにより、地域の皆さんはもちろんのこと、関わっていただいた多くの皆さんにも大変喜んでいただけたと思います。

3　「けせん朝市」の実施

印象深かったのは、「けせん朝市」の開催です。3月末日、国連の皆さんが弊社を訪ねて来ました。その理由を尋ねたところ、大災害が発生した際に、こんな小さな企業が、地域を救うために活動するのは、世界的に見て大変珍しく、その事情や状況を知りたい、とのことだったのです。これまでの経緯から支援や実施内容のすべてを話しました。帰り際に、日本人のロジスティックオフィサーが、「支援物資を保管するための倉庫を欲しくないか」といってくれました。

私は、かねてから温めていた構想を話しました。それは、東京上野のアメ横のようなものを開催したいとかねてから思っておりました。アメ横は元々、戦後のドサクサのなかで、闇市からスタートしています。戦後の混乱のなかで、苦しんでいる人々に勇気と希望を与えることができたように思い、小さくてもよいから、それと類似のものをつくりたいと考えていました。当時、避難所生活をされている皆さんは、自分自身の意思とは関係なく支援物資を与えられ続けており、「ブロイラー的」生活を余儀なくさせられていました。これを続ければ、徐々に人間性が失われていくのではないか、少なくともその可能性は十分にあると思っていました。さらに、今後も避難所生活は続くことを想定すると、何とかして人間性を取り戻せる企画を立てる必要があります。そこで、「けせん朝市」の開催を進めようと構想を練っていました。

図1　けせん朝市の様子

このことをロジスティックオフィサーに伝えたところ、国連WFP（World Food Programme）のテントは倉庫としての利用しかできないといいながらも、彼とのやり取りのなかから、運用を黙認してくれる可能性が得られたので、実施できると決断しました。同友会気仙支部の仲間たちの頑張りにより、「けせん朝市」は、震災の年の5月1日に開店にこぎつけることができました。当日は、開店の2時間も前から行列ができ、大変な賑わいを見ることになりました。

自分の意志で、自分の好きな物が買える喜びは人間の生活の主要な部分です。この喜びを実現することで、地域の皆さんが元気を取り戻す契機がつくれると思っていました。そのネライは的中します。商品を売る側も買う側も、その目は生き生きとしていて、市を通して人間の営みや喜びを知ることになりました。その後、朝市の会場は、イベントをする際の中心的な役割を果たすことになっていきます。「けせん朝市」成功が契機となり、被災した三陸沿岸のいろいろな町に、テントによる朝市・朝市スタイルのイベントが展開されることにつながります。被災地の皆さんが「朝市」という賑わいや、モノの売買を通して、生活を取り戻すことにつながることを確信できました。また、テントの設営から出店計画や同友ハウスの設置まで、同友会の仲間たちに支えられ開催したことで、仲間や地域の力を実感することとなりました。

もう一つ自動車教習所でなければできなかったことがあります。津波で陸前高田市内のガソリンスタンドが全滅し、残っていたのは、弊社の自家用スタンドだけだったのです。緊急車両が給油するには、大船渡市の北部、盛町にあるスタンドまで行くほか給油はできなかったのです。往復に要する時間は約1時間半。この事態を解決するため、私は市長に対し、直接提言しました。それは、弊社のガソリンスタンドを無償で提供するというものです。ガソリンを弊社のタンクに入れてくれれば、緊急車両がわざわざ遠くまで行って給油する必要もなくなり、作業効率が上がると考えました。通常、民間の企業では、トップが決断すれば、次の日には実行できるものです。しかし、弊社のスタンドの活用が実現するのは10日後でした。これが行政と民間の違いなのか。スピード感がまったくなく、当時は、本当にガッカリしました。緊急事態時に必要なことは、即決即行であることを痛感しました。

4　これからの陸前高田市

行政は、当初、5年間（約束の実施まであと2年ですが［2014年現在］）で12・5メートルの防潮堤を造り、町の中を5メートルの嵩上げをし、８年から10年で町をつくると言っていました。ところが、仮設住宅に住んでいる人々の最大の関心事は「俺らは、いつ頃この仮設を出ることができ、いつ頃自分の家をもてるのか。そのためには、被災した自分の土地を誰がどれくらいで買ってくれるのだろうか」なのです。漸くここに来て動きが出るようになりましたが、それまで、この疑問に誰も答えていません。さらに、我々の心配事は「8年から10年かけて（２０１３年を基点にすれば5年から7年）町をつくったとして、どれだけの人たちが、仮設住宅や借家生活を続けて、残っていてくれるのだろうか」です。町をつくったのは良いが、住む人が極端に少なくなってしまい、過疎化に拍車がかかるのなら、誰がどのように責任を取ったとしても、時間は取り戻せないと思います。現に、２００８年の人口予測では、２０３０年の当市の人口は1万８０００人という推定が出ていますが、すでに今日で２０３０年の予測人口になってしまっています。実際に２０３０年には、1万５０００人ということだって充分予想できる数値です。

残念なことですが、我々のような地元に密着した企業は、人口が少ない町では存立自体が困難なのです。人口減少と企業経営、どのような事態が起きるか考えてみましょう。まず、売上が上がらないため粗利を確保できない。従業員も減らさざるを得ない。従業員がいないとシッカリとした営業もできない。売上はますます落ち込むという、負のスパイラルに入り込み、遂には倒産や廃業に陥ってしまうのです。市長は「ノーマライゼーションという言葉を使わなくてもいい町」を唱えていますが、具体的にどんな町なのか、姿が見えてきません。本来は、しっかりしたビジョンを描いて、わかりやすくヴィジュアル化するのがトップの仕事でありますが、それがなされていないことに憤りを覚えてしまいます。

5　なつかしい未来創造株式会社

２０１３年半ばに、私は陸前高田市長と副市長に対し、提案書を出しました。本来なら、エネルギーヴエンデ（シフト）も含めて提案したいのですが、陸前高田市はエネルギーに関してはまったく考えていませんので省きました。私が提案したのは9項目。内容を細かく述べる時間がないので割愛しますが、市長が決断すれば直ぐできること、決断してもチョット時間がかかること、決断しても大変時間がかかること、の3つに分けて提案しました。この提案を市政策に取り入れることができたら、5万人の町も夢ではないと考えています。一部でも取り入れてくれれば、交流人口が増大することになるので、当市に落ちるお金は莫大な額にのぼります。しかし、残念ながら未だに動きはありません。多分、忘れ去られたのでしょう。

また、我々は痩せても枯れても事業家の端くれです。経営者は〝環境適応業〟だといわれています。進化論を唱えたチャールズ・ダーウィンは次のように述べています。「強いものが生き残るわけではない。賢いものが生き残るわけでもない。唯一、変化できるものが生き残る」と。これを自分なりに解釈すると、「環境に適応できたものだけが生き残る」となります。我々は、この言葉を重く受けとめています。どんな劣悪な環境下であろうと生き残る道はあるし、環境が悪ければ、その環境を良いものにつくり変えていくのも、我々の使命にあると考え、津波の年2011年9月に「なつかしい未来創造株式会社」を立ち上げたのです。

この会社は、「千年先の子どもたちのために私たちができることは?」と考え、新たな産業を生み出し、雇用を迅速に創り出すこと、地域の資源を活かしながら社会の今日的課題に応え、将来的に約500名の雇用を創出することを目標にしています。

その会社で、これまで、いろいろな事業を行ってきましたが、そんななかで、今、取り組んでいる最大の事業は「箱根山テラス」プロジェクトです。これは、当市にある箱根山という場所に、起業家たちの拠点となるテラスをつくろうという事業です。コンセプトは、「集う」「学ぶ」「宿泊する」「起業する」「自然エネルギーを重要視する」です。

我々の事業の一つに、内閣府から１人２５０万円の助成をいただき、現在、40名の起業家を育てています。起業家というとＩＴ関連のベンチャーを思われますが、そうではありません。例をあげると、米粉で麺を作る青年やパンを製造している60歳の女性など、老若男女さまざまな人々です。気仙が将来的に起業家のメッカのような存在になったら凄いという思いを抱いております。ＩＴ関連ではなくとも、アメリカのシリコンバレーのような日々活性化する地域が生まれたなら、日本全国あるいは世界から気仙を目指す人が現れ出て来るかもしれません。

我々は、ソーシャルビジネス・ネットワークのスペシャリストの先生たちと一緒になって、起業家の皆さんをサポートしていますが、この箱根山テラスは、そのような人々の活動拠点にしたいと思っています。

特に、コンセプトの中に「学ぶ」というものがありますが、コワーキングスペースの要素や、講習会ができる要素も加味して建設したいと思っております。彼らが、そこで学ぶことにより成長して行くことと思われますし、やがては成功に近づくことができるという思いです。

また、「集う」というコンセプトも掲げておりますが、これは、市内の人々にも活用してほしいという願いも込めて、カフェの運営をしたいと考えています。このカフェで市内の皆さんと市外から訪れてくれた皆さんとの交流が実現できたら、そこからプラスαの何かが生まれることもあるのではないでしょうか。

６　これから期待すること（人々の気持ちが利己的から利他的へ）

３・11以降、何日か経過したある日、私は自宅に帰りました。電気も通ったので、テレビをつけたところ、偶然にもマイケル・サンデル教授の白熱教室をやっていました。テーマは３・11に関することです。ハーバード大学の学生たち、上海の有名大学の学生たち、日本の学生たちそしてサンデル教授の四元中継でした。その中で、さまざまなディスカッションが行われましたが、最後に、ハーバード大学の女子学生から発せられた言葉を今でも忘れません。「日本の国民って素晴らしい国民ですね」という言葉でした。

その理由は、次の通りです。例えば、ロサンジェルスの大地震、カトリーナというハリケーンがニューオリンズを襲った大災害、四川省の大地震等、外国で起こった大災害のなかで起こったことは、略奪、暴動、便乗値上げでした。ところが、東日本大震災ではどうだったでしょうか。大都会といわれる東京でさえ、停電等で大変なパニックになると思いきや、まったく混乱した様子もなく整然としておりました。そして、夜になると電車が止まっているにもかかわらず、民衆は暗い中を歩いて家路を急ぎます。また、帰宅できない人は、駅に泊まるしかありません。その際、民衆は駅の階段に腰かけて朝を待ちます。その映像を見て驚きます。階段に座る人が沢山いるにもかかわらず、人間が一人通れる分、真ん中だけは空いていたのです。誰が指示したわけでもありません。自然発生的なのですね。この映像が全世界に配信されたのです。これらのことが、「日本人って凄い」と、世界から高く評価されたのです。

しかし、考えてみると、日本人には道徳心をはじめとする素晴らしい精神文化が昔から存在していたはずなのです。

明治10年頃にいろいろな外国人が日本を訪ねてきましたが、その中の一人に、イギリス女性の旅行作家でイザベラ・バードという人がおります。彼女は、数か月しか日本に滞在しなかったのですが、その間、東北と北海道を旅し、『日本奥地紀行』という本を書いています。その中には、日本人を称賛する文章が沢山あります。例えば、東京に来て、周辺を回りたいと思い人力車を雇います。一日の行程が終わり、車夫たちに対し一日分の料金を支払ったところ、車夫たちは「ありがとうございます」といって家路を急ぎます。その光景を見て、イザベラ・バードは驚きます。なぜ驚いたかというと、これまで、彼女はいろいろな外国を見てきましたが、それとは違った光景を見たからです。何が違ったかというと、他の国では、一日の約束した料金を支払うと、「もっとくれ」といってせがむんです。日本人も同じだろうと思って、料金を支払ったところ、それ以上はもらうつもりがなく帰路についてしまったのです。これが日本人なのです。昔から日本人の精神文化には「足るを知る」という文化があったんです。素晴らしい国民だとは思いませんか。

私が思うに、３・11で何かが変わったような気がします。その何かとは何か。被災地の中でつぶさに観察していると、子どもたちの様子が以前に比較し明らかに違ってきています。それは、良い意味で変わってきているように思うのです。

彼らは、全国の皆さんから支えられて生きているんだという実感をもっています。つまり、自衛隊や全国の警察官、あるいは多くのボランティアの皆さんのご支援は、かつて、彼らの心の中の多くの部分を占めていた利己的な気持ちを、利他的な気持ちに変化させる何かを芽生えさせているように思います。

あの忌まわしい大災害の後で、全国から、あるいは世界から、善意の救援物資が届けられました。発災後、数日間は生きるのが大変な状況にあっても、皆で力を合わせて乗り越えてきました。また、その後の瓦礫の撤去やご遺体の捜索等のため多くの人々が活躍してくれました。特に、ボランティアの皆さんにとっては縁もゆかりもない土地でありながらも、黙々と活動してくれました。

被災地の子どもたちの心の中には、自然の恐ろしさと人間の無力さを感じつつも、人間は一人では生きて行けないという意識とともに助け合いの大切さ、他人の心の温かさ、何事にも感謝する気持ち、他人を思いやる気持ち、結《ゆい》や絆等、日本人が本来もっていたいろいろな心情が芽生えて来たように思われます。

私には、３・11以降、一つの夢が生まれてきました。それは、社会教育家を育てたいという夢です。先程の子どもたちに生まれた良い芽を育てて行くことは、我々大人の仕事だと思っています。これまでは東大に入るのが一番良い選択肢だと思われていたのですが、本当にそうなのだろうか、という疑問が強くなってきました。自然の脅威のなかで、人間の無力さを感じつつも、いろいろな活動のなかで一人の人間として見た場合、東大に入ることよりももっと大事な選択肢があるのではないかと思うようになったのです。

２０１２年にイギリスのＢＢＣ放送の世論調査で、「世界に良い影響を与えている国は？」という質問で、22か国が選出されましたが、その中で日本は第何位だと思いますか。実は、第1位なのです。ダライ・ラマ法王も申しています。「21世紀は日本の出番が来ますよ」と。「日本には西洋の科学・技術を取り入れて経済大国になりながらも、西洋のように自然と敵対するのではなく、むしろ、自然を敬い、自然と共に暮らし、周りの人と助け合いながら生きてきた。この日本人の伝統的な調和の精神や文化こそが、混乱と不安に満ちた今の世界に必要だ」と。

ところが、陸前高田市の町づくりが、ここに述べられているように、「自然と敵対するのではなく、自然を敬い、自然と共に暮らし」となっているかというと、決してそのようにはなっていません。１００年ももたない防潮堤を建設し、自然と敵対しているように思われてならないのです。本当にこんなことでいいのでしょうか。

再度述べると、我々日本人には素晴らしい精神文化があり、それぞれの日本人に、そのＤＮＡは脈々と受け継がれているはずなのです。そして、今、日本人のＤＮＡを持って変わりつつある子どもたちを、我々大人が上手く育てることができたとしたら、我が日本の国は素晴らしい国に生まれ変わると思います。

今、世界では、いろんな国々で、テロをも含めた同一民族による殺し合いの戦闘が繰り広げられています。皆が望むのは平和なはずなのに、なかなか実現していません。岩手の生んだ詩人の宮沢賢治は、「世界の皆が幸せにならなければ個人の幸せはない」といっています。もし、日本人のＤＮＡを受け継いだ子どもたちが健やかに成長し、１００年後・２００年後に平和で素晴らしい日本ができたとしたら、それを世界に発信（輸出）することにより、宮澤賢治のいっている平和な世界が実現するのではないでしょうか。そして、もし、それが実現できたとしたら、「あの３・11があったから素晴らしい日本が実現できたのだよ」といわれるようになりたいと思っています。それが、東日本大震災で亡くなった多くの人々の気持ちに報いることになるのではないでしょうか。

最後に

日本は、資源のない国であるといわれています。そのため、加工貿易によって支えてきたといわれています。確かに、物質としての資源はないかもしれません。しかし、目に見えない資源が沢山あるといっている人々もいます。

柳田國男の『遠野物語』を英語に翻訳した人で、アジア経済や安全保障の専門家で、日本に造詣の深いロナルド・モースというアメリカ人は、日下公人氏と大塚文雄氏と一緒に『見えない資産の大国・日本』という著書を出版しました。そのまえがきに次のような文章があったので紹介させて頂きます。「日本はまさに『インタンジブルス（目に見えないもの・無形のもの）』の宝庫であると思う。日本人には美を求める心や平和を尊ぶ心や愛の心がたくさんある。また、『道徳心』『好奇心』『忠誠心』『愛国心』などが、どの国にも見られないほど豊かにある。これら無形のものが、場面場面で『一生懸命』とか『工夫する』とか、『約束を守る』『仕上げに凝る』『仲間を助ける』とかの形になって現われる」

これから日本が世界と伍していくためには、そして、世界をより良いものにつくり変えていくためには、このインタンジブルスを資源として活かす必要があると思います。ノーベル平和賞を受賞されたマータイ氏が「もったいない」という日本語にしかない言葉を提唱なされていましたが、これも日本の目に見えない無形の資源（文化）です。これらのことを皆さんがしっかりと受けとめて人生を生きていただければ大変嬉しく思います。本日は、長時間にわたりご清聴いただきありがとうございました。

（本稿は岩手大学での講義をもとに書かれている）

第3章　3・11、大震災と経営

さいとう製菓株式会社代表取締役社長　齊藤　俊明

1　1000年に1度の巨大地震津波発生

2011年3月11日午後2時46分、未曾有の巨大地震発生。尊い人命と貴重な財産を一瞬に奪い去った巨大津波、社会基盤が完全に破壊され神も仏もない地獄の惨状で絶対絶命の危機、ただただ唖然としてこの世の終わりとさえ思ったものです。全社員無事、無上の喜びです。総本店含み5店舗、和菓子工場、本社事務所が壊滅する甚大な災害であります。損害額3億1000万円。当日、余命いくばくもない叔父を見舞いに夫婦で盛岡の病院にまいり、デパート5階で巨大地震に遭遇。渋滞で大船渡には夕方6時30分に到着。車のラジオ、テレビで想像を絶する大災害の報道、絶望感に陥ったのです。

2　社員と家族の安否確認「非常時の安否確認手段の確立」

社員、家族を学校、病院、市民会館で必死に探すも暗く、大勢の避難者で安否確認できず、避難者は着の身着のまま寒さと恐怖で怯え、食べ物、飲料水、毛布、電気、電話不通の耐乏の状態でした。

極限の避難生活で、普段の生活が一番幸せであることを改めて感じたのではないでしょうか。また、「足るを知る」際限のない物欲への戒めでもあったと思います。物を大切にしましょうの教訓でもあります。

図1　津波で被災した本社・本店

備えあれば憂いなしを強く実感したことでしょう。特に非常時の安否確認の手段方法を考えなければなりません。

3　避難者にかもめの玉子25万個支給

妻と二人で、主力工場が心配なので14日に行ったところ、偶然にも6人集まったので、配送センターの在庫をすべて避難者に支給しようと2トン保冷車2台、ワゴン車2台にかもめの玉子を満載し、一般道路はガレキで交通不能、山道の悪路を走り必死になって大船渡市と陸前高田市の避難者に支給、高齢者の施設にも支給し、地獄で仏に会ったと涙を流さんばかりに喜んでいただきました。25万個を3回に分けて支給しました。

企業の社会貢献というより、困っているときは人間として当たり前のことを当たり前にやっただけということです。

自宅は全壊、会社も甚大な被害を受けたにもかかわらず他人様に援助の手を差し延べたということで平成23年11月3日に岩手日報文化賞という栄誉ある賞を受けました。

また、平成24年3月2日には毎日新聞社主催の毎日経済人賞特別賞をいただき、身に余る光栄でした。賞に恥じることのないよう経営者として精進してまいります。

4　大震災後の経営方針

3月27日に全社員を中井工場に召集し、今後の方針を伝えました。

11人の社員の中の26人の家族の方が犠牲になり心から哀悼の意を表し、被災者57人に心からお見舞い申し上げ、お見舞金を支給いたしました。

雇用を堅持するには1日も早く仕事を再開することですが5店舗全壊、得意先72件が全壊と社会基盤が完全に破壊され、たとえ再開しても震災前の業績の半分あるかないかという厳しいことが想像されます。断腸の思いで一時解雇、休職があり得ると思っていてくださいと話しました。

連日、全国のお客様からお見舞い、励ましのお便りを30～50通いただき、元気、勇気、希望を抱くことができ、この皆様に安心していただくには1日も早く仕事を再開することだと思いました。

5　主力工場再開

4月6日マスコミの取材合戦のなか、主力工場再開にあたっては物流ストップ、サプライチェーンが崩壊しており3月中には再開はできませんでした。

6　買ってくれるお客様も大切、売ってくれる業者も大切

販売なくして経営なし、常に顧客第一の考えですが、納入業者も大切です。原材料包装材等が一つ欠けても菓子はできません。このような非常事態に万難を排して納品していただくには、信頼関係がなければあり得ないことです。買ってやっているのだという思い上がりは厳禁です。

4月7日真夜中、余震により停電、4日間休業整備、一難去ってまた一難、再々開するも大地震と原発事故の影響が大きく社会機能が麻痺状態に近く、業績は予想どおり非常に悪く、好転するのを待つしかありませんでした。

4月19日に卵黄液卵がやっと入荷し、かもめの玉子製造再開、盛岡市、北上市の店舗や卸販売が順次再開、しかし予想どおり販売不調、心配したとおりで断腸の思いで工場の社員数25人に退職金を支給し一時

解雇、販売の社員18名は給料満額支給し休職していただきましたが、工場の社員は5月末日に全員復帰、販売の社員は6月末日には全員復帰していただきました。役員と幹部は報酬減額、役員9か月間、幹部は5か月間協力していただきました。

4月29日東北新幹線再開によりV字回復、早期に復帰できたのは、警察官、自衛官ボランティアの皆様の支援と復興特需のおかげであり、予想もしなかったことであります。また、通販では大手企業中心に、まさに復興特需と全国各地から被災地の復興支援物産展の要請があり、業績は震災前の20パーセント前後の売上増の結果となりました。

4月29日に東北新幹線の開通と陸海空の全交通機関が再開されたことが大きな要因だと思っています。おかげさまで社員に夏冬季賞与を合わせて平均3・5か月支給することができ、社員の生活を守ることができました。

7　社会貢献の継続

第8回かもめの玉子工場まつりを開催、3800人の入場者で2日間大盛況でした。各学校の校庭、公園運動場には仮設住宅が建設され、遊びや運動をするところはもちろん、運動会もできない状態で、子どもたちには可哀想な思いをさせていました。

大地震と津波の恐怖、友だちや身内の悲しみに元気がなく社内では賛否両論ありましたが、私は万難を排し、子どもたちに元気な笑顔になってほしいと思い実行し、子どもたちはもちろんお母さんの方々にも大変喜んでいただきました。平成25年は第10回目の記念すべき節目でありますので、内容をさらに充実させ開催し、大盛況のうちに終了することができました。将来に向けてさらに夢を大きくお客様と共に共有いたしました。

図2　母の日での贈呈式

7月には、世界遺産登録された平泉に第6回平泉こども探検隊に県下の5、6年生100人程、平泉～藤原歴史、文化を研修していただきました。残念ながら被災地の子どもたちは不参加でした。また、心身共健全な子どもたちの育成のため、12回目の第38回サッカースポーツ少年団大会には、93チームが県下から参加しました。心配していた被災地の子どもたちも元気一杯プレーしていただきました。

震災翌年3月には100歳の詩人柴田トヨさんの「くじけないで展」を開催。平成24、25年と2年続けて千趣会様との共同企画で市内300世帯の仮設住宅に、かもめの玉子とカーネーションをお贈りしました。

平成24年8月30日には、第1回三陸はまなす杯争奪ゲートボール大会も開催しました。地域の幸せのため復旧復興のために中断することなく社会貢献をさせていただきます。

8　企業の利益の四大目的

一、社員幸福の実現（雇用の維持）
一、顧客満足度の更なる向上
一、より高品質への挑戦
一、地域社会の貢献

四大目的を経営者として使命感をもって日々努力しなければと考えて菓子業を営んでおります。大震災で甚大な被害を受けましたが、多少なりとも四大目的を達成することができたのではないかと思っています。

特に震災特需は長くは続かないと思っていましたので、震災前から計画していた「かもめの玉子」のより高品質化のため、平成24年6月に7億8０００万円を設備投資し完成させました。復旧費と合わせて12億5０００万円の投資でした。

今後は安全で高品質な菓子づくりと、この難局を乗り切っていく考えであります。

被災事業所1４００社が1日も早く再開し復興しなければなりません。一番早く再開したことは、復興への先導役を果たし、意義深いと考えております。

9　当社の復興計画

神も仏もない地獄の惨状、絶対絶命の危機から全国、世界の皆様から心温まる物、心、両面にわたり、ご支援で立ち上る元気、勇気、希望を抱くことができたこと、心底から厚く御礼申し上げます。

完全に復興するには、長い年月がかかると思います。復旧・復興が進捗、次第に新たな課題問題が発生してくると思います。忍耐強く解決しながら、自立心を旺盛にし、復興の道を歩まなければなりません。夢多き輝く未来、大船渡を実現するために官民一体となって懸命に取り組んでまいります。

予期せぬことでございましたが、復興特需で最悪の状態の経営になることなく多くの皆様から、ご支援いただきました。本当に感謝の言葉もありません。

いつまでも特需が続くとは思っていませんでしたので、復興は本来の商品、サービスの価値でやらなければならないと考えておりました。

主力商品の「かもめの玉子」を震災2年からより美味しく品質向上のため、原材料からのレシピの見直しをし、改善しておりました。

併せてパッケージとデザイン一式を一新すべき検討をしておりました。震災で1年延びましたが平成24年6月から新しいかもめの玉子を販売しました。特需が終わる前に販売し落ち込みをダメージを最小限にという考えでありました。

広告媒体のテレビ、新聞、看板、雑誌等々パッケージデザインを採用、イメージアップと統一を図ったのであります。結果的には、フレッシュ感溢れ、注目度がアップされ、販売促進されました。

大津波で和菓子工場が全壊し、機械は元より原材料、包装資材等すべて流失しました。

震災前から和菓子は販売戦略的に見直しをしなければと思っていましたので、白いキャンパスに絵を描くごとく販売戦略的に品揃えをと考えました。

平成23年10月には「復興福朗」を販売しました。フクロウは全国に親しみ愛される鳥で、いろんなフクロウの商品が販売されております。

苦労知らずで幸福を呼ぶということで、縁起の良い鳥でありますので復興の原動力になると考えまして、〝復興福朗〟のネーミングにしました。復興の応援団であり絶好調です。

8月に発売でありましたが、震災の影響で包装資材が準備できず10月に発売になりました。一過性であろうと思っていましたが、順調に売れています。

平成25年4月には、「恋し浜」と「黄金海道」を発売、三陸鉄道が4月に盛、吉浜間が鉄路復旧したのを記念にいたしましての開発商品です。

どちらの商品も地域をコンセプトにした商品ですので、準主力商品に育ってほしい商品であります。小石浜を地元の青年の皆さんの考えで「恋し浜」の駅名に改名、よき縁結びの駅として特産品のホタテの貝を貝の絵馬として駅舎内に奉納しています。

「黄金海道三陸」は、マルコポーロの東方見聞録の黄金の国ジパングのストーリーからの商品開発です。

平成25年7月には、「めんこいりんご」と「かまど神」を発売、「めんこいりんご」はパイにりんごプレザーブの菓子で、めんこいとは可愛いという意味ですので、可愛らしくておいしいりんごのお菓子ということです。岩手県は全国で第２番目の生産を誇っています。

「かまど神」は震災前からの菓子ですが、味もデザインもリニューアルしての菓子であります。昔あったかまどの上に火の護り神として祀ってあった恐いお面の菓子であります。

南部藩は平成25年10月に、盛岡市の本町通りに新店舗開店記念に発売した盛岡縁のネーミングの菓子であります。

販売日が決まっていませんが、「かがやく一本松」「岩手ワインケーキ」「南部富士」を８月までには発売の計画を立てております。

「七郷の風土菓」のコンセプトで菓子づくりを営んでおります。「七郷」かつて大船渡周辺の地はこう呼ばれていました。その７つの郷に想いを馳せた銘菓づくりです。一品一品真心を故郷の想いを込めつくり上げました。郷土の名所、旧跡を訪ね歩く想いをお菓子に託し、風土を愛し、歴史文化を重んじ、地元にこだわりました。

洋菓子は、「ル・ポミエ」のコンセプトで菓子づくりをさせていただいております。

緑あふれる大地、豊かな海、多彩な自然環境に恵まれた岩手に因んで、お菓子づくりをめざしてつくりました。豊かに実る自然の恵みに感謝し故郷に想いを馳せ、故郷岩手にこだわり、できる限り岩手の素材を使った洋焼き菓子のラインナップ。常に美味しい素材を求めてお菓子に生かして参ります。

このコンセプトの下に積極的に商品を開発し生き生きと輝くよう頑張って参ります。

和洋菓子店でパンを販売しても成功しないというジンクスがありますが、あえて焼立てパンで挑戦しました。平成24年11月、北上本店に焼立てパン〝ＣＯＣＯＡ（ここあ）〟を立ち上げました。品質には絶対的に美味しいと自信があり、まったく心配せず必ず繁盛になると信じての開店であります。

結果、10代、20代の客層を取り込むことができて、和洋菓子とも相乗効果で売上げが伸びました。どちらかと言いますと予想外に和菓子の方がより伸びています。また、無料カフェも利用客が多く、店内賑々しいムードになっています。

平成25年3月には、国分通り店でも〝ＣＯＣＯＡ〟をオープンし繁盛しております。

平成25年10月には新店舗本町通り店をオープン、「かもめの玉子」を主力商品に和洋菓子フルラインナップともちろん〝ＣＯＣＯＡ〟も営業しております。特に2階50坪の無料カフェに絵画、写真、書の展示や小さいながらもキッズコーナーを設置し、お客様に喜んでいただいております。

焼立てパン〝ＣＯＣＯＡ〟を立ち上げ、業態開発してみて間違いなく客数20パーセント増になっており、今後はより多くお買い上げしていただくような企画を考えております。

大船渡の中心街に復興の中核的な店舗を計画しております。

流通革命によって全国的に商店街はシャッターロードからゴーストタウンへと衰退の一途へと否応なしに進んでおりました。大船渡も例外ではありませんでした。

「災い転じて福となす」の考えでピンチはチャンスに何としてもしなければなりません。

単なる買い物の場からレジャー、文化などさまざまな需要を満たす地域密着型の暮らしの広場へ計画的に造り替えて活力に溢れる商店街にしなければ復興したとは言いません。

特に地域性や素材を生かした定番商品、オリジナル商品の完成度を高め進化させていくことが求められています。

夢のある地域づくり、明るい商店街づくりで市内外から千客万来、繁盛して輝く未来、大船渡が拓けると思います。

主力商品の「かもめの玉子」を中心に和洋菓子フルラインの品揃えをし、焼立てパン〝ＣＯＣＯＡ〟、心のオアシスになるようなカフェ、お菓子づくり教室、中規模のかもめの玉子工場、もちろん見学コースがございます。駐車場は大型バス３〜５台、乗用車10台程の駐車場を計画している大型の店舗であります。幸いに菓子業は市外からお客様を誘客できる業種でありますので何としても成功し、商店街が隆盛するよう全力で取り組んで参ります。

仮本店１４３０万円、仮高田店１２００万円、気仙沼店１２００万円、大槌店１１００万円、釜石店（サンパルク）50万円（平成26年２月閉店）釜石店（イオン平成26年３月オープン）１０００万円。総本店５億円、本高田店１０００万円の見込みであります。和菓子工場（ハセップ対応型平成23年12月完成）４億２３００万円、新包装ライン（平成24年６月完成）７億８０００万円。トータルで17億７２８０万円の復旧復興費となる予定であります。

完全に復興するには長い年月がかかります。時間の経過とともに新たな問題課題が生じてきます。関係機関と密に連携し困難を克服し、皆さんと結ばれた絆を大切にし、人口減少、流失を防ぎ、生活再建は元より、産業、経済をさらに再生し、新しいまちづくり、地域づくりをしなければなりません。

地域の人たちが何より優先するのはいかに安全で安心して生活ができ、三陸の自然を大切に親しみ、健康で幸せな生活ができるまちづくり、地域づくりが本当の復興ではないでしょうか。

大震災を唯々悔しい辛い災害にしてはならない、生きる喜び、希望を持てるよう互助の精神で力と知恵を結集し、夢がある輝く未来・大船渡を実現するため〝ガンバロー大船渡〟〝ふるさとは負けない〟。

第4章　災害からの復興

酔仙酒造株式会社元社長　　鈴木　宏延

はじめに

平成23年3月11日の大津波で陸前高田市の酔仙酒造は、建物、在庫、商品、ビンなどの容器すべてが流失した。11日が最後の仕込みの日だったので醗酵中の諸味や、秋から仕込んできた貯蔵中の原酒などすべての在庫を失った。

昭和37年4月に片倉製糸から敷地建物を買受け分散していた清酒焼酎製造工場を一つにまとめる整備を進めてきた。随時、不便になった工場を改築し操業してきたが、昭和43年白米処理工場が完成。昭和48年には新ビン詰工場を完成させて第一次の建設計画は終了した。その後も増築・改築を重ね、流失時には清酒焼酎の生産量で3000キロリットルを超す大きな酒蔵となっていた。工場の概要は土地7184坪、建物は延3304坪となった。この土地が想定外の大津波で瓦礫の山となり指定文化財の本社事務所や倉庫として使っていた木造四階屋根裏付き建物などすべて流されてしまった。設備機械類や大型のタンクは海に引きずり出され庭石は各地に散乱した。花見に使った広場も荒らされてしまった。地元の人たちによく使われた場所だ。経営の基本にいつも地元の人たちと一緒に、を頭の中に叩き込んでいた。

私は当日盛岡から陸前高田にバスで向かっていた。住田町で迎えの車に乗り換え会社へ行く予定だった。遠野の町を過ぎたところで地震がきた。バスは大きく飛び跳ねるように10回ほど動き止まった。4～

5分後バスは大船渡に向かって動き出した。地震のため迎えの車が予定より遅れ、途中津波を避け迂回しながら進み5時過ぎ会社に到着した。私の見たのは泥海と周りに立ち竦んでいる人々だった。従業員も亡くなったことを知らされた。前年秋から蔵人たちが丹精して造り上げた清酒はすべて喪失。長年貯蔵した貴重な焼酎は海の中。すべての商品を失ってしまった。釜場と思われる所に化粧樽を中心に残骸が集まっていた。くやしくて涙も出なかった。残念ながら村上芳郎常務、高田酒販の村上敬二郎社長は見つからない。常務は一度外に出て皆の退避を指示していたが何かを探しに出かけて行きそこから見えなくなった。波に飲まれたかもしれない。生死が心配された。

図1　震災前の酔仙酒造

この企業はもともと地元旧気仙郡の清酒製造者8軒が戦時中の昭和19年企業整備令によって合併し新しく造った会社だ。のちに隣町大原の酒造業者が加わり、9者全員がこの土地に伝統の有る酒造業を残そうと厳しい戦時下において個人の資産を出し合ってつくった会社だ。津波で流されるとはこれまで話題にもなったことがない。後で調べると流失した資産は簿価で6億を超えていた。10億円程度の売り上げの企業には大変なことだ。

1　再建をどう進めるか

周りに集まった社員から蔵は再開できますかと質問された。また酔仙を一緒に飲もうとだけ答えた。働いてきた職場、賃金を得てきた場がいつ再開できるかは大きな関心事だ。明日からの生活を考えると当然のことだ。後で蔵人から聞かされた話だがもう酒造りができないと思ったとき、蔵の中の香りが湧いてきて我慢できない気持ちになったとのこと。働く場だけではなくなっている。生活のすべてになった社員も多い。この地方の多くの職場が失われた。これを早く復興しなければと思いながらも、私はただ茫然と泥水の中、瓦礫の中の化粧樽を見ていた。高田松原の先のきらきら光る海まで一目で見える。津波の残した傷跡は大きかった。もう私の意識の中には事業再開しかなかった。

しかし、まだそれを言い出せる種を何ももってない。企業を再生することが経営者の務めだ。社員も消費者も地域も取引先も皆待っている。一日も早い再生だ。

2　再開するために何が必要か

資金、人材、土地、原料米、資材これをいかにして確保するか。酒造業を取り巻く環境は厳しい。現状と将来を見通しながら進めなければならない。

もう一つ大きな課題は新蔵完成までのつなぎをどうするか。今後の酒造業の経営を続けるための大きな課題だ。原酒を買って新蔵ができるまでつなぐのも一つの方法だが借りられる蔵があるなら借りて造ろう。腕と勘に新しい発見があるかもしれない。他社から買うのは楽だが、買うのは最低限必要な酒に留める。幸い役員の努力で千厩にある岩手銘醸の蔵を借りることができた。ここなら社員も少し遠いが通勤できる。原料米は酒造協同組合が確保してくれた。おかげで津波の年も酒造りを休まず酒造業を継続することができた。衷心より感謝している。千厩で操業している一方で新蔵建設の検討を進めた。

3　新蔵建設の方針

清酒製造販売にあたって当面販売する商品を造る蔵内在庫がない。

原酒をすべて流してしまった生産者としてやれることは原酒、生酒等、販売まで少ない時間で売れる酒を製造販売する以外にない。幸い当社には原酒で売れる商品「雪っこ」がある。生酒の実績も多い。これを中心に販売し在庫貯蔵が必要な酒の製造は最小限にし、空いた時間で造り熟成させよう。吟醸酒は別に造る。在庫を少なくすれば蔵は小さくできる。設備投資も少なくて済む。この方法で製造ができると原酒の手持ちは少なくできる。資金が楽になる。

図2　津波で破壊された酔仙酒造

緊急の場合だ。目標は単純にしよう。すぐ販売できる酒から始めよう。早く市場に名乗り出て酔仙は元気に復活するとアピールしよう。

（1）目標の設定　〝長年守ってきた10月1日に新酒を出荷しよう　すべての日程をこの目標実現のために頑張ろう〟

目標は単純だが酒造業にとって意義は大きい。清酒はもともと秋にとれた米で造った新酒を神に捧げ、収穫の感謝を表してきた。この時期を外すと酒造の日程は大きく狂う。米の収穫時期、寒くなる天候の活用、最適な自然の環境を活かすためにも、10月1日に新しい蔵から新酒を出荷したい。それが清酒生産者の希望であり良い酒が醸造できる条件でもある。

（2）土地・場所の選定確保

再建に際して新蔵をどこに建設するか。気仙は一つ、気仙以外で再開することは考えない。しかし、一番大きな課題で難問だ。酒蔵の立地は製造と販売この二面から考えなければならない。水の確保、醸造用の良質の水、排水機能整備の場所確保、被災時の従業員の再雇用も含んで35人程度の人員確保など考える要素は多面にわたる。交通機関、製品の配送、原料の受け入れ、大きめの道路に近いところなど。

土地の面積は建物敷地空瓶置場および駐車場など、約3000坪は欲しい。

周辺の環境が良いことが望ましい。高田の蔵は落ち着いた自然に恵まれたいい所だった。新しいところも負けない良い環境が欲しい。品質は周りの環境に影響される。将来は花見のできるところも欲しい。陸前高田の被災状況を見ると酒蔵用地を確保するのに最短期間でも5年、10年待たないと工事ができないと判断した。被災者のための住宅建設その土地の確保。幸い陸前高田の氷上山麓には高原状に土地がある。復興のためには好条件だ。しかし、被害を受けた面積が大きすぎる。盛土などしても適当な工場用地を確保することが困難。早く人々の住むところをつくらなければと判断せざるを得ない。水の確保と排水などの社会基盤整備にも時間がかかる。被災家屋の再建が優先される。

（3）新蔵の規模

蔵の規模については、日本の大手清酒生産者がアメリカに清酒の製造蔵を造ったとき、1000キロリットルが中規模蔵として適当な大きさであると発表したのを思い出した。

資金は10億円。土地は買えない。資金をどこで確保できるか情報収集しているうちに工場を建て事業を再開する企業には国が大幅な援助をする情報が入った。グループ補助金と名付けられた大型の補助金。被災した大船渡高田地区の食品加工会社でグループをつくり、まず名乗りを上げた。第1号だったと思う。

県からの援助もあった。獲得に金融機関会社・役員の努力があった。建設予算はオーバーした。この分の資金確保も大変だった。自己資金も必要だ。しかし数か月遅れて建設を始めた企業はもっと大変だった。資材不足人件費などの高騰。少しの差だったが早い着工は多くのプラスを生みだした。復興を早く名乗り出た効果は大きかった。

土地は私の所有地の山の中に一部平地化した場所があり。市から仮設住宅に貸して欲しいと希望されていた。歩測で３００坪はある。盛駅から３キロメートル以内のところで交通の便は良い。課題はあるが１日も早く酒造りを再開させるには企業としての決断を下さなければいけない。将来に不安を抱く社員。人材を確保するためには早く結論を出したい。幹部社員と会合を持ち今後の進め方を相談し結論を出すよう話した。同時に今後酒造業を継続するための人材確保について話し合ってもらった。見通しは明るかった。みな再開を期待している。

一方で工業技術センターなどに相談し新蔵を造るに当たって手本になる蔵を推薦してもらい見学しようとしたが、流された酔仙の蔵は使いやすい蔵だった。ただ古い建物を活用したため不便なところもあったが、蔵人の意見を聞いたらと言われた。改めて自信をもって前の蔵の良きところを活かすようにしたいと思った。社員に流された跡地の瓦礫の中で旧釜場をはじめ主要個所の測定をしてもらい大枠の蔵の図面をつくり土地の上に建物が造れるのか計った。手書きの図面ではぴったりだ。

地盤検査は運良く日程に空きのできた業者が見つかったので早急に進めることができた。

（４）株主総会と蔵建設認可に向けた動き

臨時株主総会を開きここに建築することに決めた。ここまでまとめれば後は現場の人とプロの仕事だ。設計技師を決め一任することとした。岩手酒卸で世話になっている菊地氏は大船渡出身でもあり行動力のある人なのでゆとりのない工事計画を理解し、実行していただくには適任だと思った。遅くとも8月20日までに工事が完成し機械の設置をしたい、何とか進めてほしいと相談したら、1月30日までに建築確認申請書を出さなければならない。そして3月20日までに認可が下りれば目標通り進められる。予定の敷地を見たいと12月3日二人で久名畑の現場に向かった。「丁度いい所です、立派な蔵をつくれます」とお墨つきを得た。土地を見ているとき、鹿が2頭出てきたのには驚いた。後で役に立つ。時間がない。千厩に行き社員といろいろな話をした。株主、銀行の了解など沢山の仕事があるがそれぞれ分担した。菊地氏から市役所など関係機関で確認しなければならないことがある一緒に回れるか　急いでいきましょうとすぐ日程を決め県、市をはじめ関連機関に同行した。「復興のシンボルです。頑張って早く酒を造ってください」と激励されながら菊地氏と一緒に回り説明し、いくつかの質問に答えた。どの機関も親切に一生懸命に援助する姿勢を示してくれた。条件は整った。後は前進目標に向かって関係機関の了承を取りながら進めた。蔵内の設備については機械屋を入れ担当者たちが話を進めた。重量物などの機械の大きさを含めて週1回ぐらい打ち合せをした。機械屋工事屋など関係機関が集まって打ち合せをしながら工事を日程通り進めるこの効果は大きかった。トヨタさんから教わった。後でいろいろ応用もした。工事が予定通り進んだ影の大きな力だった。私は日程管理進行役を買って出た。10月1日新蔵で製造した雪っこの出荷。この実現に向かってすべてを集中させよう。蔵の内部の設計外装などは現場の人と菊地さんでつくり上げた。色彩は白、黒、材木の色を中心にできるだけ色数は少ない方がいいと話した。また高齢化社会にあって見学者のためにエレベーターが必要との意見があり設置した。「自然光も多く採り入れて下さい。ただし直射日光は避けて」。注文も多かった。

申請書の認可は申請提出の予定が目標より数日遅れたにもかかわらず2月29日に下りた。異例の早さだった。復興にかける意気込みを感じた。準備を進めていた入札で工事業者を決めた。3月

８日地鎮祭。目標の10月１日雪っこ発売が現実のものになる大きな感激のなかで玉串奉奠ができた。その後のどんな場面よりこの時が嬉しかった。涙を我慢できなかった。後はプロがやってくれる。皆の希望を取りこんだ酒蔵ができる。皆が待っている商品の提供ができる。狭いもっと大きくとの声もあったが予算もない。我慢が大切と話した。皆は前の蔵の意識が強いのだ。在庫を大幅に減少することがいまだ体感できない。

図３　再建された酔仙酒造新蔵

（５）水、米の確保

同時進行で進めた井戸掘りも成功し、保健所の水質検査も合格した。関係者の味覚検査も合格、適度の軟水だ。水は酒造りの大切な要素だ。清酒はその土地の水とその地域の米を使い近くでとれる産物を肴にしておいしく楽しく飲む。米のもつ特徴を活かしながら醸造する。この醸造のために必要な水、洗浄用の水、蒸米を蒸かす水、いろいろな場面で温度を調整する水、水の用途は広く、使う量も多い。

新しい蔵は大船渡市に移ったが水は氷上山系。陸前高田市は氷上山の西側、大船渡市猪川町久名畑は長い尾根の北東の外れに位置する。近くにダムもあり水質水量とも安心できるところだ。一本の井戸は予備にとっておき一本で２年間仕事をしたが水量に不足はない。大量の水確保は合格だ。排水も困難なくできる。

　原料米の確保は岩手県酒造協同組合に申し出た。9月初めの原料米確保なので厳しい条件のなかで申し出に答えてくれた。本来なら9月に使う米は前年産の米のため3月手配で申し込みをしなければならない。原料米の9割は県産米を使っているので集めるのは大変だったと思う。県内生産者の協力を得ながら各地に交渉してくれた。

　レッテルなど商品化するための資材の準備も大変な仕事だ。すべてを流された後で新しくつくる苦労があったはずだ。発注数量を決めるのも大変だったと思う。

　8月20日から機械器具の設置が始まった。工事用の大型クレーンで設置していくのでこのタイミングも気を遣ったと思う。1か所だけ発注ミスがありこの分が少し遅れたが他は納入中の事故もなく予定通り進行した。

（6）出荷の喜び

「原酒の製造は順調です」。8月28日洗米から始まった仕込み。神経を使いながら造る最初の一本。9月末から容器詰めになります、10月1日出荷できる、と聞いたときは嬉しかった。もう安心しきっていたことだがドスンと腰をおろせた感じだった。肝心の酒も杜氏が太鼓判を押した。新聞が報道してくれた。沢山の注文をいただいた。蔵の能力には限界がある。折角のご注文も一部お断りせざるを得なかった。詰め設備が一度も故障することなく稼働した。計画以上の生産となった。しかし米の入荷は厳しくなった。津波の影響で前年秋の米の収穫が大幅に減少した。迷惑とお詫びをしながら新蔵の商品が出荷できた。

　品質は文句なし。予定通りの立派な商品ができた。雪っこは昭和45年12月発売以来良く売れている商品。復興の先陣にふさわしい商品だ。

臨機応変、雪っこの製造の間に他の酒造りもできた。慌ただしいなかでどうにか再建のスタートが切れたのは多くの方がたのおかげだ。そして10月１日のわかりやすい目標実現に一致協力できたことだ。どんなことをしても目標を達成しよう、これができないとすべてが失われる。再出発ができない。そんな気持ちで皆頑張った。

10月１日は日本酒の日である。神事を行い今年の安全祈願をし、その後商品を出荷する。荷物を積んだトラックを皆で見送る。「お待たせしました、今年もおいしくできました、味わってください」と心で叫びながら見送りをする。今年はそれに付け加えて、「何にも増して皆さんのおかげです、復興できました、ありがとうございました」と大きく叫んだ。

４　新商品の開発

新しい課題――失った売り場を取り戻す

新商品の開発は各社の共通課題だと思う。商品はつくれるが売り場を確保するのは困難だ。品切れの期間に他所の商品が入っている。これを追い出さなければいけない。決して楽なことではない。復興とは前の状態にそのまま帰ることではない。被災前に感じていた夢を少しでも実現する。それがなければ新しい競争に参加することができない。新しい競争に参加して初めて復興といえる。

清酒の場合、大手生産者も最近では「ひやおろし」や「あらばしり」など季節の商品を出し始めたが、これは中小の生産者が早くからやっていたことである。清酒は古い時代は季節ごとにそれぞれの飲み方や商品があった。新商品開発のタネがここにあるので、ここから見つけようとしている。中小の生産者の得意分野に大手が入りはじめてきた。価格競争と違った分野で競争する、すなわち好まれる品質競争のためにもこの努力が必要である。これらの商品で品質が優れているもの、客の好みに合った商品を季節の定番化として、地域が感じられる「旬の酒」というものを造りたいと思う。四季を通じて季節に合った商品を市場に出し、失われつつある日本酒の文化を復活すれば、企業も生まれ変わる。大手が量の確保に努めるなら、中小は皆で分担しながら日本酒の良さを広げていけるような酒造業者に発展していくことが肝心である。復興の確かな歩みがあると思う。繰り返すことになるが、常に改革の意識をもっていることが前進の力になる。

おわりに

日本料理が世界の文化遺産になった。日本料理の中で大きな位置づけをもつ清酒生産者の責任は大きくなった。季節感を盛り込み自然の美しさと調和の表現が日本料理の神髄であり、日本酒もそれが理想である。そんな商品開発の目標をもって酔仙の発展を図っていきたいと思う。会社は早くから欧米を中心に輸出をしていたので、将来は世界に目を向けて日本の味、日本酒の良さを輸出していく。そんな希望を抱きながら再出発している。酔仙酒造のホームページに「私たちは震災により7名の大切な従業員を失いました。建物や設備など形ある物は全て失いました。しかし失わなかったものもあります。歴史です。取り戻しつつある日常とそれをしたい、繋ぎたいと思う意志が今の私たちを支えています」とある。震災直後の気持ちである。この教訓を活かしながら経営を続けると思う。そして日本酒を楽しむ喜びをつくって育てていきたいと思う。

第5章　農業がつくる地域の風景

北上市・農家　八重樫　真純

はじめに

農業を始めて42年目を迎えますが、馬耕と人手の田植えを知っている私にとって農業の機械化は信じがたいほどに進化（？）したものと思います。耕運機や田植え機、そしてコンバインの出現は革命にも思えました。耕運機はトラクターしかもキャビン、田植え機は乗用、コンバインはオーガ、隔世の感があります。農村に農業の働き手がなくなったからそうなったのか、そうなったから働き手がなくなったのか。

私が農業を始めたころは、稲刈りは共同作業で作業班の誰もが夫婦で働きに来ていたものでした。作業での雑談は実に楽しいものでした。農作業は重労働でしたから、それから解放されるように話題を楽しいものに向けていたのだと思います。今では懐かしいことに思えますが、あれこそが農業・農村のありようではなかったのかと思うことがあります。

以前は4年に1度の冷害が当たり前のことでした。加えて刈取り途中で雪に降られ手刈りをするほかなく、集落総出で乗り切ったことがありました。農村特有の結いや相互扶助が残っていたから可能だったと思うのです。

1　経営規模の拡大とは

私が農業を始めたころ、我家の経営規模は3ヘクタールほどで多少の作業受託はありましたが2世帯で専業を続けることは厳しいものがありました。その当時は作業を委託する人はあっても農地を貸すという風潮はありませんでした。トマトや、ストックの花卉栽培などにいろいろ取り組み複合経営をめざしてきましたが、それは、さまざまな技術に挑戦することとなり、それなりに楽しいものがありました。

私が就農するころ（1970年代前半）北上に高速道路が通り、流通センターができ、農地の値段は一気に上がりました。農協は土地を担保に貸付をしますから、地価が高騰すると、貸付額が多くなり、逆に破綻する農家が出始めました。農村にとっては農地を手放すことは、「竃返す」と言って最大の恥でしたが、担保が高かったせいなのか田圃を手放す人々が出始めました。私は専業農家でしたから農地売却の相談を受け、制度資金がありましたからついつい規模拡大の方向をとるという結果となりました。そのため所有農地は倍になりました。

加えて、私の父の世代が亡くなるとその息子の世代は他の仕事についているため農地を作業委託に出すか、小作に出すことが多く、専業農家の私のところに経営を依頼することが多くなり、それを受けるうちに一挙に経営面積が増大する結果となりました。そうなるにしたがって機械の装備も見合ったものにしていかなければなりません。制度資金といえども経営に困難をきたす時代もありました。家族経営が私の経営理念でしたが、いつの間にか大規模農家になっていました。

現在は所有面積が6ヘクタール、小作面積が10ヘクタール、作業受託面積が4ヘクタールほど。稲の作付は12ヘクタール、転作はグリーンアスパラガスが60アール、残りの5・4ヘクタールは小麦大豆になります。小麦大豆は集落営農組織である鳩谷生産組合に委託しています。鳩谷生産組合は10人ほどで構成されていますが、私が組合長で小麦大豆の作業受託を25ヘクタールほど請け負っています。中心になって働くのはほとんど私と息子。しかし、ここから入る労賃と機械貸出料金は私の経営にかなり貢献しています。変則的な経営でわかりにくいところがあるかもしれませんがこれが私の経営の実態です。米の３割ほどは直販で、アスパラのほとんどが贈答品などの直販となっています。

２　圃場整備事業と新しい課題

小作地は自宅から10キロ圏内に散在し、所有地も家の近くではありますが散在しています。家の前に広がる水田は湿田地帯で就農当時から悪戦苦闘したものでした。圃場整備する以外に解決策はなかったのですが、下がり続けていく米価と押し広がる宅地化の波があって誰もが押し黙っていました。

改良区管内で残った地域がここだけとなり、いよいよ検討委員会が始まりました。受益者負担が以前の25パーセントから10パーセントと大幅に下がったのはよかったのですが、条件が１ヘクタール以上の区画の圃場が25パーセント以上、担い手への農地集積率が60パーセント以上という厳しいものでした。加えて実施同意率は98パーセントというものでしたから途方もないものに思えました。検討委員会の段階から私が委員長に祭り上げられ、私が一番心配していた展開となりました。

猫の目農政と言われ続け、幾多の迷走を続けてきた日本の農政、下がり続ける米価に加えてウルグアイラウンドの合意によるミニマムアクセス米の輸入という最悪の状況の中での決断でした。平均すると４年に１度の冷害、そして刈取り前の降雪、コンバインも役に立たず人手で刈るほかなかったことを思い起こせば、もはや頼るべく人手もない農村にあって選択の余地はありませんでした。就農を決意した息子にそのような圃場を手渡すわけにはいきません。

１ヘクタールの大区画を確保するために全受益者農家の所有面積を調査し、所有面積に応じた区画をつ

図１　ビオトープと圃場

くることに自信を深めました。小面積の人には畦畔をつけることを約束しました。反対の大きな理由として過去の圃場整備で換地で不利益を被った人々が多かったのですが、事前（図面）換地をしたうえで再び同意を取る約束をしました。20数年前、江釣子村の時代に圃場整備の反対が大きかったころ、私は１ヘクタールの大区画と事前換地をすべきと提案したものでしたが、皆さんから嘲笑されたものでした。

受益者負担は隣地が都市計画地域であることからそれに応じた道路網を提案するとともに、公共事業は環境に配慮すること、これからの農村は環境を守り育てる責務を負っていることから、ビオトープの公園を提案して受益者負担をなくすこととしました。容易ではありませんでしたが時代の流れか、県にも市にも理解を得られることとなりました。残る問題は担い手に農地を集積することでしたが私は心配しませんでした。そのことを強制しているとの批判がありましたが、はなから私はそれを条件にするつもりはなく、結果として現在は54パーセントになっています。誰もが農業に魅力を感じていない悲しい現実です。

圃場整備に伴い何度もアンケート調査を行いましたが、誰もが後継者はいると答えますがそれは家の後継者であって、農業の後継者ではなかったのです。70代前後の人々は農業に愛着をもっているのですが、その子どもたちは何の魅力も感じていないのです。これが農村の実態なのです。

98パーセントの同意を取りまとめるのは困難を極めました。冬期間でしたから寒さに凍えながら説得に歩いたものでした。

圃場整備に当たっては必ず1年間は転作しなければなりませんでしたから鳩谷生産組合を組織して転作を一手に引き受けました。その時は小麦の立耗播種で既存の機械で対応できたのですが、大豆となると専用の機械が必要となり、かなりの設備投資が見込まれましたが、中古の機械を借り受けたりして対応しました。集落営農とはいっても転作の受託組合ですが、25ヘクタールほどが定着し、組合の経営は安定し機械設備も補助事業などを活用して充実したものになりました。

昨年事業の完工式典、祝賀会を開催し完成記念銘板に「景観十年年風景百年風土千年」と刻みました。この地帯の稲作は千年の歴史があると推測されるのです。圃場整備以後公園や主要水路の側道など住民総出で草刈りなどの管理をしています。農家非農家を問わずです。ビオトープの池には子どものころしか見かけなかったナマズが生息し、見たこともなかったカジカや、ヨシノボリも生息し、放流したとはいえメダカも繁殖しています。環境さえ整えれば生き物たちは私たちと共にあってくれるということだと思いました。農業は単に経営的にどうかだけではなく自然や人々との関わり合いの価値にあるのだと私は思うのです。

3　農業に強者の論理は相容れない

ともあれ、消費者の皆さんは1円でも安い食料が手に入ればそれでよいと思っているのでしょうか。食品添加物の年間摂取量が4キログラムという数字は驚くべきものです。3・6キログラムの塩分が多いと言われているときにです。食料の偽装問題は嘆かわしいものですが、ＢＳＥや口蹄疫、鳥インフルエンザなど家畜農産物の危機的状況は枚挙にいとまがありません。なぜこうなってしまったのか、とどまりを知らない多頭飼育、飼料効率、そして抗生物質の投与。抗生物質なくては生きられない生き物は健康的なの

図２　水遊びができる親水空間をもつ圃場

でしょうか。健康的でない生き物の肉を食べる私たちは健康的にいられるのでしょうか。

世界には10億人を超える飢餓人口がいます。自由貿易は誰のためにあるのでしょうか。自由貿易は有り余るところから少ないところに回るのならいいのですが、1円でも高いところに回ります。しかも生産力がある国にもかかわらずです。生産力がありながら安い外国農産物が入ってくることで自国の生産が崩壊してしまうのです。

日本は平成5年に大冷害に見舞われ、世界から２６０万トンもの米をかき集めました。そのころ米国は２１０万トンのコメを輸出していましたが、その輸出先は１３０か国なのです。単純に言えば１３０か国に米が回らなかったことになります。タイ米はまずいとか異物が入っていたとかの報道はあっても、どこそこの国で食料不足で困っている報道は一切ありませんでした。私には不思議でなりません。

世界の米生産量は4億トンですが貿易量はわずか3~4パーセント程度です。米も輸出国第2位のベトナムではたびたび禁輸措置がとられています。自国の食料の確保が最優先なのです。米を輸入に頼ることは危ういことであり、同時に他国の飢餓に拍車をかけることに思いを馳せなければいけません。貿易の自由化は過剰な国から不足の国に回ることではなく、いかに高く買える国に回るかに過ぎません。

安く買えることによって自国の農業が崩壊し、２００８年以降の穀物の高騰によって暴動が起きている国すらあります。２００８年以降穀物市場は高止まりし、各国で異常気象が多発しています。異常気象だけが問題なのではありません。レスター・ブラウン氏（ワールドウォッチ研究所）は、可耕地面積は限界に達し、過放牧と過灌水による砂漠化、そして水不足の実態を示し、増収をもたらす農業技術も使い果たされた実態を、あらゆる資料を提示して警鐘しています。「飢餓の世紀」に突入した様相を呈しています。「飢餓の世紀」をどのように克服するかの議論もなしに自由貿易（ＴＰＰ）をどう推し進めるかの議論は、何かが欠けてはいないでしょうか。

日本の自給率は１９６０年には79パーセントもありました。当時の農家戸数は６０６万戸です。自給率が39パーセントになった２０１０年には２５２万戸に（41・６パーセント）なり、就業人口は17・９パーセントにまで減り、その中での高齢化率は61パーセントで、しかも基幹的農業従事者は16パーセントにまで減っているのですから、日本の農業は自死を待っているのかもしれません。

ちなみに、最大自給率の２年後に最大米消費量は１人年間１１８・３キログラムでしたが２０１２年には56キログラムにまで減っています。自給率も、米の消費量も、農家戸数や就業人口の減少と一致しています。「例外なき関税障壁撤廃」ともなれば日本の農業崩壊は火を見るより明らかです。

なぜこれほどまでになったのだろうと思うとき、小学生のころだったと思うのですが「米を食うと馬鹿になる」と新聞にまで載ったと記憶しています。小学生の私が新聞など読むはずはありませんから、後で確認したことです。誰が言ったのかは定かではありませんが大変な衝撃でした。中学に入って学校給食が始まりました。コッペパンと脱脂粉乳の給食は空腹をまぎらわすだけで文化的香りなどしませんでしたが、次第にキッチンカーが走り回り洋食風化することが文化的と思うようになりました。それでも私には馴染めませんでした。後に『アメリカ小麦戦略』（家の光協会）を読んで合点したのです。

子どものころから食を通じて文化を根底から変えようとする戦略ですから壮大なものでした。ものの見事にそれは完遂されたのでした。いまさら時計の針を戻すことはできませんが二度と同じ過ちを繰り返したくない思いです。ＴＰＰは農業の問題だけではありませんが食の安全や環境は守られるのでしょうか。

遺伝子組み換え食品一つをとっても、今は抜け道はあっても表示義務がありますが、それすらなくなる。ＩＳＤ条項は不利益を被る企業が相手国を訴えることができるというのですから表示すらできなくなります。私は百姓ですから、ラウンドアップを必要最小限使うことがあります。この除草剤はあらゆる植物を枯らします。なのに大豆にかけても大豆は枯れないというのですから、私には理解できません。ただ、私はつくりたいとも思いませんし、食べたいなどとは決して思いません。牛に牛の廃棄物を供与したことによって発生したＢＳＥは歪んだ効率主義の農業の実態を表しています。農業は自然の恵みの結果であるにもかかわらず、人為によって植物も、動物も支配できると考えるのは傲慢ではないでしょうか。私には持続可能な農業とは程遠いものと思います。

自然の恵みに手助けするのが農民の役割と思ってきたのが日本の農民の原点ではなかったでしょうか。日本の風景は農村風景といっても過言ではありません。丁寧に手入れをするからこそ風景ができ上がっている。自然として錯覚して眺めている四季折々の風景は、天然ではなく手入れの集大成なのです。棚田がそれをよく物語っています。

カエルが鳴かない世界、トンボが飛ばない世界を私は想像できません。生き物たちのいる風景は目には見えなくとも風景に厳然と存在しているのです。

茶碗一杯の御飯で赤とんぼ1匹、ミジンコ10万匹、カエル3匹守られると聞いたら御飯の味が変わってくるのではないでしょうか。環境までは輸入できないのですから。

第6章　起業のすすめ

工藤建設株式会社代表取締役　工藤　一博

はじめに

学生諸君の多くは大学を卒業して、どこかの公務員にでもなろうと思っている人が大半で、それ以外の人は「寄らば大樹の陰」で大企業への就職先を探しているのではと推察されます。アメリカでは優秀な学生ほど自分のアイデアを実現するために「起業」にこだわっていると聞きます。日本では政府が成長戦略において、新しい企業が育つことが経済成長に不可欠なこととし、企業の新陳代謝を促進するために起業を後押ししています。そのような影響からか「経営革新」講座とか「起業」セミナーとかが増えていますが、まだまだ起業する方が少ないのが実情です。

時代が変化（パラダイムがシフトしている）しているので古いビジネスモデルの企業は市場から退場せざるをえなくなっています。そのため多くの学生が希望する「寄らば大樹の陰」も安心できない時代です。世の中を新しい前提条件で見ると、新しい発想から生まれた企業が成長することで、経済成長を実現していく時代が創られようとしています。時代が何を求めているのか、新しいアイデアなどを的確に見つけることができれば、起業して成功することはそれほど難しいことではないでしょう。

私が子どものころは人口が増加することが当たり前でしたが、今では減少することが当たり前の時代になりました。このように昔当たり前のことが今では真逆になり、昔は考えられなかったことが当たり前になってきました。そのようにいろいろなことの前提条件が変化したことをまず考える必要があります。

数年前から岩手大学で若い学生にお話をする機会を得ることができ、「会社経営の面白さ」について話をしているのですが、学生からの質問が「会社経営は特別の人がするものだと思っていた」とよくいわれます。学生の多くがそのような先入観をもっているので「会社経営は頭の良い人やお金があるなし、家柄などまったく関係ない」と説明します。そのような話を聞いて学生は「起業ってそんなに簡単なんだ」と驚かれます。

私は60歳を過ぎ、自分の過去から現在まで振り返ると、「会社経営は面白くてたまりません」ということです。何が面白いのか？　それは会社経営していると「やりがい」があるため体の内部からエネルギーが湧き上がってきてモチベーションがあります。モチベーションの中身は自分が考えたアイデアを実現させられること。そのことを世の中に受け入れてもらえるように挑戦すること。などです。親戚や兄弟から社長業は「大変でしょう」とよくいわれます。しかし、実際、会社経営は本当に楽しくて仕方ないのです。このような楽しい会社経営を、沢山の人に知ってほしいのです。

1　自己紹介

私は岩手県の奥州市で小さな建設業を営んでいます。建設業を営むきっかけは小さなことでしたが、会社を経営してみると「とても楽しく」、経営者でなければ「見えない世界（逆にいえば見える世界）」があります。私には生まれながら特別な能力はありませんでしたが、会社を経営したことで本来もっていなかった能力を手に入れられました。経営者として過ごしてきた数十年間、与えられた時間とフルに格闘した充実感があります。経営者になっていなければこのように頑張ることもなかったでしょう。そのようなことからこの章では、人生を充実して過ごす一つの選択肢として、小さな会社を興し会社とともに自分の能力を高めて満足した人生を送ることができることを学生に伝えたい。充実した人生を送ることはこの世に生まれたすべての人の願いですが、難しいことも現実です。この章を読んで会社経営の「面白さ」をぜひ知ってほしいと願っています。

会社経営をするまでは平凡な日々を過ごしてきましたが、経営者になると社員とその家族の生活を守るために重く大きな責任が生まれます。その責任を果たすために一日のほとんどの時間をあれこれ考えるようになり、自然に知恵が生まれます。目先の課題から将来の会社の進路まで、朝起きてから夜布団に入ってからも考えています。たぶんほとんどの経営者は寝ても覚めても常に何かを考えているでしょう。そのように頭を常に回転させているので、経営者は発想が若々しく元気を感じます。時には得意分野の課題や不得意分野の課題がありますが、内容が異なっていてもそれを解決した時の爽快感は格別です。

小学生のころ、秋になると冬に焚く薪ストーブ用の薪を県道から校舎まで約100メートル肩に担いで運搬するお手伝いの日がありました。当時の私は真面目な生徒ではありませんでしたので一生懸命ではありませんでした。思い出すと恥ずかしくなります。今、当時と同じ作業を行ったらどうでしょうか？　きっとその時と違って一生懸命に運びます。その違いは、何でしょうか？　それはモチベーションの高さです。例えば毎日同じ仕事の繰り返しでは、このようなモチベーションは大きくならないでしょう。難しいことに「挑戦」すればするほど大きな達成感を味わうことができます。

2　会社経営の楽しさ

私は2代目の社長ですが、会社経営がどんなに楽しいかをここでは具体的にお伝えします。

（1）お客様に喜んでもらったとき

なんといってもお客様に喜んでもらったときに幸せを感じます。当社ではさまざまな自然エネルギーの開発を行っていますが、この広い世の中のわずかの方ですが当社の製品を待っている人がいます。このような人に会えたときは嬉しくなります。また東日本大震災以降、自然エネルギーに目が向けられてきましたので、何年も前から取り組んできたので先見性があったと思い嬉しくなります。アイデアが実現するときの喜びはさらにモチベーションを高めてくれます。

本業でもある土木工事が大臣表彰や知事表彰をもらったときは、その工事に従事した社員を誇りに思い嬉しくなります。表彰される現場の多くは利益も出ます。

（2）人付き合いの楽しさ

これまでに沢山の方とお話をしてきました。あげればきりがないくらいですが「人から知識・情報（お金以上の財産）をもらう」ことになります。自分の性格や波長が合う人もいれば合わない人もいますが、自分にないところを学ぶことができるので満足します。人付き合いの基本は、「義理と人情」だと思っています。受けた恩は常に忘れず、いつの日かお返ししたいと願っています。

人脈を広げ、深い付き合いを重ねると目先だけでなく、結局自分に何かが戻ってきます。「何か」は、それは仕事の幅を広げることになり、最終的には会社の業績が向上することにつながります。

（3）さまざまな制度を利用して採択されたとき

日本にはさまざまな補助金・助成金制度があります。これに税制や金融機関の特別枠などを加えると数えきれないのですが利用しようと思っている企業は意外と少ないです。企業は基本的には収入を増やし、

表1　採択された補助金・助成金等

福利厚生

	申請先	申請名称
福利厚生	ハートアイ	健診助成金
	奥州市	中退共補助金

講習等

講習等	岩手労働局	キャリア助成金
	岩手労働局	建設労働者確保育成助成金
	岩手労働局	被災地復興建設労働者育成支援奨励金

雇用関連

雇用	岩手労働局	業務改善助成金
	岩手労働局	キャリアアップ助成金
	岩手労働局	職場意識改善助成金
	高齢・障害者機構	高齢者雇用安定助成金
	岩手県	事業復興型雇用創出助成金

NE

補助金	JST	A—STEP
	国交省	建設企業の連携によるフロンティア事業
	経済省	農商工連携等による被災地等復興支援事業
	環境省	二酸化炭素排出抑制対策事業費等補助金
	岩手県	建設業新分野進出
	中小企業団体中央	ものづくり中小企業小規模事業者
	建設業振興基金	経営戦略アドバイザリー事業ステップアップ
	産総研	被災地企業の技術シーズ評価プログラム
	岩手銀行	リエゾン—I

その他

	FTカーボン	カーボンオフセット
	岩手県	ゼロエミッション廃棄物削減
	Microsoft	Office購入助成

支出を減らすことなのでこれらの制度を利用することは会社の大きな潤滑油になります。制度を利用しない多くの方は、「面倒だ」「長い時間保管しなければならない」「時間を取られる」などです。しかし、一度この面倒なことに慣れてしまえばあとは楽になります。

またこの制度を利用しようとするときはいろいろな条件がありますが、どれも自分には関係ないと思わないで、この制度を利用するにはどのようにすればよいかを考えます。イメージとして役所がウサギを求めていればウサギになります。カメレオンを求めていればカメレオンになります。要はこの制度は自分には関係ないと思わないことです。表１は当社で利用している補助金・助成金一覧表です。大変多岐にわたっているので驚く方もいると思いますが、利用の仕方は無限です。

設備投資をするときは、その前に役に立つ制度を探します。合うものを見つけ、見つけてから採択されるよう申請します。これが逆になるとお金がもらえなくなります。スーパーの買い物でポイントを集めていることと同じです。せこい（みみっちい）と思わないことです。

（４）会社のお金はコントロールできる

サラリーマンの給与は、所得税などかなり天引きされます。そのため個人が何か設備投資して老後に備えようとすると、給与から引かれたお金からなのでとても厳しいものがあります。

一方、企業の場合は会社の利益から設備投資などの金額を減価償却という手段を使って節税できます。言い換えると企業は支払う税金を自由にコントロールできます。そのためサラリーマンはガラス張りなので不公平だといわれています。

例をあげると、最近ソーラー発電の工事が増えています。個人の住宅の屋根にも載せている家が増えてきました。しかし、個人で大規模なソーラー発電を行いたいと思っていても企業と違い採算分岐点が長くなります。一方企業では特別減価償却（設備費の30パーセント）やグリーン税制（設備費の１００パーセント一括償却）など大きく節税できるため支払う税金が減少するので大変有利です。当社でも数か所に分けソーラー発電所を設備投資しています。将来安定した収入が見込め、金融機関からの支援もあり満足しています。

法人税は概ね利益の38パーセントなので海外と比べてとても高いです。利益を出しても減価償却しなければ会社の中に資金が留まらなければ、税金の支払いでお金が回らなくなることもあります。

図1の新聞記事は海外に比べ日本の法人税が高いので下げる必要があることの説明です。法人税を下げなければ海外から企業が日本へ進出することが期待できませんし、国内の法人が海外に行ってしまいます。そのため法人税を下げるのですが、その財源として減価償却を見直すという記事です。この記事を読んで私は、法人税が下がるまで設備投資を行い減価償却で節税し、法人税が下がったら納税するという方法をとります。中長期の資金繰りを考えるうえで重要です。このような新聞記事は大変注目しています。

(5) 時間を自分で決められる

社長は組織のトップなので部下に指示すればあとは時間の使い方は自由です。自由な時間があるからといって趣味や遊びに興じることはあまりしません。岩手県奥州市に住んでいると都会との情報のギャップがあるので、ビッグサイトの展示会や他セミナーとか知識を得ることに力を入れ頭に刺激を入れます。最近参加したセミナーでは「靖国活性塾」に1年通い、明治時代初期や戦後の歴史の勉強になりました。

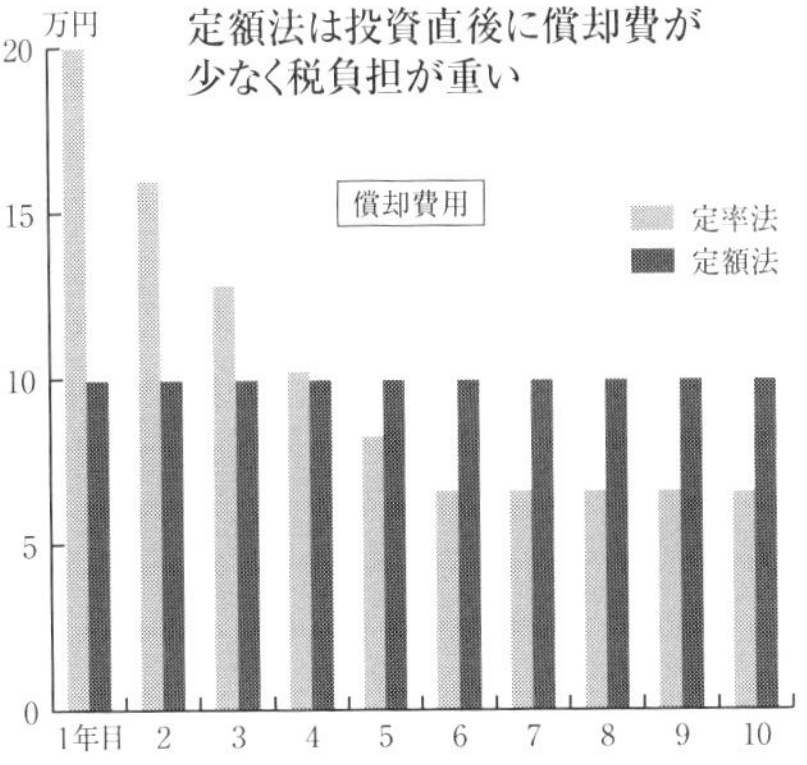

図1　減価償却　定率法と定額法

(注) 耐用年数10年の設備を100万円で取得した場合

(日本経済新聞2014年4月8日)

(6) 定年がないこと

私の同級生のほとんどは定年を迎えて仕事をしていません。しかしながら彼らがいう言葉は「年金だけでは食っていけない」というものです。まだまだ仕事ができる頭と体があるのにもったいないです。仕事をしていれば毎日さまざまな困難な課題にぶつかりますので、それだけで頭がフル回転します。役所や会社勤めではそのほとんどが60歳定年制になっていますので、会社を辞めたくなくても退職せざるをえません。社長の定年は自分で決められます。

3　起業に必要なこと

会社は「人」、「もの」、「金」と言われこの組み合わせで決まります。確かに基本はそのとおりですが、そのベースとなるもっと重要なことは《発想方法》ではないかと思っています。私が一番重要視していることは、《人と同じ道を歩かない》ということです。

ここに偏差値のグラフがあります。（図２）普通の人は①を目指していますが結果は②の領域に入る人が大半です。平均点が70点だったら、自分の取った点数がそれよりも1点でも多ければ「良し」としているのではないでしょうか。実は、私は①か③を目指すべきだと思っています。その理由は両方とも競争する人数が少ないからです。実はこのグラフを反対側から見れば図３のようになります。一番劣っていた③が一番になっています。このように少人数の世界に入ることが重要です。競争しないということが重要でナンバー1よりオンリーワンを目指すべきです。ナンバー1になれる実力のある人はそれで結構でしょう。それ以外の大多数はオンリーワンを目指すべきです。

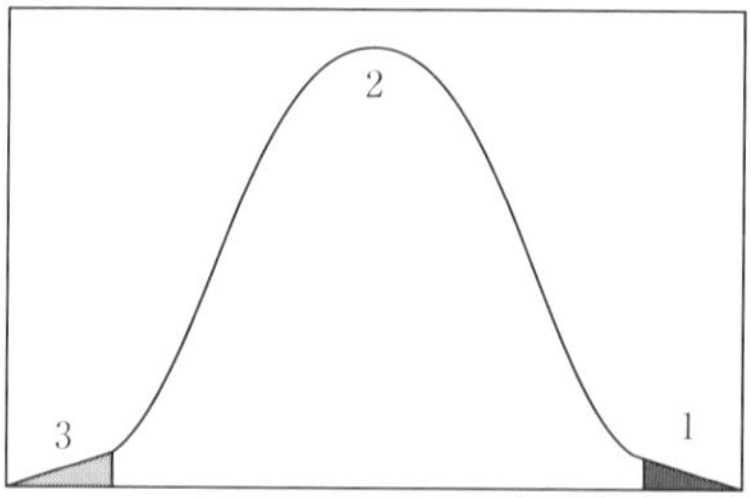

図２　偏差値のグラフ

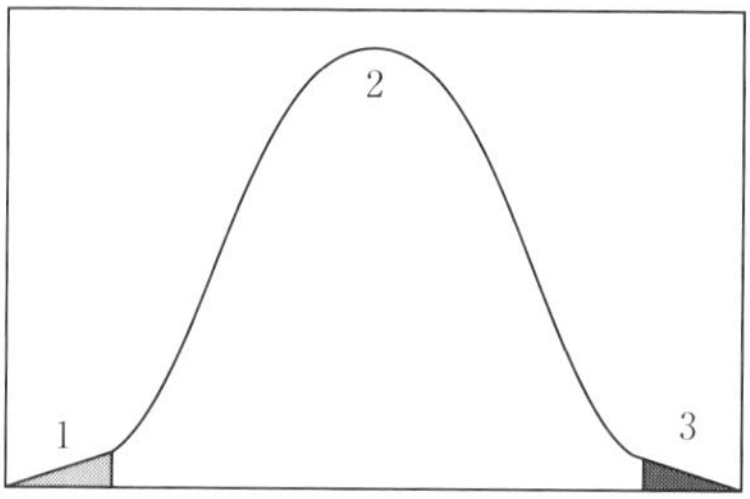

図３　偏差値のグラフを裏から見た図

例えばテストの点数で成績が悪くても悲観することはありません。自分の解らないことがあ

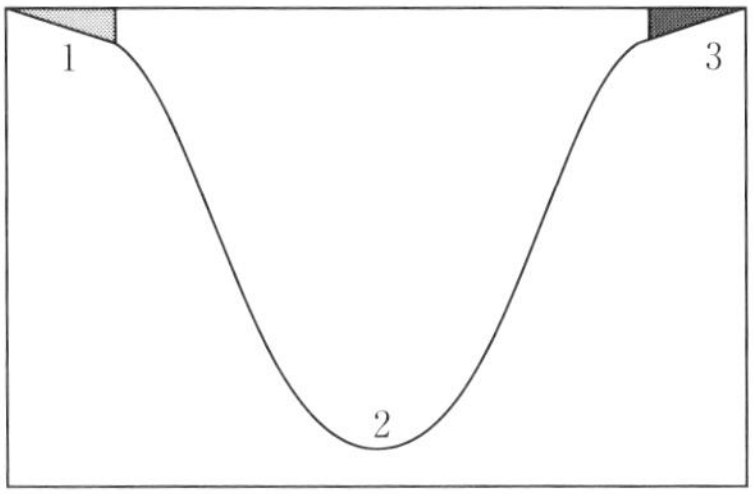

図４　振り子のイメージ

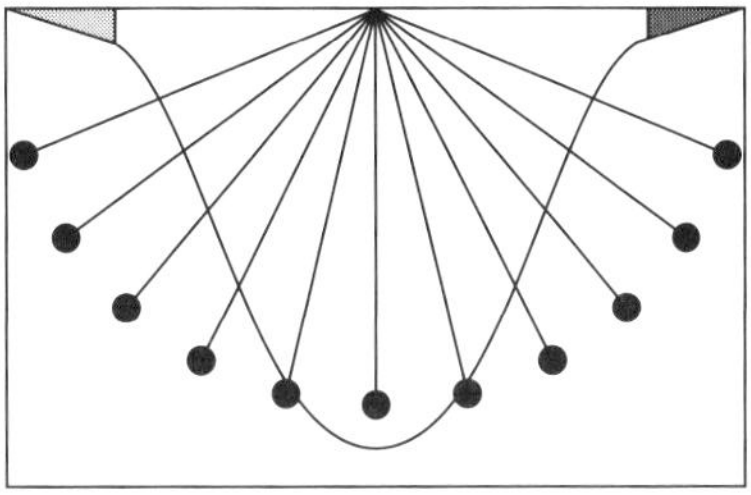
図５　振り子

ったことが解ったことが良かったと思うことや、その中には少人数しかいないことで競争が少ないことを意識した方が良いのです。

またこのグラフを、上下を反対にすると振り子になります。（図４）私は、世の中は振り子のようになっていると思っています。天気が良いときもあれば、雨が降り悪い日もある。天気の良い日ばかりでは水不足になり、乾燥して大変です。景気も良いときがあれば悪いときもあります。景気が良いばかりでは、インフレになります。このように世の中は変化で渦巻いて成り立っています。変化の波をサーフボードに乗るように操れれば理想ですが、私はこのような操りをできませんのでできるようにしたいといつも目をぎらぎらさせています。

日本は戦争に敗れそのことで悲観し過ぎ、文化や伝統なども否定されもしました。何かことがあると全体が一方的な方向に進んでしまいます。そのようにならないように多くの人と反対方向にいて、多くの人が進んでいる正反対方向を見る癖を付けることが大事です。

振り子がどちらの方向に向かっているか。そして振り子のターニングポイントはどこか注意深く見つめると意外に見えてきます。いつ、ターニングポイントを迎えるか。いつ、反対方向に振り子が動き始めるのかを見続けることが重要です（図５）。

4　パラダイムが変わった

戦後、日本は貧しい国から豊かになり、人口が増加し、物が豊富にあふれています。しかし最近は、将来を予想すると人口減少、高齢化社会、国の借金の増加等先行き不透明な時代に変わってきました。私の住むＪＲ東日本の水沢駅前は、昔商店街でにぎわっていましたが今では駅前でお土産を購入しようと思っても買えるお店がありません。本屋も文房具店も瀬戸物屋もありません。１００円ショップやネットで購入できるものはお店として成り立たなくなっています。起業はこのような社会情勢を参考にする必要があります。

5　オンリーワンにする癖を付ける

普段から物事を反対側から見る癖を付けることです。人の話や新聞記事、テレビのニュースを鵜呑みにしない。その情報の裏や奥を意識します。本当の情報などは手に入らないと思ったほうがよいでしょう。また、仲間10人と食事に行ったとしましょう。その時のグループリーダが「ラーメンライスを10個」といったら、自分だけは違うものを注文します。例えばステーキを注文するとしたら、肉の厚さ、焼き方、人参やジャガイモの個数、味付け用たれの味など自分で注文します。安易に他の人と同じにしないようにします。協調性がないことと個性を発揮することとは違います。

会社の製品は、一般的に安くて良いものを提供することが重要だと思っていますが、実はそのような先入観は大きな落とし穴になります。さまざまな企業活動を見ていると、そこにはいろいろな工夫がありその店の「売り」は多様性がありますのでこの店の売りは何かをさまざまなお店で見続けると経営のヒントになります。

6　わが社の紹介

それではいよいよわが社の紹介です。

①クロスフロー形風力発電

平成9年からクロスフロー形風車に取り組んできました。今では「防犯灯」（図6）、「監視カメラ付き」（図7）、「地下鉄風車」とバラエティーが広がっています。地下鉄風車は開発中です（図8）。

図6　防犯灯

図7　監視カメラ付き

図8　地下鉄風車

図９　高密度移動式雪氷庫

図10　超省エネ住宅全景

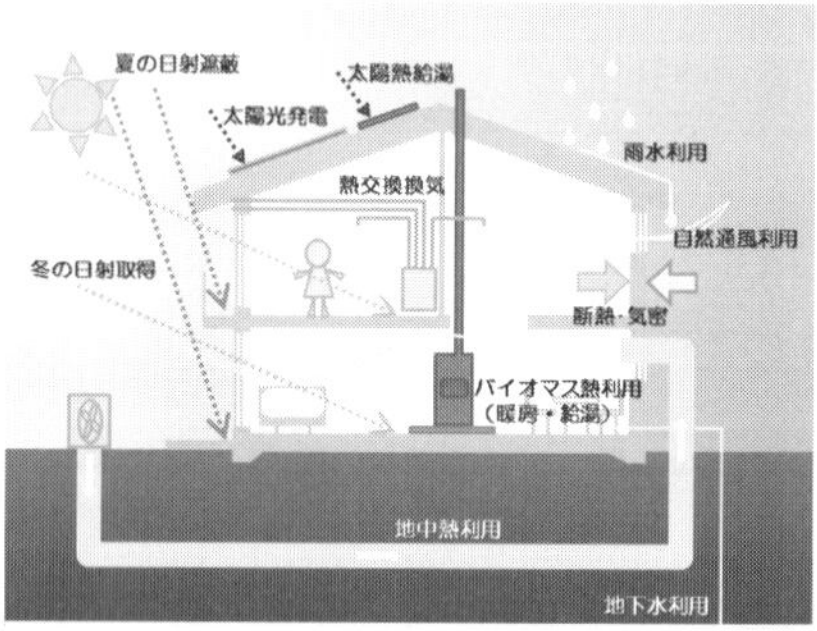

図11　システムイメージ

②高密度移動式雪氷庫

この設備は冬に雪を貯蔵し、夏の室内冷房に使うシステムです。天井部分が地上に設置した2本のレール上を動くので、給雪しやすくなったことで貯蔵するときに雪密度を高めることができます。当社の本社の夏の冷房は雪で冷房しているので、二酸化炭素の排出はありません。多数の見学者が来て驚かれます（図9）。

③超省エネ住宅＝適《あっぱれ》な家

岩手県内の一般的な住宅では、冬約1000リットルの灯油を使います。このモデルハウスは灯油を使わないのですが、仮に使ったとしたら40リットル以下で済みます。ドイツで生まれたパッシブハウスをベースに、再生可能エネルギーをふんだんに使った住宅です（図10・11）。

年間のエネルギー消費量はマイナスになっています。岩手県という冬の寒冷地では驚くほどの高性能な住宅です。この住宅の愛称を適《あつぱれ》な家として販売しています。

最後に

私が社長になって思うことは、自分の上に誰もいないので責任のすべては自分に来ます。言い逃れ、言い訳は言うことができません。その結果、自分自身が大きく成長しました。社長業を通じて少しオーバーに語れば、人間形成に役に立ちました。単なる「お金儲け」ということより、仕事を通じて社会に貢献したいということでの満足感があります。

当社は土木工事を中心とした建設業ですが、将来自然エネルギーの時代が来ることを予想し、平成9年からクロスフロー形風力発電装置の開発に取り組みました。この間、風力、雪氷冷熱エネルギー、地中熱エネルギー、水車など身の回りにある自然エネルギーの開発に取り組んできました。ほとんどの方から「建設業がなぜそんなことを?」と聞かれました。社内では「金食い虫」と思われていたでしょう。平成23年の東日本大震災が発生し、原子力発電所の事故から状況は一変しました。

これまでにエネルギーに関心がなかった方が何日間も電気が供給されず、ガソリンが供給されない日が続いたので無関心であった人も意識が変わりました。いろいろな意見が生まれていますが、いずれにしても最終目標は再生可能エネルギーになるでしょう。東日本大震災は被災地に大きな傷跡を残しましたが、エネルギー政策の面から考えると、大きなきっかけをつくりました。多くの人の意識の高いうちに再生可能エネルギーの時代を実現したいと思います。

私がお世話になった社長の秘話を紹介します。今から50年も前、S社は発光ダイオードの開発を目指しT大学と共同研究を始めました。毎年多額の研究費を使ってなかなか実用化できないことで、会社の役員会では開発担当者が責められました。会議が終わるとその都度開発担当者Tさんは、当時の社長に辞表を提出しました。するとその社長は辞表を返しながら3万円の金を渡し「これで、家族で食事に行け！」といって激励したそうです。そのようなことが何度も続き、数年後発光ダイオードの開発に成功し会社は大きく成長しました。会議のたびに辞表を出したTさんは、その後S社の社長になりました。人生にはさまざまなドラマがありますが、会社の社長はそのドラマをつくる器量が必要だと感動しました。

毎日毎日、目の前には気がつかないだけでチャンスが転がっています。日々気がつこうとする努力さえあればいつの日かチャンスが来るのでしょう。大学生活では沢山の友人をつくってください。さまざまな分野の人材の図書館をつくりましょう。「この分野ではこの人に聞けばよい」といつでも紐解けるような人脈があれば困りません。

「人生の幸せとは何か？」　自分の思い通りに進むことです。「起業」して他人を幸せにするという目標を立て、人生のドラマを演出してください。

第7章　震災におけるエネルギー環境の変化
――持続可能な社会に向けての当社のエネルギー方針

サンポット株式会社代表取締役社長　坂内　孝三

はじめに

東日本大震災で、被災された方々にお見舞い申し上げ、犠牲になられた方々に対しまして心より哀悼の意を表するとともに、被災地の一日も早い復興をお祈り申し上げます。

２０１１年3月11日に発生した東日本大震災により東北の沿岸部を中心に広範囲にわたる地域が被災し、同時に東京電力福島第一原子力発電所事故が発生しました。弊社も本社・工場が岩手県花巻市にあり、震度6弱の激しい揺れに襲われました。建物設備、商品・部品損傷、製品輸送中のコンテナの流出、物流の停止による工場のライン停止等の被害もございました。しかしながら幸いにして従業員およびその家族全員の無事が確認されましたので、被災直後より支援物資を被災地へ送り、寒い時期であったため弊社製品である暖房機を救援物資として提供させていただき、義援金をお送りしたほか、被災者の受け入れ、ボランティアへの参加など、微力ながらも相応の支援をしてきました。現在でも被災自治体に対し、弊社製品等の提供を続けており、今後もできる限りの支援を続けて参る所存です。

ここでは震災の10年前に花巻市に一期工場を完成させ、5年前に本社を移した岩手の暖房システム機器メーカーとして弊社製品を通じ身近な暖房用エネルギーを中心に、震災による影響・変化と持続可能な社会に対する弊社の取り組みを紹介させていただきます。

1　弊社のあゆみと多様化するエネルギーへの対応

サンポット株式会社は、ガス石油機器メーカーとして昭和34年に創業し、石油燃焼機器の製造販売会社として昭和40年に設立されました。当時、石炭から石油へのエネルギー転換期で、当社が開発した「ポット式石油ストーブ」は、従来の石炭ストーブと比較して暖房出力の調節が容易で、排ガス中のばい煙が少ないことから「快適でクリーンな暖房機」として全国、特に北海道・東北地域を中心に普及いたしました。北海道では石炭の塵灰で真っ黒だった「北海道の雪を白くした」といわれたものでございます。以来、経営理念の『快適性と健康生活環境を創造する企業』のもとに環境性を重視した製品・システムの研究開発を積極的に展開し、平成13年から岩手県での生産を開始し、お客様のニーズにお応えできる商品を提供してまいりました。寒冷地において、弊社の最新型石油暖房機は利便性・安全性・快適性とランニングコストの面から、生活必需品としてご利用いただいております。現在では灯油を熱源とする暖房システムを中心に、電気・ガス・地中熱・バイオマス等のエネルギーにも対応した暖房システムを開発・製造・販売しております。

今後も安定したエネルギーとして化石燃料である石油・ガスを利用した暖房機の高効率化を実現するとともに、再生可能なエネルギー「バイオマス」（日本国内で多量に調達できる森林資源）を活用した「ペレットストーブ」の普及・定着を目指し、加えて地表に蓄積された太陽熱をエネルギーとする「高性能地中熱冷暖房ヒートポンプシステム」の普及促進に取り組んで参ります。これらの製品がもつ「価値」とは一体どのようなものがあるか、のちに述べていきたいと思います。

２　震災によるエネルギー需給状況の変化と弊社への影響

弊社に関係する暖房用エネルギーを含む日本の家庭用エネルギーは、震災の３年前に大きな転換点がありました。それは世界経済に大きな影響を与えたリーマンショックでした。それまで世界中の投機マネーが原油に流入したため、原油価格が大幅に上昇し、日本でも灯油価格が１２０円／リットルを超えるほど値上がりしました。加えて、電力会社による「オール電化住宅」の推進と競合するガス会社の間に挟まれ、石油関連は非常に苦戦を強いられておりました。これがリーマンショックにより原油価格は暴落とも呼べるほど大幅に値下がりし、一気に状況が変わり、やはり「寒冷地における暖房は灯油で」という流れが回復したところで大震災が発生したのです。震災直後はすべてのライフラインが切断されたことから、独立して利用できる灯油やプロパンガスの需要が高まりました。特に、電気を必要としないポータブル式石油ストーブ（弊社では製造していません）が数年にわたり、一家に一台の非常用暖房機として大幅に出荷台数を伸ばしました。

震災により主なエネルギーである電気・ガス・石油はそれぞれ生産施設の崩壊などにより等しく影響を受けましたが、やはり一番大きな影響を受けたのは原子力発電所の事故による電力供給体制の変化です。震災直後はともかく、震災後1年以内にすべての原子力発電所が停止し、現在も再稼働していないことはご存じの通りです。

原子力発電所の停止により、化石燃料を用いた火力発電が復活しました。このことにより、次のような影響が出ております。

一つには、ＣＯ２発生量の増加。原子力発電停止前と比較し、発電によるＣＯ２発生量は30パーセント増加したといわれております。

また、二つ目として、発電に使われる化石燃料の大半が輸入であるとともに円安であることによる、発電コストと電気代の上昇、貿易赤字の増大。三つ目として、エネルギー自給率の低下があげられます。

この自給率の低下は、安全保障と合わせて、日本では重要な問題であります。

日本では１９７３年（昭和48年）第一次オイルショック後、官民問わず石油備蓄の拡大、代替エネルギー、新エネルギーの開発普及を実践しました。また、省エネルギー化の実践などを通じて、エネルギー消費の抑制を図り、２０１２年の最終エネルギー消費は１・３倍（の１９７３年比）に止まるに至りました。日本は先進国でもトップクラスの省エネ化を実現しております。一方、日本のエネルギー自給率については弊社設立初期にも当たる１９６０年代には約58パーセントであり、石炭から石油へのエネルギー転換期以降、オイルショックが発生した１９７０年代には15パーセントまで落ち込みました。オイルショック以降、導入促進が図られた原子力についてウランの「エネルギー密度が高い」、「再利用が可能」などとして準国産エネルギーとして一次エネルギー自給率に反映した結果、自給率は年々上昇し、２０１０年のエネルギー自給率は約20パーセントまで改善しておりました。ところが、震災以降、原子力発電所が次々に停止したことで、２０１２年時点での日本のエネルギー自給率は原子力を含めて6パーセントとなっております。これは震災以降、発電エネルギーとして化石燃料に依存する割合が6割から9割に急増したことが要因であり、特に発電用に用いられる化石燃料の海外への依存度は88パーセントと、第一次オイルショック時の約76パーセントよりも高いことからも、日本のエネルギー源は大半を海外からの輸入に頼らざるを得ない状況に陥っていることを表しております。

さて、原子力発電所の停止による家庭における直接の影響としてあげられることは「オール電化」住宅の暖房用設備が変化したことです。震災以前では電力会社は「オール電化」を安心・安全で環境にやさしいシステムとして積極的に全国的に普及推進していました（「オール電化」は北海道・東北では空調設備も含む）。原子力発電は昼夜を問わず継続的に発電し続けるため、夜間の電力需要を増加させる必要がありました。発電コストが変わらないにもかかわらず夜間電力料金を安く設定し、夜間電力の利用を促進するために蓄熱式の暖房設備を有する「オール電化」が推進されていたわけです。しかし、原子力発電所が停止したことで電力供給体制が不安定化しました。震災以降、節電の意識が高まったこともあり、一時オール電化住宅の普及率は伸び悩み、石油・ガスエネルギーの利用が増加しております。現在、オール電化住宅の暖房設備は蓄熱式からヒートポンプ式に変化しております。

弊社は震災後政府が打ち出したエネルギーミックスを先取りした形で、10年以上前からエネルギーの多様化に対応する製品の開発という方針に基づいて、さまざまな製品開発を進め、販売推進をしておりました。震災以降の販売実績は石油ストーブ・ガスストーブも順調ですが、加えて、再生可能エネルギーを活用した環境対応型製品であるペレットストーブ、特に電力消費量を大幅に削減できる地中熱ヒートポンプの販売が飛躍的に伸びております。このように弊社の販売実績からエネルギー需要動向の変化を実感しております。

3　再生可能エネルギーの利用

再生可能エネルギーとは、「太陽光、風力その他、非化石エネルギー源のうち、エネルギー源として永続的に利用することができると認められるもの」[1]であり、バイオマス・地中熱についてもその定義に当てはまります。再生可能エネルギーの利用方法は『発電』と『直接熱利用』に分かれています。再生可能エネルギーによる発電量は2011年現在、日本の全発電量（約1兆1000億キロワット）の約4パーセント（小水力発電含む）であり、メイン電源として日本全体の消費を賄うことは難しく、国のエネルギー基本計画[2]において、再生可能エネルギーによる発電は「分散電源」として位置づけられ、特定の電源・燃料源へ偏らないよう『電気』の安定供給に必要な予備力・調整力として特に各地域において重要な役割を担うことになるとしています。

現在、原子力発電所が停止しているため、発電エネルギーの大半は化石燃料により賄われております。持続可能な社会を考えるうえで、化石燃料には二つの大きな問題があります。資源が有限であることと地球環境に対する影響で、特に温暖化の原因といわれるCO2を排出することです。原子力発電はCO2を排出しないとして震災前は積極的に増設しておりましたが、福島第一原発事故により、放射性物質による汚染とその処理にかかる膨大なエネルギーが必要であることが周知の事実となり、今後の対応が注目されるところです。これらに代わるエネルギーとして、これまで先進国レベルで遅れていた再生可能エネルギーの推進が震災後に、積極的に行われています。太陽光・風力・バイオマス発電による電力の固定価格買取制度や、その他の再生可能エネルギー、特に弊社に関連する地中熱エネルギー導入に関する補助金制度の拡充などです。

私たちの日常生活におけるエネルギー利用状況は、約4割を動力・照明・厨房に利用しており、残りの約6割を冷暖房・給湯に利用しております。これはエネルギー消費量の6~7割を『熱エネルギー』として利用していることを示しています。『熱エネルギー』として利用可能な再生可能エネルギーは「太陽熱」、「バイオマス」、「地中熱」などがこれに当たります。しかしながら現在の再生可能エネルギーの利用量は、全エネルギー消費量の数パーセントに過ぎません。「太陽熱」は昼間に太陽の熱が得られる場所であればどこでも利用することができる一方、天候の影響を受けるため、他のエネルギーと併用することが必要です。このような再生可能エネルギーの中から弊社としては、利用しやすさや資源の豊富さなどを考慮した結果、「木質バイオマス」と「地中熱」を活用する製品の開発を進めております。続いてその「木質バイオマス」と「地中熱」についてご説明していきます。

４　木質バイオマスとカーボンニュートラル

再生可能エネルギーの一つで、木材からなるバイオマスのことを「木質バイオマス」[3]と呼びます。「バイオマス」とは「再生可能な、生物由来の有機性資源で化石資源を除いたもの」の総称です。バイオマス利用は欧米が進んでおり、平成14年の主要国における再生可能エネルギーの利用比率において、スウェーデンは全エネルギー供給量のうち18パーセントを再生可能エネルギーで占めており、そのほとんどがバイオマス燃料によるものです。バイオマスの種類には製材工場残材、建設発生木材などの廃棄物系、未利用系、資源作物（エネルギーや製品の製造を目的に栽培される植物）などがあります。このうち廃棄物系バイオマスの原料となる、製材工場残材、建設発生木材はそのほとんど（90〜95パーセント）が再利用されていますが、日本では未利用系の林地残材についてはほとんど利用されておりません[4]。つまり、木質バイオマスの利用拡大には林地残材の利用が重要な課題であります。

木質バイオマス燃料は環境に優しく、CO_2排出量削減につながります。なぜ、このようなことがいえるのでしょう？　それは、カーボンニュートラルという概念に基づいているためであります。カーボンニュートラル（＝CO_2を森に固定する）とは、京都議定書[5]において広く周知された概念で、植物の成長過程における光合成による二酸化炭素の吸収量と、植物の焼却による二酸化炭素の排出量が相殺され、実際に大気中の二酸化炭素の増減に影響を与えず、炭素の量が固定されるということです。つまりバイオマスを燃焼させることで発生するCO_2を「ゼロ」とカウントするということです。この概念でもっとも重要なのは、木質バイオマス燃料の原料である樹木を伐採したら植林をするというサイクルを確立することであります。樹木は特に樹齢20年までの間のCO_2吸収量が多く、のちに吸収量が減少するため、森林資源を利活用するサイクルを20年単位で確立することで、より効率的にCO_2の吸収源の確保と木質ペレット燃料の確保が実現します。カーボンニュートラルである木質バイオマスの利用を促進し、継続的にエネルギーを得るためには①植林する→②森林の環境を整えるため間伐をし、利用する→③成長した木を伐採して利用する→①植林するというサイクルを維持することが必要です。

5　木質ペレット燃料

木質バイオマスを燃料化したものには薪、チップ、ペレットなどがありますが、中でも木質ペレット燃料[6]は大きさが均一で体積が小さいため貯蔵性が良いこと、含水率が低いことに加え、エネルギー密度が高いため着火性が良いこと、型崩れしにくく自動搬送に適していることなどから、他の木質バイオマス燃料と比較して燃焼装置の自動化や小型化が容易な燃料です。木質ペレット燃料の最大の特徴は前述の２点（再生可能エネルギー、カーボンニュートラル）ですが、加えて重要なのは自国での原料調達が可能であるという点です。日本国内に存在する豊富な森林資源は、約８割が未利用であるのが現状です。これを有効活用することによって、エネルギー自給率が向上します。全国的にペレット製造業者が増加していること、ホームセンターなどで購入できるなど、入手性も整ってきつつあります。木質ペレットを益々利用していくためには森林資源の利活用の促進、ペレット燃料の品質向上などを行っていく必要があります。

6　ペレットストーブの価値

さて、弊社は前述のとおりペレットストーブの製造販売をしております[6]。日本におけるペレットストーブの導入台数は年間約３０００～４０００台（２０１3年推定）になっています。これは弊社がペレットストーブを販売開始した平成15年と比較して30～40倍の伸びを見せています。しかし、年間の導入台数が10年前から推定10～15万台の市場規模をもつ米国をはじめ、ＥＵ諸国と比較するとまだまだ規模が小さいといえます。ペレットストーブに普及を促進するためには環境意識の向上等さまざまな課題があります[6]。ここでペレットストーブを利用することで得られる効果（非価値）について、前項とも重なりますが、述べさせていただきます。まず一つ目に「ＣＯ２排出量の削減」効果です。ペレットストーブを使用すると、同等の出力をもつ石油ストーブと比較すると年間約２・３トンのＣＯ２を削減することが可能となります。これはスギの木のＣＯ２吸収量に換算すると約１６０本分に相当します。次に、二つ目、三つ目の効果として「雇用創出」、「産業振興」があげられます。また、日本は国土の約66パーセントが森林で覆われている世界でも有数の森林大国です。しかしながら木材の自給率は約30パーセント[7]と利用できるのに利用していない、未利用資源が森林に蓄えられております。弊社の地元である岩手県内の年間間伐材利用率は約45パーセント、他の55パーセントは林地残材として森林に放置されています。その量は推定33万立方メートル／年といわれており、これをすべてペレット燃料化すると15万トン／年のペレット燃料が生産可能です。ペレットストーブの燃料消費量は１台あたり年間約１・５トンですので、岩手県内には、毎年約10万台のペレットストーブを運転可能にするだけの資源が潜んでいるわけです。つまり、日本国内の未利用森林資源をペレット燃料化するなど、利活用を強力かつ積極的に推進する必要があります。四つ目の効果として「エネルギー自給率の向上」が見込まれます。現在、林野庁では『緑の雇用』事業を展開しております。昨今の森林・林業並びに林業労働者を取り巻く情勢の変化を踏まえ、平成22年3月に「林業労働力の確保の促進に関する基本方針」を変更し、「林業労働者のキャリア形成支援」等を新たな施策の柱として追加したところです。森林資源の利用促進には、地域、産・学・官一体の取り組みと、それを支援する財政的・制度的支援が必要不可欠と考えます。「ＣＯ２排出量の削減」、「雇用創出」、「産業振興」、「エネルギー自給率の向上」、これら４つの利点を踏まえて、ペレットストーブのさらなる普及に取り組んで参ります。

7　冷暖房用空調設備――空気熱と地中熱

暖房については、弊社製品のみならずさまざまなエネルギーを利用した機器がございますが、現在、冷暖房用の空調設備としてエアコンが利用されています。これが『空気熱』を利用した設備です。『空気熱』は再生可能エネルギーの一つであり、エアコンは空気熱を利用して使用電力の数倍の冷暖房エネルギーをつくり出すことができます。設置コストが比較的安価で導入しやすいこともあり、特に温暖地域の住宅や大型施設の空調としてはごく一般的に普及しております。さらに、節電への意識が向上している昨今、各社次々に高効率な製品を開発・販売しております。しかし、『空気熱』による空調では外気温度の変化に伴い、その効率が変動しやすく、寒冷地では冬期間にデフロスト（熱交換器が氷結して生じる目詰まりを解消するための除霜運転）に至ることで一時的に暖房能力が低下します。また、大都市においては室外機からの冷房排熱によるヒートアイランド現象も含め環境的な側面が懸念されていることは確かです。

『地中熱』は「エネルギー基本計画」（平成22年6月）において再生可能エネルギーとして正式に認められました。『地中熱』とは地表200メートルまでの太陽エネルギーを蓄熱した数十℃以下の低温の熱エネルギーです。一般に8メートルより深い部分の地中温度はその土地の年平均気温のプラス2℃といわれております。つまり、どの地域の地中にも冬は外気温より高い温度が、夏は外気温より低い温度が安定的に存在するのです。岩手県ですと11～12℃であります。この『地中熱』をヒートポンプで効率的に冷暖房・融雪に利用するのが地中熱ヒートポンプシステムです。

8　地中熱ヒートポンプの価値

地中熱ヒートポンプシステムは『電気』の力を借りてポンプを動かし、『地中熱』をくみ上げて冷暖房

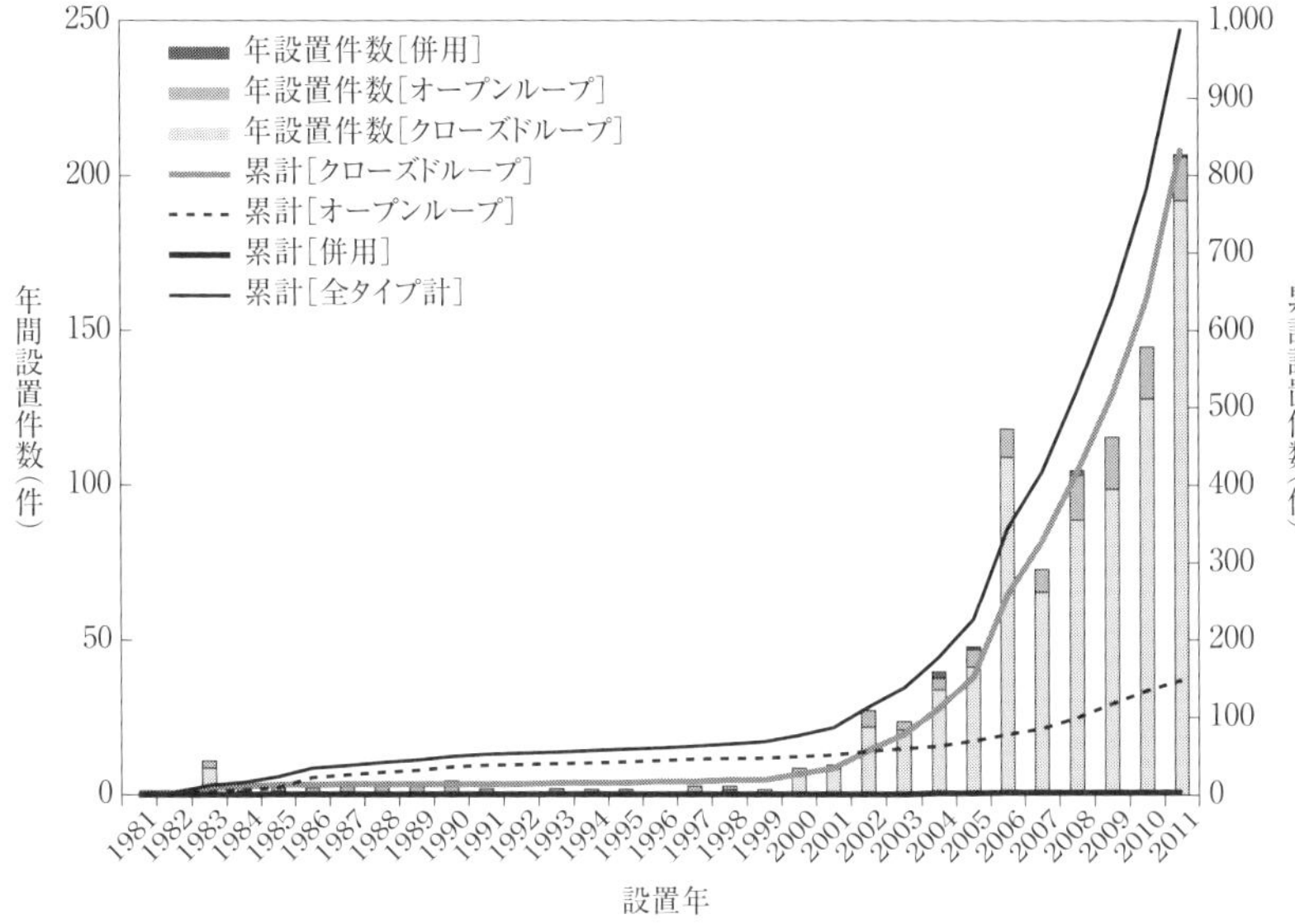

図１　地中熱ヒートポンプシステムの設置件数（1981 ～ 2011年）

（出典：環境省2012）

や融雪用の温（冷）熱をつくり出すシステムです。一般的な地中熱ヒートポンプは電気エネルギーを《1》使用して、冷暖房・融雪エネルギーを《4》程度得ることができ、非常に省エネルギーな空調システムであります。また、地中熱は、その特徴である外気温度の変化によらず年間一定の温度である「恒温性」を有することから、年間通じて高効率なシステム稼働が可能です。さらに、夏場の冷房排熱を地中に戻すため、冬場その熱を採熱源として利用するという季間蓄熱が可能となります。これはヒートアイランド現象の抑制効果を生むとして、非常に注目されています。

　しかし、図１のように国内の状況としては長らく設置件数が伸びない時期がありました。弊社は『地中熱』ヒートポンプシステムを平成15年より量産開始しております。以来、国内の設置件数も順調な伸びを示しておりますが、図２の通り、諸外国と比較すると設備容量はまだまだ少ないといえます。要因としては設置コストが高いこと、認知度が低いことがあげられますが、特に震災後、

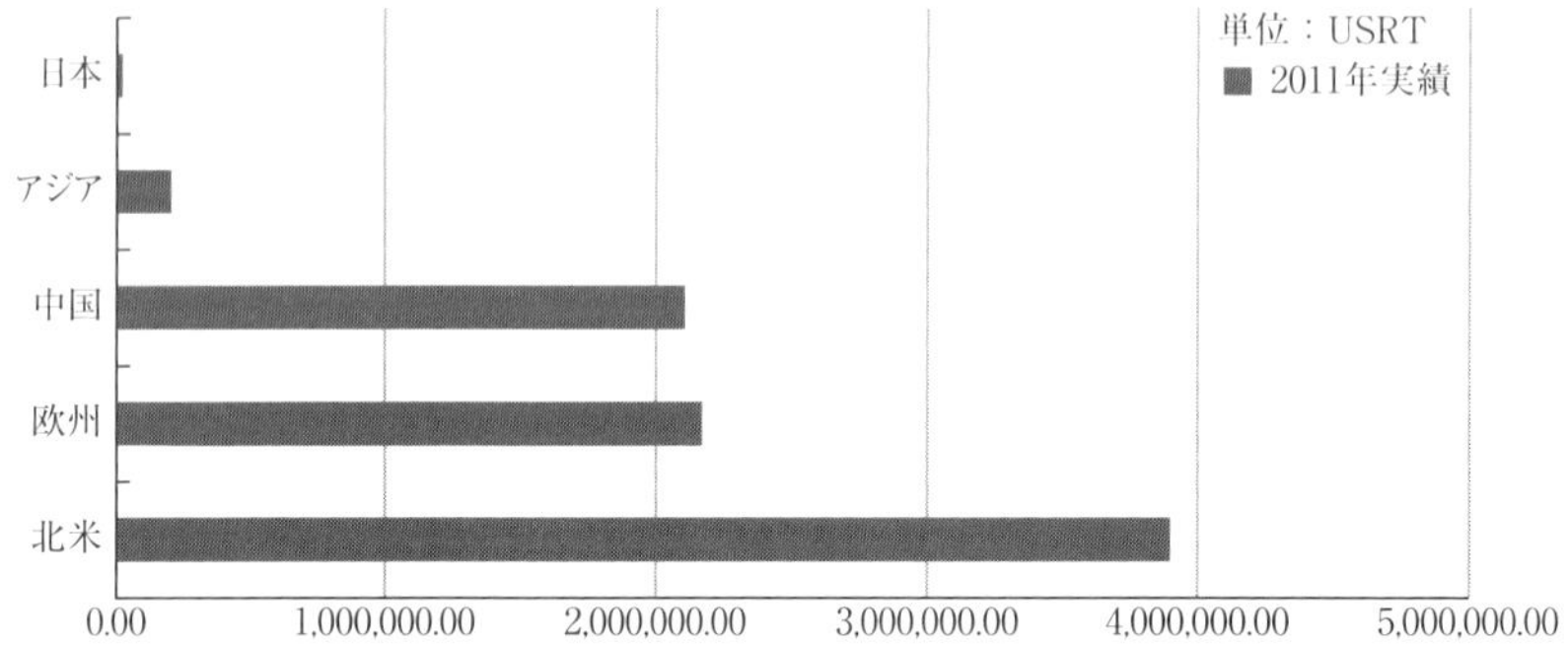

図２　世界の地中熱ヒートポンプシステムの普及状況
（富士経済「ヒートポンプ温水・空調市場の現状と将来展望2013」をもとにサンスポット社作成）

関係省庁、関係機関等の普及促進活動もあり、徐々に認知度も高まり、加えて、政府方針（エネルギー基本計画）などにもあるように再生可能エネルギーの導入促進のための補助事業が地中熱システムに対してもさまざま実施されております。２０１１年以降も図１にデータはありませんが、日本における地中熱ヒートポンプシステムの設置件数はさらなる伸びを示しております。今後も環境意識の高まりもあり、地中熱ヒートポンプシステムの普及拡大が予想されます。弊社としても、諸外国と遜色のない設置件数となるよう、普及啓発とそのための技術開発に一層努力いたします。

おわりに

東日本大震災は、１０００年に1度の災害といわれておりますが、この震災後、原発事故もあり、エネルギーに対する意識が高まったことは前述のとおりであります。ことエネルギーの抱える問題は、例えば化石燃料の現在確認されている可能採掘期間は、長くて１００年といわれております。しかしながら40年前のオイルショック時は、この期間が石油では30年ともいわれたことから、これより長くなるのかもしれませんが、地球温暖化対策はタイムリミットが近づいているといわれており、原子力発電の再稼働とも合わせ、非常に難しい時代になっております。

恐らく人類は、現在想像すらできないような化学技術の進歩により、超高効率の再生可能エネルギーの利用法や、環境負荷の極端に少ない新エネルギーの発見、開発をするものと期待しますが、いずれにしろ、現在のエネルギー消費状況であり続けていては、持続可能な社会の構築は難しいでしょう。持続可能な社会を構築するためには、エネルギーを生み出す側の対策だけでなく、使用する側においても、エネルギー消費の抑制が重要であると考えます。

このような状況のなかで、エネルギーを利用する製品を提供する企業として、お客様にどのようなご提案をすることができるか、現在はその結果がペレットストーブであり、地中熱ヒートポンプであります。

快適な生活とともにエネルギー消費を抑制した持続可能な社会づくりに貢献していけるようこれからも取り組んで参ります。

注１　エネルギー供給構造高度化法
２　エネルギー基本計画（エネルギー基本計画は、エネルギー政策の基本的な方向性を示すためにエネルギー政策基本法に基づき政府が策定するものです。東日本大震災および東京電力福島第一原子力発電所事故をはじめとした、エネルギーを巡る国内外の環境の大きな変化を踏まえ、新たなエネルギー政策の方向性を示すものとして、平成26年４月11日、閣議決定されました。）
３　農林水産省　九州農政局ＨＰ
４　林野庁ＨＰ
５　京都議定書（ＣＯＰ３、１９９７年12月）
６　詳細は『持続可能な社会をつくる実践学―岩手大学からの発信』（岩手日報社、２０１０年）第７章を参照ください。
７　林野庁　木材需給表

第8章　地域と共に企業は復興する

河野　和義　株式会社八木澤商店会長インタビュー記録

期日　２０１４年７月４日（金曜日）[1]
聞き手　山崎憲治、山崎友子

「一人の解雇者も出さない」――３・11以降の絶望の中に響く闘いののろしだった。職場と地域が一体となり復興に向かって確実な歩を進める。工場も醤も店舗も失った株式会社八木澤商店が、どのように事業再開と展開ができたのだろう。社員は最高の「財産」であり「可能性を生み出すもと」であった。地域で生まれた原料を、歴史に育まれた醤がゆっくりと食材に仕上げていく。震災を契機に本物の価値を再評価することになるが、その思考は地域を復興させる活力に結びついていく。

Q　八木澤商店が３月11日どのような状況におちいったか、お話しください。

私はたまたま東京に出張中でした。弊社の社員が社屋の流失する姿をビデオで撮っておりましたからそれをお見せして説明しましょう。当日午後３時23分に第一波が襲いますが、気仙川の堤防を越えていません。しかし、26分の第二波は堤防を越え、山のように気仙町を襲います。これによって、１８０７年創業の八木澤商店の工場・蔵・社屋は一気に崩壊、海の底に引きずりこまれてしまいました。隣接する県有形文化財吉田家住宅（大肝入りの屋敷ですから江戸初期からあった建物です）も跡形もなく消えてしまいました。パート10名を含めた社員40名のうち、１名を消防団活動でなくすという状況でした。また、10人の社員が家族の誰かを失っております。27名が家屋を流失しております。大半の社員は何とか高台に避難できたことが、命をつないだと思っております。

Q　混乱と絶望の中から、どのような方針を出されたのですか？

図１　震災前の八木澤商店

私は、東京からいろいろの手助けを得て、陸前高田に３日目に戻ってきました。高田の惨状、会社の状況を前に、何よりも命の大切さを強く思わざるを得ませんでした。しかし、会社に残ったものは配達用の２台のトラック。もっとも肝心な「もろみ」も、施設・機械すべてがなくなっているのだから、醸造の事業を継続することは難しいと思っていました。せがれは、事業の継続を主張しました。被災直後の従業員のがんばりを見てこの人たちと苦労を共にしよう。解雇によって未来をなくし、これ以上悲しみを深めることのないようにすることが経営者のつとめだ。厳しいが事業の継続を、その可能性を追求しよう。せがれが主張した「一人の解雇者も出さない」という方針が形を作っていきます。さらに、新年度には２名の新入社員を雇用したいという方針も主張します。せがれに社長（９代目）を譲ることを考えていましたが、それは4月1日に発表しようと決心しました。4月1日全社員を前に、新社長を紹介するとともに、新社長は全員に給料を支給「一人の解雇もしない、新たに2名の新入社員をむかえる」ことを再度明らかにしました。社員を別れ別れにしない、その団結を力にする、会社とそして地域の復興の可能性はここにある、と確信しました。

Q　実際には本来の業務はできないわけです。何をもってお給料を支払うことになるのですか。

避難所への救援・支援物資の配給および犠牲者の捜索をやらねばならない状況です。ですから、この役割を業務とみなしたのです。高田自動車学校の好意でその敷地に仮店舗を設けることができました。自動車学校社長が中心となり中小企業家同友会からのプレハブの提供を受けました。また、中小企業家同友会の仲間や取引先、知人など多くの方々から大量の支援物資が自動車学校に送られていました。確かに、避難所へは多くの支援物資が届きますが、半壊家屋で生活されている方、知人・親戚の家に避難されている方には、十分に物資は届いていないのです。ここへの物資配給を重点としました。震災前は各家庭に味噌・醤油を配達していたのですから、社員は物資の配給先の情報を持っていました。また、自動車学校の従業員も道路情報に精通しており、両者の支援コラボはうまく展開できました(2)。9代目の新社長は金が続くまでやるという方針でした。本来の社業をできるだけ早く立ち上げることが課題になっていきます。

Q　店舗の立ち上げ・業務の再開に向けて段階があると思いますが、どう展開されたのですか。

味噌と醤油はすぐには造れませんから、品質の近い秋田県の同業者に製造委託し、自社ラベルをパソコンで印刷し貼り、「けせん朝市」等で販売することから始めました。５月２日のことです。一関市大東町に廃校になった小学校用地３０００坪があります。ここは下水道が完備している地区でしたから、廃水処理もうまくいきます。新工場をこの場所に建設することとしました。さらにグループ補助金という新たな支援策が国によってつくられる情報を得ることができ、これを活用しました。４分の３は補助事業ということだったのですが、当初計画どおりに進むことはありません。実際には２分の１程度の借金を抱えることになります。しかし、再建することで道は開けるのですから、この工場建設・再建事業を懸命に進めました。２０１３年春には、醤油の仕込みがはじまります。事業を展開する上で奇跡とも言うべきことが起こります。八木澤商店の「もろみ」が釜石の水産技術センターから発見されます[3]。地元の大豆と小麦と塩を用い「もろ

図２　津波襲来
気仙町今泉地区2011年3月11日、15時29分

図３　震災1週間後の陸前高田市気仙町今泉地区
㈱八木澤商店本社のあった所

み」の力でゆっくりとした醗酵で生まれる醤油は2年待たねばなりません。もうひとつ、社訓の額[4]と店の看板の発見です。津波で流失したものが、数キロ離れた、海岸のがれきの中から社員によって発見されます。津波のあとが残る社訓を見たとき、八木澤商店の再建の方向が明確に示されていると、改めて認識することになります。新工場建設着工から1年8か月後に商品が生まれることになります。

Q　政府や金融機関以外に多くの支援があったのでしょうか？

中小企業家同友会の仲間の支援・相互の連帯は、時としてくじけそうになる厳しいとき助けになったし、助けられることでこちらも強くなったことも少なくありません。また、「ファンド」を呼びかけたところ、全国から多くの支持を得ることができました。1口1万円、半分を八木澤商店への義援金、残りの半分を投資とし、生産した商品等でお返しする方法です。インターネットの力をまざまざと知ることになります。全国各地から「ファンド」の申し込みが多く寄せられます。感謝と同時にこの期待にきちんと応えねばならないと痛感しました。「ファンド」を介して新たなニーズの掘り起こしにもつながっていきます。

Q　地域と企業のかかわり、将来への展望は？

被災を経て、会社と従業員・その家族とのつながりはいっそう強固なものになりました。地産地消を進める核になっています。同時に全国から寄せられた支援、そして商品への期待。本物がつくる人と人とのつながりを確信しました。再建当初はわずか4商品の販売でしたが、現在ではその数は60に達しています。またまだ震災前の150商品にはいたりませんが、本物志向から多様な商品開発・連携商品の展開が見られるようになってきました。

地産地消は極めて肝心な視点です。醸造業の出発点であり、到達するところでもあります。本物づくりに徹することが問われていると思っています。「雇用を守る」ごく当たり前のことですが、被災の経験はこの重要性を再認識することになりました。「どう共に生きるか」からの出発でありました。人のつながりが担保になっていると実感しています。地域の復興には、地域の企業をつぶさない、企業同士がさまざまな相互支援を通して企業活動を展開することが問われています。そのためには「雇用が実現されて」が地域に活きることを具体化しなくてはりません。

確かに被災は、大変厳しい現実と深い悲しみを与えました。しかし同時に新しい可能性への挑戦の機会を課してくれていると思わざるを得ない場面が多くありました。地産地消を進める醸造業だから、その基盤を作っている１次産業とのか

図４　2012年10月13日、完成直後の㈱八木澤商店大原工場
一ノ関市大東町大原（旧大原小学校跡地）。

図５　使用していなかった古い旅館を改装した現在の本社
陸前高田市矢作町、2012年10月移転

かわりをいっそう強めることが必要です。もうひとつ、震災で明らかになった日本の弱点、エネルギー問題です。これも地産地消の可能性として追求したい。地域にある多様な自然エネルギーを活用して、巨大なエネルギー消費・生産の構造を地域から変えていきたい。震災で壊滅的被害を受けた陸前高田市・大槌町・南三陸町の３つの自治体は、同類の復興課題に直面しています。その解決法をめぐって行政圏の垣根を取り払った新たな連携が求められているのではないか。行政ができない部分は民間が担う、しかもその役割は少なくないと思っています。それが新しい地域づくりにつながっていくと考えています。

注1　本稿は、２０１３年７月25日のインタビュー、および２０１４年２月５日の岩手大学での講義、そして２０１４年７月４日のインタビューをもとに作成されたものである。

2　葛巻町から８００リットルのガソリンの緊急提供もこの仕事をするうえで大いに役立った。

3　水産技術センターでは海の微生物研究をするなかで、八木澤商店の「もろみ」の中にしかいない微生物と海の微生物が組み合わされて、癌新薬を生むのではないかという仮説を立て、研究を続けていた。このセンターも被災するが、たまたまロッカーの上部に保管されていた「もろみ」をめちゃくちゃになった研究室の中で発見。海水をかぶっていなかったため、この「もろみ」を盛岡の技術センターで培養。研究用の４キログラムを１６０キログラムまで育て、新工場の「もろみ」として提供を受けた。

4　経営理念が示された社訓であり、八木澤商店の若手を中心に震災10年前に策定したものだった。

一、私たちは、食を通して感謝する心を広げ、地域の自然と共にすこやかに暮らせる社会を作ります。

一、私たちは、和の心を持って共に学び、誠実で優しい食の匠を目指します。

一、私たちは醤の醸造文化を進化させ伝承することで命の環を未来につないでゆきます。

第9章　学生レポートに見る震災復興に向けた持続可能なコミュニティづくりとＥＳＤに関する社会起業の可能性

岩手大学人文社会科学研究科准教授　中島　清隆

1　はじめに
――「持続可能なコミュニティづくり実践学」「地元の企業に学ぶＥＳＤ」の位置づけと概要

筆者は、２０１２年度から岩手大学全学共通教育教養科目人間と社会「持続可能なコミュニティづくり実践学」と「地元の企業に学ぶＥＳＤ」に携わっている。両科目を２００８年度に創設し、開講されてこられた山崎憲治先生（本書編著者、前・岩手大学大学教育総合センター教授）が２０１１年度に岩手大学を退職されたことから、その後を引き継いだ形になる。

両科目は、筆者が２００９年度から携わっている「岩手大学環境人材育成プログラム」（正式名称：岩手大学ＩＳＯ１４００１と産学官民連携を活用した「π字型」環境人材育成プログラム）[1]のゴールである岩手大学認定資格「岩手大学環境管理実務士」を岩手大学学部生が取得するための要件の１つ（ＥＳＤ科目２科目以上の単位取得）と位置づけている。同プログラムにおける両科目の位置づけを踏まえ、山崎・中村（２０１０）や山崎・三木（２００９）を拝読していたことから、両科目で展開されている内容の素晴らしさや意義・重要性も理解していた。そこで、山崎先生が退職された後、両科目を２０１２年度以降も継続開講するために尽力したいと希望し、両科目の担当を引き受けた経緯がある。

２０１２年度から担当している両科目は、基本的に山崎先生が創設し、開講されてこられた構成や内容を踏襲している。受講生は本書の共著者である外部講師の講演を聞き、各講師から出される質問・課題への回答や講演の感想などをレスポンスカード（出席票）に記載、提出する。講義終了後、受講生は「講師とコミュニケーションを取りたいこと」について、岩手大学アイアシスタント（全学統一拡張Ｗｅｂシラバス）の学習支援ツールであるicardに記載、提出できるようにしている。[2] そして、講義の最終課題として、持続可能なコミュニティの理想像やＥＳＤに関わる起業案をテーマとする期末レポートの作成を受講生に求めている。期末レポート作成準備の一環として、講義１・２回分、４・５名の小グループで期末レポートのテーマに関するアイディアを出し合う「グループ・ダイアログ」も行っている。

本章では、２０１２・13年度の2年間で、受講生が作成、提出した「持続可能なコミュニティづくり実践学」と「地元の企業に学ぶＥＳＤ」の期末レポートにおけるいくつかの基本項目の傾向を踏まえ、両科目の主題である「持続可能なコミュニティづくり」とＥＳＤに関する「社会起業」、特に震災復興に関する可能性を模索する。

２　「持続可能なコミュニティづくり実践学」「地元の企業に学ぶＥＳＤ」期末レポートから見る傾向——震災復興関連も含めて

（１）「持続可能なコミュニティづくり実践学」期末レポートの傾向

２０１２年度の講義登録者は１５８名。同科目の最終課題として期末レポートではなく、10名程度で構成する複数のグループに分かれ、持続可能なコミュニティづくりに必要な要素、課題やその対処策を発表するポスター・セッションを行った。

２０１３年度講義登録者は前年度と同じく１５８名。そのうち期末レポート提出者は１４８名（提出率：約93・7パーセント）であった。２０１２年度「地元の企業に学ぶＥＳＤ」（講義登録者77名）から２０１

表1　受講生が描く持続可能なコミュニティ理想像の基本項目

当該コミュニティ名とキャッチコピー／当該コミュニティにおける持続可能性・「持続可能な開発・発展」の要素（3つ以上）とそれらをあげた理由及び複数の要素間の関係／当該コミュニティのイメージ／当該コミュニティづくりに必要なもの及び不要なもの／当該コミュニティづくりにおけるあなたの役割／当該コミュニティづくりの課題

3年度「持続可能なコミュニティづくり実践学」の継続受講生は2名である。

期末レポートの課題は「あなたが描く持続可能なコミュニティの理想像」の作成である。表1の基本項目（配置・順番自由）が盛り込まれているか、コミュニティ像が具体的に説明されているか、持続可能性および「持続可能な開発・発展」と関連づけられているか、グループ・ダイアログで得られた他メンバーの意見が反映されているか、などについて記載内容を評価した。

本章では、表1の基本項目「当該コミュニティ名とキャッチコピー」「当該コミュニティにおける持続可能性・『持続可能な開発・発展』の要素（3つ以上）」「当該コミュニティづくりにおけるあなたの役割」（表1下線箇所）を取りあげ、受講生による（期末レポート上での）回答を整理して紹介する。

まず、レポートの基本項目「当該コミュニティ名とキャッチコピー」を踏まえ、持続可能なコミュニティに関するキーワードを図1で示すように整理した。上位3種類「スポーツ・運動・文化・芸術」「世代」「地域」で約74パーセントを占める。

一番多いキーワード「スポーツ・運動・文化・芸術」では、教育学部生涯教育課程スポーツ教育コース・芸術文化課程美術デザインコース所属学生やバスケットボール・音楽・さんさ踊り経験者が「スポーツクラブ・ジム」「音楽・合唱」「伝統・郷土芸能」をテーマとしたコミュニティについて提案している。「世代」は「若者・若い世代」「子供」「高齢者」と世代間のつながりをテーマとした提案が見られる。3番目に多い「地域」は、提出者の出身地（岩手県北上市・遠野市・矢巾町・大槌町・普代村・田野畑村等）、「地域」と特産品・文化・経済・学校・商店街・学園都市・コンパクトシ

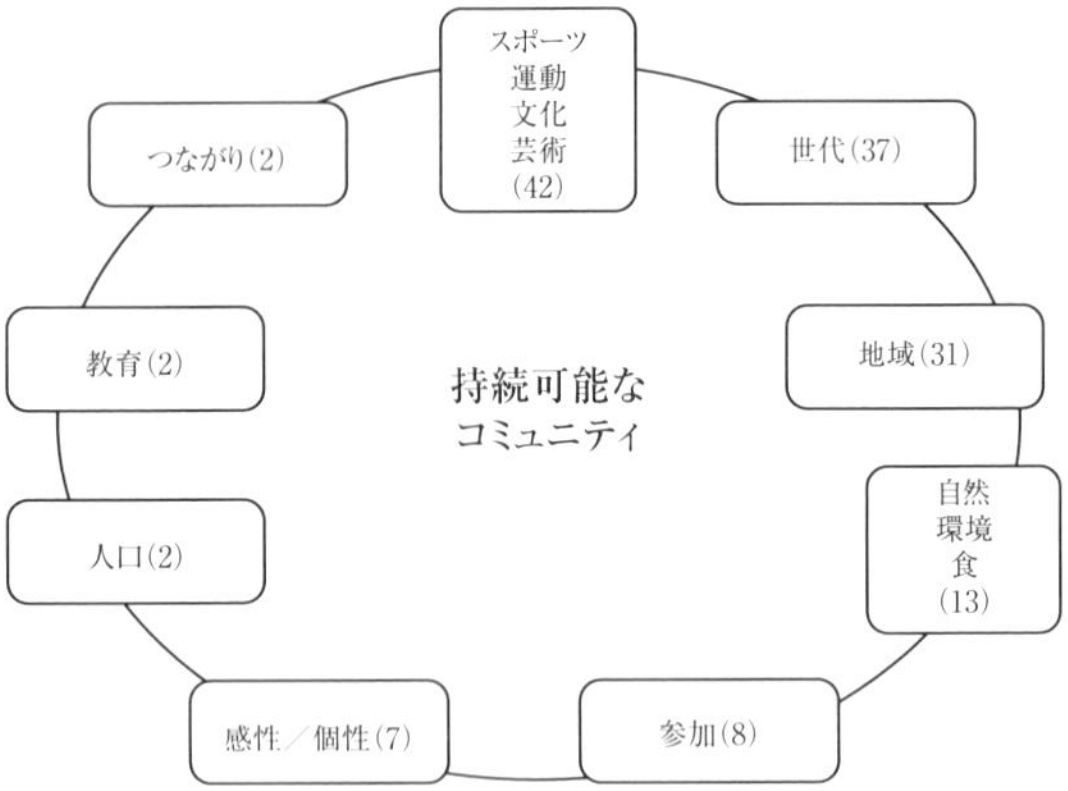

図１　持続可能なコミュニティに関するキーワード

ティを対象としたテーマでコミュニティ案が示されている。

基本項目「当該コミュニティにおける持続可能性・『持続可能な開発・発展』の要素（3つ以上）」はキーワード以上に多様性が見られる。一番多いのは図1でもキーワードの1つとしてあげられている「つながり」（42名）で「スポーツ・運動・文化・芸術」「世代」「地域」「自然・環境・食」「感性・個性」「参加」において、「連携・交流・結びつき・関わり」の表現が見られる。他に、「イベント」（プログラム・体験：20名）は「スポーツ・運動・文化・芸術」「世代」「地域」「自然・環境・食」「感性・個性」「参加」で、また「宣伝」（広告・情報発信・コミュニケーション等：19名）は「スポーツ・運動・文化・芸術」「世代」「地域」「感性・個性」「教育」で要素として取りあげられていた。

受講生は期末レポートで提案した「持続可能なコミュニティづくり」においてどのような役割を担うことができると考えているか。まず、レポート提出時における学生としての立場（7名）と大学卒業後の進路を踏まえた役割に整理することができる。後者は「教員・インストラクター・指導者・施設職員」（20名）を教育学部学校教育教員養成課程や生涯教育課程に所属する受講生があげているのが特徴的である。また、活動・イベントなどへの参加（30名）から広告宣伝伝達役（46名）、活動・イベント等主催者（16名）、コーディネーター（14名）、リーダー（責任者・先導者・指導者・町長：7名）までさまざまな役割があげられていた。

表2　ESDに関するワンシート事業企画書の基本項目

(1) 事業名（キャッチコピー） (2) 事業の背景 (3) 事業の目的 (4) ビジョンとポリシー (5) ESDとのつながり (6) 事業のポイント・特長 (7) 事業の概要【6W4H1D:Why（なぜ）・When（いつ）・Where（どこで）・Who（誰が）・What（何を）・Whom（誰に）How much（いくらで）・How to（どのように）・How many（どのくらい）・How long（いつまでに）Do（するのか）】(8) 事業全体の概念図 (9) 100円で始めること・100万円でできること (10) 今後の課題

震災復興に関連づけた「持続可能なコミュニティ」のレポートは6名であった。震災復興から若者などが戻り住みたくなる街の提案、震災復興イベントの実施、震災経験を後世へ伝える役割が見られた。

(2) 「地元の企業に学ぶESD」期末レポートの傾向

2012年度の講義登録者は77名。そのうち期末レポート提出者は69名（提出率：約89・6パーセント）であった。同じく、2013年度の講義登録者は101名。そのうち期末レポートは90名（同：約89・1パーセント）が提出した。「持続可能なコミュニティづくり実践学」（12・13年度講義登録者158名）からの継続受講生は2012年度25名（継続受講率：約15・8パーセント）、2013年度28名（同：約17・7パーセント）である。

期末レポートの課題は「ESDに関するワンシート事業企画書」（事業の概要を1枚のシートにポイントを絞ってまとめたもの：福島［2004］参照）を作成することである。これは山崎・三木（2009）における「Sustainability実現に向けた起業プランの作成」を踏襲している。

「ESDに関するワンシート事業企画書」では、表2の基本項目（配置・順番自由）が盛り込まれているか、プランが具体的にわかりやすく説明されているか、ESDとの関連性、グループ・ダイアログで得られた他メンバーの意見が反映されているか、などについて記載内容を評価した。

本章では、表2の基本項目「事業名（キャッチコピー）」「ESDとのつながり」

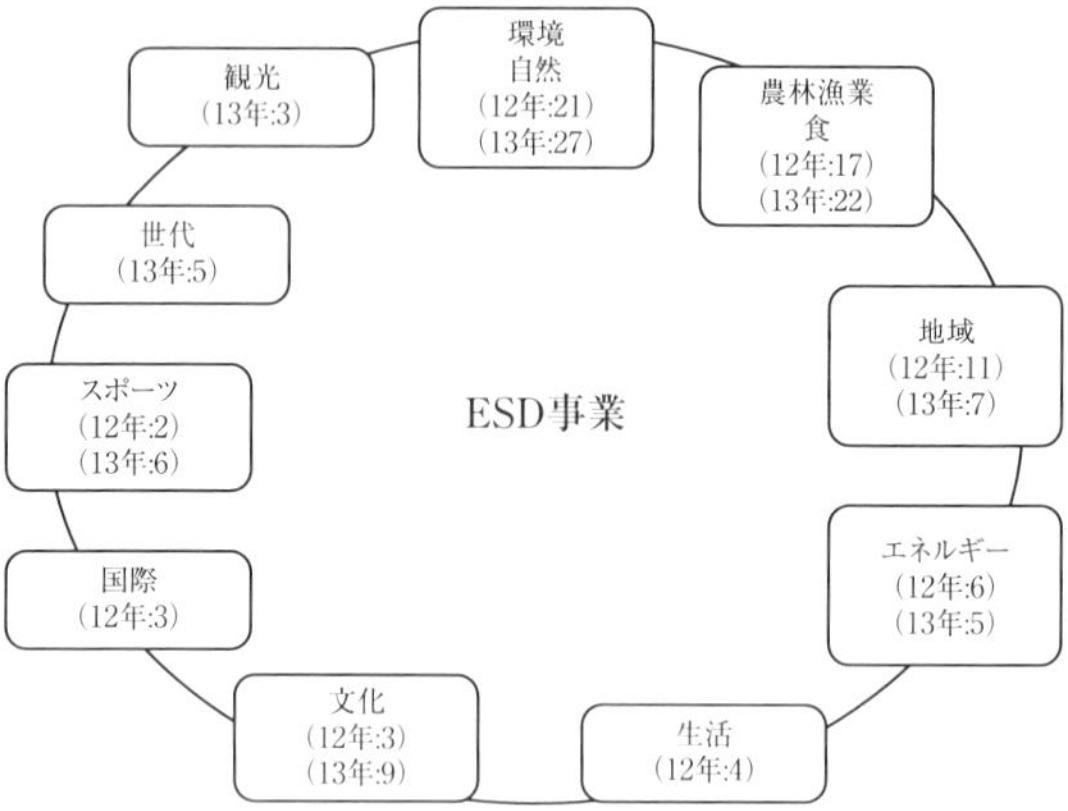

図２　ESD事業に関するキーワード

「100円で始めること・100万円でできること」（表2下線箇所）を取りあげ、受講生による（期末レポート上での）回答（12・13年度分）を整理、紹介する。

まず、レポートの基本項目「事業名（キャッチコピー）」から「ESD事業」のキーワードを図2で示した。前述した「持続可能なコミュニティ」のキーワード（2013年度）と比べると、「エネルギー」「生活」「国際」「観光」がESD事業で見られる。「環境・自然」は2012・13年度で一番多いキーワードであった。「リサイクル・3R（Reduce Reuse Recycle）」「植樹・森づくり・都市緑化」「環境教育・自然体験」「エコレストラン」などの事業が提案された。農学部共生環境課程（12年6名・13年度4名）や人文社会科学部環境科学課程（12年度4名・13年度1名）所属学生からの提案が多く見られたのが特徴的である。同じく両年度で2番目に多かった「農林漁業・食」では、野菜・芋・穀物・酒・茶・鹿肉・綿・料理・駄菓子（屋）・レストランといった具体的な食材などがあげられた。また、農業推進・拡大等単体のテーマだけでなく、農業振興とプロバスケットボール選手育成、バイオマスエネルギーと農業改革など他分野と関連づけたテーマも見られた。2012年度で上位3番目（13年度上位4番目）のキーワード「地域」は、「持続可能なコミュニティ」のキーワード（13年度）と同じように、盛岡・花巻・釜石・下北・八戸など受講生の出身地や商店街・下町・地域ショップを対象とした事業が提案された。2013年度で上位3番目のキーワード「文化」には、異文化・音楽・足湯・祭り・遊びなど多様な観点からの起業案が見られた。

事業案と「ＥＳＤとのつながり」を示すキーワードは、「持続可能なコミュニティ」（13年度）と同じく多様である。「環境・自然保護」（12年度25名・13年度28名：廃棄物削減・リサイクル・循環型社会、化石燃料・二酸化炭素排出抑制、自然環境教育・環境意識向上、生物保護など）、「交流・つながり・絆・かかわり・協力・協働・連携・一体化・継承など」（12年度９名・13年23名：自然・地域・人間・子供・学生・高齢者・世代・国際・文化・技術など）、「地方・地域・地元・地域活性化・地産地消など」（12年度８名・13年度22名）が多く見られた。また、ＥＳＤのＥ（Education）にあたる「教育」に関連するキーワード（12年度11名・13年度18名）として「人材・担い手・後継者育成」「自然・食・環境教育・農林業体験学習」などがあげられていた。

表２の基本項目「１００円で始めること・１００万円でできること」からは、受講生が実感できる金額と受講生にはなかなか実感しにくい金額を示すことで、受講生が自ら提案したＥＳＤ事業の現在と将来をどのように認識しているか、またＥＳＤ事業をどのくらい具体化しようとしているかがわかる。

「１００円で始めること」としてあげられていたのは、「物品購入」（12年度17名・13年度20名：バケツ・種・用紙・ノート・種イモ・水・土・ルーペ・お菓子・ジュース・地元の新聞・虫かご・飼育ケースなど）、「広報（のための費用）」（12年度16名・13年度23名：チラシ・ポスター・ホームページなど）、「イベント・キャンペーン」（12年度10名・13年度３名：宝探し・環境保護啓発活動・段ボール箱堆肥づくり・ネイチャーゲーム・お絵かき・清掃活動・講習会・試飲会）などである。

一方、「１００万円でできること」では、「物品購入・レンタル」（12年度19名・13年度16名）、「設備・環境整備」（12年度16名・13年度23名）、「広報」（12年度11名・13年度８名）、「イベント」（12年度７名・13年度８名）、「講師・学生・地域住民・専門家の招聘・招待」（12年５名・13年度３名）などであった。受講生が実感しにくい金額のためか、事業案の具体化につながるような説明はあまり見られなかった。

震災復興に関連づけられている期末レポートは２０１２年度６名・２０１３年度３名。「被災地の記念樹を植える」事業や「釜石の水産業」、震災後に移動が不便になった体験を踏まえた「ショッピング送迎バス」、電力不足の体験から派生した「バイオマスエネルギー産業」「発電生活体験」、「高齢者参加型の復興支援」、「被災地観光ツアー」などが提案された。

３　期末レポートにみる震災復興に向けた「持続可能なコミュニティづくり」とＥＳＤに関する「社会起業」の可能性

前節では、「持続可能なコミュニティづくり実践学」「地元の企業に学ぶＥＳＤ」両科目の期末レポートから、持続可能なコミュニティやＥＳＤ事業に関するキーワード、震災復興との関連性などの傾向について整理して示した。

震災復興に関連した期末レポートは、２０１３年度の「持続可能なコミュニティづくり実践学」６名（レポート提出者数１４８名：約４パーセント）、「地元の企業に学ぶＥＳＤ」が２０１２年度６名（同69名：約９パーセント）・２０１３年度３名（同90名：約３パーセント）と当初考えていたよりも著しく少なかった。特に２０１３年度の「地元の企業に学ぶＥＳＤ」では、東日本大震災で主として津波による被害を受けた後、再建と復興に尽力している経営者３名をお招きし、３回にわたり御講演いただいたにもかかわらず、期末レポートで震災復興に関わるＥＳＤ事業案の提出者が２０１２年度よりも減っている。

岩手県における被災地である釜石市・大船渡市・陸前高田市・大槌町や緊急支援の拠点となった遠野市出身者が、期末レポートで震災復興に関連した持続可能なコミュニティの理想像・ＥＳＤ事業案を提示している。音楽を通して被災地・被災者の慰問を経験しているレポート提出者も見られた。

震災復興だけでなく、期末レポートにおける持続可能なコミュニティの理想像・ＥＳＤ事業案は、提出者自身の身近に引きつけて描かれていることが特徴的である。例えば、提出者の地元、これまでの経験（芸術・文化・スポーツなど）、現在の所属（教育学部・農学部・人文社会科学部環境科学課程など）、将来の進路（教員など）から、持続可能なコミュニティの理想像・ＥＳＤ事業案を検討していることが期末レポートからうかがえる。そこには、「持続可能なコミュニティづくり実践学」や「地元の企業に学ぶＥＳＤ」で招聘した外部講師のご講演に喚起されたとの説明も見られた。

「持続可能なコミュニティづくり実践学」では初回の講義で受講生の出身都道府県と市町村を記載してもらっている。東日本大震災被災３県（岩手県・宮城県・福島県）の出身者は、２０１２年度34名（回答者数１３３名：約26パーセント）（岩手県８名：宮古市・久慈市・山田町、宮城県24名：仙台市・石巻市・気仙沼市・多賀城市・塩竈市・名取市、福島県2名：いわき市・相馬市）、２０１３年度26名（回答者数１６２名：約16パーセント）（岩手県８名：陸前高田市・宮古市・大槌町・大船渡市・釜石市、宮城県17名：仙台市・気仙沼市・石巻市・多賀城市・名取市、福島県1名：相馬市）であった。

「持続可能なコミュニティづくり実践学」に限定しているものの、被災３県の出身者は２０１２年度から２０１３年度にかけて減っているが、一定程度受講していることがわかる。もちろん、被災県・被災市町村であっても、地域によって被害状況は異なり、また個々人で震災への受け止め方も異なると推察されるので、前記のデータがそのまま当てはまるとは限らないものの、期末レポートで震災復興に関わる持続可能なコミュニティの理想像・ＥＳＤ事業案がさらに取りあげられる素地はある。

２０１１年3月11日の東日本大震災発生から3年が経った。物資の供給を主とする緊急支援の段階を経て、おそらくは長期にわたるであろう日常生活への継続的支援が被災地で求められている。震災復興に関わる持続可能なコミュニティの理想像やＥＳＤ事業案が必要となるのは、むしろ震災から3年を経たこれからであろう。

「持続可能なコミュニティづくり実践学」「地元の企業に学ぶＥＳＤ」の講義登録者数は1年生が全体の7割超を占める（前者２０１２年１１９名：約75パーセント・２０１３年１２４名：約75パーセント、後者２０１２年度60名：約74パーセント・２０１３年76名：約72パーセント）。特に「持続可能なコミュニティづくり実践学」は、入学したばかりの1年生が大学で最初に受講する講義の一つであることから印象が強いと推察される。

期末レポートの傾向から、受講生は過去の経験や現在の所属だけでなく、将来の進路も見据えたテーマ設定をしていることがわかる。ここは持続可能性が意識されているように推察できる。

前述したように、２０１３年度の「地元の企業に学ぶＥＳＤ」は被災企業の経営者にご講演いただいた。新入生が入学後すぐに受講する「持続可能なコミュニティづくり実践学」でも外部講師から東日本大震災に関連した内容が講演されるものの、２０１３年度「地元の企業に学ぶＥＳＤ」のように、震災復興を主テーマとした「持続可能なコミュニティ」を考える構成・内容にすることも検討課題であろう。それは将来の進路にまでつながる持続可能性・ＥＳＤの意識づけをはかることにもなる。

だが、期末レポートから、震災復興に向けた「持続可能なコミュニティづくり」とＥＳＤに関する「社会起業」の実現可能性を判断すると、興味深いアイディアは示されているものの、具体性も含めて疑問符がつく。これは期末レポートで初めて持続可能なコミュニティの理想像やＥＳＤ事業を考えた受講生が多いからであろうと推察される。また、特に「地元の企業に学ぶＥＳＤ」期末レポートにある基本項目の一つ「１００円でできること・１００万円でできること」の記述を見ていると、１００万円という金額が多くの受講生にとってなかなかイメージできないことがわかる。「１００万円でできること」の基本項目についいては、何にいくら使用する（予定）かの具体的記述を求めることも考えられる。

4　おわりに
――震災復興に貢献する人材育成が加えられた両科目の意義・重要性の高まり

本章では、２０１２・13年度の2年間で、受講生が作成、提出した「持続可能なコミュニティづくり実践学」と「地元の企業に学ぶＥＳＤ」両科目の期末レポートにおけるいくつかの基本項目の傾向を踏まえ、両科目の主題である「持続可能なコミュニティづくり」とＥＳＤに関する「社会起業」、特に震災復興に関する可能性を模索した。

前節で示したように、期末レポートで震災復興に関する持続可能なコミュニティの理想像やＥＳＤ事業案は思ったよりも少なく、震災復興も含めた興味深いアイディアが示されているものの、その具体性や実現可能性には疑問符が付く。この課題に対して、両科目全体の構成や期末レポートの出題方法・内容を検討する必要がある。

だが、前節で示したように、「持続可能なコミュニティづくり実践学」「地元の企業に学ぶＥＳＤ」両科目登録者7割超が1年生である。20歳前の若者が期末レポートで、特に震災から3年を経てこれから益々求められるだろう震災復興に関わる持続可能なコミュニティの理想像やＥＳＤ事業案を考え、表現することだけでも両科目の意義は十分にある。また、期末レポートのテーマ設定や内容を見ると、受講生は過去の経験や現在の所属だけでなく、将来の進路も踏まえて検討していることがわかる。「持続可能なコミュニティづくりにおける自らの役割」への回答も含め、受講生が自らの過去・現在・将来に引き寄せて、震災復興も含めた持続可能なコミュニティの理想像やＥＳＤ事業案を検討する経験は、持続可能性・ＥＳＤの意識づけをはかることにもつながっている。

筆者が認識した両科目で展開されている内容の素晴らしさや意義・重要性は、東日本大震災発生後、震災復興に貢献できる人材を育成する新たな役割が加えられたことでますます高まっていると言える。

注1　詳細は岩手大学環境人材育成プログラムホームページ：http://www.iwate-u.ac.jp/ecoedu/（2014年8月18日現在）参照。

2　受講生が記載、提出したレスポンスカードのコピーとicardのデータは各講師に送付している。受講生からの反応が参考になったとの感想を両科目の外部招聘講師からいただいている。

参考文献

福島正伸（2004）『起業学――事業はシンプルに考えよう』風人社
山崎憲治・中村哲雄編著（2010）『持続可能な社会をつくる実践学――岩手大学からの発信』岩手日報社
山崎憲治・三木敦朗（2009）『記録集　2008年度（後期）開講　地元企業に学ぶESD』

第Ⅲ部　教育と復興

第1章　被災地に学ぶ教育の原点──被災地の教育復興の思想と実践から

岩手大学教育学研究科教授　山崎　友子

「……私たちは津波のことを忘れてもいけないし、津波のことを引きずってもいけません。現実を受け止め、一人ひとりができることを精一杯やっていきましょう。それがいつか田老の町を再建することにつながるのだと思います。校歌３番に私たちの進むべき方向が示されています。……」

２０１１年4月25日、約１９０名の犠牲を生じた岩手県宮古市田老の唯一つの中学校宮古市立田老第一中学校入学式における、生徒会長村井旬さんの新入生歓迎のことばである。(1)瓦礫の中で行われた、制服も揃わない入学式で、悲しみが立ち籠めているなかで、中学生が大人を凌ぐ冷静さと覚悟をもって未来へ向かう思いを述べてくれた。校歌３番には「防浪堤を仰ぎみよ　試練の津波幾たびぞ　乗り越え立てし我が郷土　父祖の偉業や跡つがん」(2)と、田老という地域の苦難の歴史と、その地の未来の担い手となる若者への期待が、日常耳にし口にする校歌に詠み込まれていた。そして、いざ苦難に直面したその時、そのメッセージを即座に中学生が理解したのである。

それから3年。２０１４年3月12日、震災の年に入学した生徒たちが卒業を迎えた。生徒会長佐々木呼子さんは送辞で次のように言う。

「この3年間苦労をさせた、と思わないでください。もし、そう思ったとしたらそれは誤解です。私たちの3年間はとても充実したものでした……」

この3年間の歩みが辛くなかったはずはない。3年前の先輩のことばどおり、精一杯生きてきたのである。そのことへの誇りが溢れている。瓦礫が撤去されると、校舎より下方の町並みは消え、家々の土台を示すコンクリートと雑草が茂る空間が広がるだけとなった。そこに中学生の住む家はない。しかし、在籍数は減少せず、生徒たちは避難先・転居先から通ってきた。スクールバスは7方面に走る。被災地域の住民にとって、日常生活の営みのなくなった地域の学校に通学する子どもたちの姿は「希望」となった。

図1　瓦礫処理場を見学する中学生
（写真提供　田老第一中学校）

この子どもたちのもっている力に大人たちは震災前気づいていただろうか。「学校」という枠に閉じ込め見えなくなってはいなかっただろうか。震災を体験した子どもたちは、すでに「ほんの子ども」ではなくなり、「本当の学び」を求める「りっぱな子ども」である。「本当の学び」「本当の幸せ」を追求し、その力を与える教育に向かうことの可能性が、この震災を機に展開されている。震災前から大学と津波防災についての合同授業を行ってきた田老第一中学校は、震災を風化させないこと、そして地域の復興を支える人づくりを使命と考え、新たな教育活動を開始した。クリスマスに学校で作成したクッキーを仮設住宅に住む人たちに届ける中学生は、住民以上に笑顔で一杯であった。「瓦礫」処理場の見学に出かけ、自分たちの家々の処理される様子を見る瞳は真剣である（図1）。先人の津波との闘いを調べ『関口松太郎物語』として文化祭で上演すると、地域住民はくいいるように見入った。津波体験作文集には、２０１１年度の在校生全員が参加。被災地外での語り部活動にも取組み、震災資料室も学校内に設置され、中学生は外の世界と臆することなくつながり、継続的な防災学習の中で成長を始めている。

これまで題目主義に陥っていなかったか、子どもの力を実は抑制していなかったか、格差を拡大させてはいなかったか、教育は誰が行うのか、地域に学ぶ姿を学校はもっていたか等々と、現代の教育の課題を解決するヒントを、被災地の実践とそれを支える思想が教えてくれる。「被災地に学ぶ」ことが今私たちにはできるのである。

第Ⅲ部では、第2章で、人生に2度大津波を体験した市井の人の活動から、子どもを包む災害文化を紹介し、第3章から第5章では被災した宮古市の三つの学校の震災後の想いと実践を各学校の校長先生に綴っていただき、第6章では、民間において「本当の幸せ」「本当のまなび」を追求してきた森と風のがっこうが震災後めざす「がっこう」を示していただいた。

図２　３階まで破壊された越喜来小学校
（2011.8.撮影）

岩手県では、東日本大震災の犠牲者は小中学校の学校管理下ではゼロであった。地震の発生が午後2時46分であったことから、多くの学校が組織的な避難行動をとった。学校は必ずしも安全な場所にあったわけではない。岩手県沿岸部の21校に津波は到達した。5校は水際線からわずか１００メートル以内かつ海抜10メートル以内にあり、うち4校は校舎全体が津波に襲われ、全壊となる被害を受けている（図２・表１）。犠牲者ゼロを成し遂げることができたのはどうしてだったろうか。だが一方、学校へ子どもを引き取りに来た家族も多く、帰宅途中で犠牲となった例がある。犠牲者が生まれた学校の悲しみや苦しみは厳

表1　岩手県沿岸部の学校の立地と大津波被災状況

		汀線からの距離									
		100m以下		100～200m		200～500m		500～1000m		合計	
		①学校数	②深刻な被害を受けた学校数	①	②	①	②	①	②	①	②
海抜	10m以下	5	4	4	4	5	2	7	2	21	12
	10～20m	5	4	2	0	3	0	10	2	20	6
	20～30m	2	0	5	1	8	1	17	1	32	3
	合計	12	8	11	5	16	3	34	5	73	21

（山崎憲治作成、2011年）

しいものであり、すべての学校・教職員が、一人の命の重さを心底感じることとなった。

この命への思いが、被災地の教育の思想と実践の根底にある。78年前の昭和の大津波を体験した市井の女性たちは命をつなごうというメッセージを送り続け、ふるさとの文化の底流を形成している。第3章の筆者佐々木氏は、「田老の子どもたちから、すべての教育を見直す契機を与えられた。学んだことは、教育観や人生観を変えるほど大きい」と述べ、第4章の筆者荒谷氏は地域への深い愛情を教育の基本として再確認し、第5章の筆者相模氏は、震災前とめざしていることは変わらないかもしれないが、震災後は「覚悟」をもって教育活動にあたるようになった、と述べている。「命」をリアリティをもって直視した経験は、その後どう「生きていく」か人を本気にさせる。第6章の吉成氏は「サバイバル」という言葉に、「命」と「生きていく」という二つの意味を込め、震災後一層逞しい。これまでの「本当のまなび」「本当の幸せ」を追求する『がっこう』をさらに確信をもって進めようという第6章は、従来の学校教育への知的挑戦である。

子どもは未来をつくる。子どもなしには未来はありえない。持続可能な未来社会を考えるとき、子どもの本来もっている力、それを引き出し育む教育の実現が必須である。震災において示された子どもたちの力・可能性を社会全体が認識し、被災地において「覚悟」をもって進められている教育からその思想を共有し、従来の教育を変えていくことができるかどうか、今、持続可能性において曲がり角にある日本社会が問われている。被災時に学校が果たした役割を再認識し、その後の実践と被災地の思想に学び、『学校』『がっこう』そしてそれを包む地域社会のあり方、関わり方を考え、教育を新たにすることが、持続可能な未来のための教育に欠かせない。

注1　岩手大学地域防災研究センター発行『いのち　宮古市立田老第一中学校　津波体験作文集』116頁に全文が収録されている。
2　駒井雅三作詞、千葉了道作曲。

第2章　語り継ぐことは命をつなぐこと
――共通教育科目「津波の実際から防災を考える」のよっちゃんとアイちゃんの物語から

岩手大学教育学研究科教授　山崎　友子

1　はじめに――「津波の実際から防災を考える」と田老の町

岩手県宮古市の市街地を抜け国道45号線を北に向かう。トンネルを抜けると「大津波到達地点」の掲示板が左手に見え、右手に田老の町が広がる。手前に防潮林が、中央に「万里の長城」とも呼ばれるX型の防潮堤がある。はるか向こうの海岸沿いの崖に白いプレートが2枚、時々光を反射させる。上のプレートは1896年の明治の大津波の波高15メートルを示し、下のプレートは1933年の昭和の大津波の波高10メートルを示している。この町は過去に厳しい津波の被害を受けた町なのである。防潮堤の上は幅が3・3メートルあり、自転車も通行できる。町民の散歩道であり、地元の高校生のデートコースでもある。標高10メートルの防潮堤の上に立つと、山側の道は山に向かって真っ直ぐ延び、その先には白い手すりの避難路が山をのぼっているのが見える。海側には漁船が見え、潮の香りがする。津波への警戒が日常の風景となっている漁業の町であった。

田老の町は岩手大学共通教育の科目である「津波の実際から防災を考える」(1)のフィールドである。大学での災害・防災についての講義の後、田老へ1日かけて巡検に出かける。田老の防潮堤の上に立ち、実際

図1　破壊された防潮堤　遠方には田老観光ホテル（2011.3.撮影）

図2　防潮堤から山側を見る（2011.3.撮影）

にどのように役立ち得るかを想像し、自分の目で見て学習する。津波の被害と防災の歴史について行政の担当者から現場で説明を受ける。そして、市井の方々による紙しばいや体験談による風化を防ぐ努力に触れ、防災が自治と深く結びついた課題であることを認識する。災害は、地域が抱える課題が異常な自然現象を介して一気に顕在化する現象である。従って、防災には地域の課題を克服しようとする努力が問われ、またそれを日常の生活の中に生かす必要がある。それを実現するには、行政だけでなく、教育や住民の自治が相互に関わって実現することが必要であることを知って盛岡への帰途につく。

２０１１年3月11日の大津波は、田老の海側の長内川河口低地に戦後建設された防潮堤を砕き、山側の昭和8年災害後の防潮堤を水の下に沈め、町の中心部を襲い、約１９０名の犠牲者を出した。海側の防潮堤の外にあった港湾施設は何もなくなった。山側の防潮堤の内側には津波で砕かれた家屋が折り重なった。復旧活動により瓦礫が撤去されると、コンクリートの土台枠だけが残り、町の建造物は、山側の高台に津波の到達点を示すかのように残った津波を逃れた家屋とコンクリートづくりの漁協と田老観光ホテルだけとなった。物理的に壊滅的な被害を被った被災地の持続可能性はどこに見出すことができるだろうか。被災体験の語り継ぎに注目したい。この町の二人の女性は、２０１１年の大震災前に昭和の大津波体験を巡検で訪れた学生にも語ってくれていた。78年を経て再び津波に遭遇し、二人はまた語り継ぎを始めた。昭和の大津波を紙しばいにして語り継いできた田畑ヨシさん（よっちゃん）と孤児となった体験を作文にした牧野アイさん（アイちゃん）の物語を紹介しよう。

２　よっちゃんの場合――紙しばいによる語り継ぎ

「心のなかでよっちゃんは　海のバカヤロー　となんかいもなんかいもさけびました」

東日本大震災により再びふるさとの町や自宅が流されるという体験をした田畑ヨシさん（震災時86歳）は手製の紙しばい『つなみ』をこう読み終えると、「お・し・ま・い」と言って10枚の絵を机上に置いた。大震災から半年後の9月、田老第三小学校での小学生と岩手大学生の合同授業の場面である。震災前は、紙しばいを終えると、「しばらくして母はお骨で戻ってきました」と付け加えていたが、この時には触れなかった、あるいは、触れることができなかった。田老第三小学校のある摂待地区では、鮭の養殖場で働いていた住民に犠牲者が出ていた。また、沿岸部の他地域で家を流され、摂待に避難してきていた子どもたちもいた。

図３　小学生と大学生の合同授業
田老第三小学校において紙しばいを見せる田畑さん親子（2011.9）

図４　田畑さんの質問に答える小学生と大学生（2011.9）

昭和8年3月3日、マグニチュ

図5　紙しばい『つなみ』10枚目（田畑ヨシ作）

ード7・9の地震の後深夜の田老村を襲った大津波は、村の人口の約3分の1にあたる911名の命を奪った。当時8歳だったよっちゃん（＝田畑ヨシさん）は母と家を失った。明治29年には地震は弱かったものの大津波が襲い、田老村では人口の8割を超える犠牲者が生まれた。よっちゃんの祖父は一家で唯一人生き残り、津波の恐ろしさを日々子どもや孫たちに語り継いでいた。3月3日にも、地震の後避難したものの何事もなく家に戻ったが、皆寝ないで警戒を続けていたために逃げることができた。ただ母親だけは、一旦逃げたものの、おにぎりがあったことを思い出し、子どもたちがひもじい思いをしないようにと取りに行ったために、津波によるあおり風で吹き上げられたトタン板が足にあたり瀕死の重傷を負ったのである。津波の後、内陸から救援に来た親類の手により母親が戸板に乗せられ、宮古の病院に連れていかれるシーンが紙しばいの最後のページである（図5）。祖父に「泣くな」と言われ、母を見送るよっちゃんは、常雲寺の階段の上に立ち尽くしている。泣きたいのをがまんしたためにのどが痛くなるほどであったという。戸板のそばには、よっちゃんの妹きぬちゃんをおんぶした祖母が立ち、「子どもたちをよろしく」と託されている。津波に流された家々の瓦礫が小学校の前まで押し寄せている。こんな状況で、よっちゃんは何回も「海のバカヤロー！」と心の中で叫ぶのであった。

　田畑ヨシさんがこの昭和の大津波の体験を紙しばいにしたのは、1979年である。内陸部に住んでいた娘一家が父親の転勤で沿岸部に住むことになり、沿岸部に住むのであれば津波のことを教えなければならない、子どもだといつでも手にとれるよう紙しばいにしておくといい、と思い製作したという。大津波から46年後のことであった。その後、地元の小中学校生や田老を訪れる修学旅行生たちにも紙しばいを披露し続け、その長年の活動に対し、２００６年には社団法人全国海岸協会から「海岸功労者」として表彰された。岩手大学の科目「津波の実際から防災を考える」にも、いつも二つ返事で引き受けて、自宅近くの町役場や学校で大学生にも披露してくださっていた。長い間ヨシさんの胸の奥底に秘められていた母を亡くすという体験を紙しばいで語ると、最後はにこっと微笑み、照れ隠しのように、ことばを切って「お・し・ま・い」というのが常であった。

「もっとも怖いのは、忘れてしまうこと……」

ヨシさんの口癖である。沿岸部に住むからには、常に津波への警戒心を怠ってはならない。昭和の大津波の後、国からは満州への移転（満蒙開拓団）の提案もあったが、田老村民はその多くが漁業を生業としており、三陸沿岸の地に留まる決意をした。当時の関口松太郎村長を中心に、１９３４年に建設を開始し、その後中断もありながら１９５８年に完成した防潮堤は、田老の町の風景となり、津波防災の町であることを日常の意識に植えつけるものとなった。ヨシさんは、この防潮堤は「逃げる時間を与えてくれる」ものであると言う。とにかく高台に逃げなければならない。すぐに逃げる準備をしておかなければならない。そのような戒めを紙しばいで伝え続けていた。

紙しばいの後、ヨシさんは自作の「大津波追弔」(2)の歌を歌っていた。そこに込められているのは、犠牲となられた方々への追悼の思いである。３番を見てみよう。

慰霊の前にぬかづきて
　数々浮かぶ想い出に
花をばたむけ手を合わせ

　御霊よ永遠に安かれと
　祈る心の悲しさよ

紙しばいでは、瀕死の母を見送る幼いよっちゃんは、母から遠いところに描かれた。階段の上に立ちつくすその震える心は、追悼の想いとしてずっとヨシさんの心の中にあったのである。

２０１１年3月11日、田畑ヨシさんの家では激しい揺れで仏壇から物が落ちた。いつもの避難袋を手にしていると高台に住む妹のきぬさんが迎えに来た。不思議な静けさの中、高台のきぬさんの自宅へ避難した。しばらくすると高台の庭から湾口の大岩に津波がぶつかり高く跳ね上がるのが見えた。その後、まるで大勢が手をつないで前進するかのように、静かに海水が防潮堤を越えた。その途端、海は牙を剥き、家々を破壊し、通りを丸太が走った。ヨシさんときぬさんは津波が田老の町を破壊する一部始終を目撃することになった。そして、その破壊の渦の中にヨシさんの自宅はあった。

図６　迫りくるつなみ（東きぬ作）

東日本大震災と呼ばれるようになったこの平成の大津波から2か月後、ヨシさんは紙しばいを再開した。宮古市の被災者の避難している内陸の八幡平市で、被災者を招いて行われた。平成の大津波の犠牲者に昭和の大津波の体験を語る。紙しばいの後には、被災者がステージに上がり、「ふるさと」を合唱。平成の大津波の被災者はみな「よっちゃん」となって思いを共有することとなった。

その後、高齢の田畑ヨシさんは請われればどこへでも出かけ紙しばい『つなみ』を披露し続けている。昭和の大津波の体験を語るのに46年を要したよっちゃんは、平成の大津波という人生二度目の津波体験からわずか2か月後に紙しばいによる語り継ぎを開始した。そこには、ふるさととそこに住む人々への強い愛情、犠牲となられた方々への深い追悼の気持ちを見ることができる。「もっとも怖いのはこの気持ちを忘れること」というよっちゃんの声が聞こえてくる。

3　アイちゃんの場合――作文による語り継ぎ

田畑ヨシさんが紙しばいを披露した2011年9月の「津波の実際から防災を考える」における小大合同授業が行われたのは、田老第三小学校。2011年3月までは「田老第三小中学校」として小学校・中学校を併設していた。校長室には歴代の校長の写真が飾られている。震災時の校長は荒谷栄子先生。図7の荒谷校長の頭の上の写真は、初代校長である荒谷功二先生。荒谷栄子先生の父である。田老第三小中学校の中学校部を閉じることを初代校長の娘が託された。この人事を行ったのは、宮古市で津波防災教育に力を注いだ中屋定基教育長であった。ただ順番からではない。思いが託され、栄子校長は万感の思いで閉校の準備をされた。

図7　田老第三小学校校長室
（2011年撮影）

荒谷功二校長もまた昭和の大津波の体験者である。家族を失い孤児となった。教員として田老の学校に勤め始め、やはり孤児となり一人ふるさとへ戻った牧野アイさんに出会い結婚、6人の子どもをもうけた。そのうち4人は教員となった。牧野アイさんは小学校5年生の3月3日に昭和の大津波に遭遇した。その体験を綴った作文「つなみ」が作家の吉村昭の目にとまり、彼の『三陸海岸大津波』に所収されている。この本は東日本大震災後にも何万人という多くの人々により購読された。

図８　佐々木耕助先生とアイちゃん
アイちゃんは後列中央。
（1933年撮影、佐々木力也氏提供）

「本」という形での語り継ぎである。

アイちゃんは８人家族で、幸せな暮らしを送っていた。大きな揺れを感じた後、みんな避難の準備をした。玄関先で待つが家人はなかなか出てこない。近所の人が先に行こうと声をかける。一緒に行こうと妹を誘ったが、妹は両親と一緒にと言い、自分だけ近所の人と先に避難する。暗い夜道を大勢の人が山に向かった。山頂で田老に大津波が来たことを知る。夜が明け、山の上で家族を確認し合う姿が見られる。しかし、アイちゃんは家族に会えない。あちこち探しても家族はいない。近所の人から「どうして家族と一緒に逃げなかったのか」と言われる。数日のうちに辛い思いがどんどん高まり、ついに自分が孤児となったことを知る。

すぐに年度が変わり６年生になった。尋常小学校では津波体験作文指導があり、アイちゃんも担任の先生からぽいと紙を投げられ、「感じたままを書いてごらん」と言われたそうである。忘れもしない体験を小学生とは思えない文章力で書き進め、「私は、ほんとに独りぼっちの児になったのです」と書いて鉛筆を置くと、担任の先生はぎゅっとアイちゃんを抱きしめ、二人でしばらく涙した、とのこと。担任の先生のお名前を尋ねると「佐々木耕助先生」と90歳を超えるアイさんから即座に返事が返ってくる。アイちゃんの人生を支えた先生である。

東日本大震災前年９月実施の「津波の実際から防災を考える」の巡検では、田老第一中学校体育館で中大合同授業として田畑ヨシさんの紙しばいを拝見し、その後、荒谷栄子先生の自宅に向かった。アイさんと小学校のクラスメート3人から昭和の大津波体験を聞くためである。田老第一中学校佐々木力也校長も同行された。後でわかったのであるが、佐々木耕助先生は佐々木力也校長の大叔父であった。アイちゃんは、小学校を終えると北海道の親戚の家から女学校に通ったが、学校を終えると単身ふるさと田老へ戻った。「友だちがいるから」という理由であったという。その通り、高齢になっても毎日顔を合わせる付き合いが続いていた。そして、幸い4人は東日本大震災の大津波を逃れることができ、同窓会の再開を待っている。

アイさんはふるさとに戻ってクラスメートに会い、そして伴侶となる功二さんとも出会った。その結婚を「津波の残り同士の結婚よ」と笑って言う。「津波残り」――一人取り残されただけでも胸が張り裂けそうであろう。そこへ投げかけられることばは、生き残った者を苦しめたに違いない。アイちゃんの作文「つなみ」は被災することの苦しさを文章により想像させてくれる。また、田老町時代の防災訓練では、防災無線でこの作文が町内に流されていたという。アイちゃんの作文を、悲劇を繰り返さないための物語として読み取るのは私たちの想像力である。アイさんは、東日本大震災後体験作文指導[3]を思案している佐々木力也校長に、「作文はいつかだれかの役に立つ」と素朴に力強く意見を伝え、78年後の田老の学校の津波体験作文指導を後押しした[4]。子どもたち6人のうち4人が教師となったことからも、教育を人生の核をなすものと考えていたことがうかがわれる。

4　語り継ぐということ――命てんでんこ

東日本大震災から3年目の2014年3月11日、田老公民館で田畑ヨシさんの紙しばいが行われた。震災以降、娘の高橋恵美子さんが付き添われ、親子で語る紙しばいとなっている。この日の後半は恵美子さんの話になった。昭和の大津波の後、ヨシさんは家族の中で亡くなった母の代わりを務めることもあ

図９　震災から3年目　田老公民館での親子紙しばい（2014.3.11.）

図10　震災の夜（東きぬ作）

ったと思われる。戦争の時代も生き抜いた。その母に子どもを生み育ててくれたことを感謝し、ふるさと田老の町民歌を歌った。生き残ることによって、命をつないでいってくれたことが現在・未来をつくるということを実感させられる親子による紙しばいであった。

三陸では「津波てんでんこ[5]」ということばでそれぞれが高台に避難することの重要性が伝えられている。一方、田畑ヨシさんは「命てんでんこ」ということばを使う。家族は、このことばは生き方を表していると説明する。何よりも命を大切にすること、自分の命を大切にし自立した生き方をしなければ他者を救うことはできない、そのような生き方を日々していないさい、という意味であるという。津波は巨大な破壊力をもつ自然現象である。しかし、その後の社会経済的に厳しい生活もまた乗り切らなければならない。三陸という地は、日本の中枢から見ると辺鄙なところである。中央政府の政策の網の目から落ちる位置にある。また、女性はさらに弱い立場にある。そのようなコンテクストの中で精一杯生きようという呼びかけである。

よっちゃんの紙しばいの中でおばあさんの背中に背負われていた赤ちゃんのきぬさんは現在80歳を超え田老に住む。東日本大震災時には高台の自宅を開放し、多くの被災者を迎え入れた。きぬさんが描く津波来襲時の絵には、津波の後自宅で電気のない中どのように過ごしたかを描いた絵がある。保存食品でやりくりをし、みんなが喜ぶ食事づくりの絵もある。ヨシさんの言う「命てんでんこ」の生き方が、昭和の大津波体験後実践されてきたことがわかる。

震災時にこのような共助（地域住民同士の助け合い）が見られたこと、よっちゃんを語るヨシさんが震災後活発に活動を続けていること、アイちゃんの作文が一層多くの読者を得ていること、二人の傍らにはいつも娘さんがいることとは、二人の物語が確実に次の世代へと引き継がれていることを示している。町を持続させるものは「人」である。町には建造物がなくなったが、そこに生きてきた人の想いはつながり、続いている。三陸の厳しい自然環境の中で育てられた命を守るスピリット、社会経済的に弱者の立場にある被災者や女性が示す助け合いのスピリット、これらの三陸沿岸の被災地で積み重ねられた生き方は、グローバル化という名の弱肉強食の時代に対するアンチテーゼでありかつ持続可能な社会づくりの一つのソリューションとして、私たちの目の前に示されている。

今年もまた９月には「津波の実際から防災を考える」の受講学生と田老に行く。そこにあるものが見えるかどうか、どのように見るか、復興を通して現代人に問いかけられているのだから。

注１　岩手大学が「持続可能な社会のための教育（ＥＳＤ）」を旗印とし、カリキュラムにＥＳＤの要素を入れるようになった際、当時大学総合教育センター教授であった山崎憲治が共通教育科目として２００５年に立ち上げた科目である。教育学部教授山崎友子が副担当を務める他、大学内外の専門家や関係者に特別講義を依頼し、夏休みの集中講義として実施している。

２　全文は『子ども達に語り継ぐ津波体験　紙しばい　つなみ』（初版平成19年、科学研究費補助金［萌芽研究課題番号：１７６５３１０９「現場」と協同した教員養成プログラムの構築――海外と地域での教育実習を踏まえて」により出版）に掲載。東日本大震災後、歌詞として整えられ、磯部俊行氏が曲をつけ『海嘯鎮魂の詩』となった。

３　震災後の作文指導に対し、心のケアの観点から問題がある、とする意見が一部にあった。

4　2011年度田老第一中学校に在籍した全生徒の津波体験を綴った作文を収めた『いのち――宮古市立田老第一中学校津波体験作文集』は、2013年3月11日岩手大学地域防災研究センターから発行された。

5　津波研究家の山下文男氏のことばで、平成2年に田老で開催された第一回全国沿岸市町村津波サミットにより三陸沿岸に広まったと言われる。東日本大震災後、三陸沿岸だけでなく全国に知られるようになった。

参考文献

田畑ヨシ作、山崎友子監修（2011）『おばあちゃんの紙しばい　つなみ』産経新聞出版
山下文男（2008）『津波てんでんこ――近代日本の津波史』新日本出版社
吉村昭（1984）『三陸海岸大津波』中公文庫（初版は『海の壁　三陸沿岸大津波』中公新書、1970）

第3章　いのちを育む教育・被災から復興に向けて

震災時宮古市立田老第一中学校長　　佐々木　力也

はじめに

東日本大震災津波翌日の3月12日の早朝、「津波の後には雪が降る」という古くからの言い伝え通り、田老の町全体を「無情の雪」が覆った。生徒と教職員で避難した田老総合事務所から見た光景は、未だに記憶に新しい。震災で亡くなった人たちの死因のほとんどは溺死であるが、寒さで凍えて亡くなった人がいるとすれば、まさしく無情である。

平成22年度から3年間、田老第一中学校に勤務した。田老の子どもたちから、すべての教育を見直す契機を与えてもらった。学んだことは、教育観や人生観を変えるほど大きい。

震災後の約6か月間、田老第一小学校で間借り生活をし、何日も何日も本校教育の過去・現在・未来を自問自答する日々が続いた。そして、復興とは何かを考え続けた。復興とは、元に戻すことではなく、思いや願いを新たな発想の中で再構築することではないか、という結論に至った。

そして、悲しんではいられない、もっとしっかりとした理念のもとに、子どもたちの未来のために本校の教育を前進させなければならないと誓った。その思いは、震災で亡くなった父への慰霊や返礼、自らの教職人生のスタートそのものであったと振り返ることができる。

子どもたちから、もっとも大切なこと、命の大切さについて教えてもらった。また、さまざまな行事に

図1　2011年3月12日の田老町の様子

対しひたむきに取り組む姿から、困難さや悲しみを力に変え、復興のため常に前向きな姿勢をもって生き抜いていくことの大切さを教えてもらった。現在、被災地の子どもたちは、今でも、自分の命を守り、友だちの命を支え守りながら、困難な環境下にあっても前向きに勉強や部活動に臨んでいる。そして、震災の教訓を発信し、地域を元気にする活動のなかで、一人ひとりの命を輝かせ前進している。

平成25年度に現任校に異動したが、学校経営を支える理念のすべてを田老から学んだと言っても過言ではない。現在、内陸部にある学校としても、震災の学びを風化させない努力とともに、岩手の復興に寄与できる「ひとづくり」をめざし、学校経営にあたっている。

1　平成23～24年度田老一中の学校経営方針

4月1日、平成23年度学校経営方針を打ち出した。田老地区や生徒の被災現状を踏まえ、頭に浮かんだことをまとめ、職員会議で発表した。

一つ目は、「生徒や家庭・地域の生活現実を十分に理解し、教育活動やＰＴＡ活動を行うこと」である。その具体は、①ＰＴＡ会費は徴収しないこと、②ＰＴＡ総会は6月に開催すること、③ワークブック・辞書等は、関係業者から提供していただくよう依頼すること、④技能4教科の教材に係る集金についても吟味すること（最低額の教材で最大の教育効果を生む題材）、⑤修学旅行の実施について検討を図ること、⑥部活動については、短い時間であっても活動させたいことの6点である。

二つ目は、「田老や岩手の復興のため、明るい未来を展望し努力することができる生徒を育成すること」である。その具体は、①基礎学力を重視すること（国数英）、②ボランティア活動・奉仕活動を重視すること、③規範意識をもち、社会のルールや法を遵守しながら生活をさせるための生活指導を重視すること、④津波の歴史（過去）・田老の現状（現在）・未来の町づくり（未来）に関わる講話を計画すること、⑤西根第一中学校との生徒交流を進めること、⑥新避難経路の設定と避難訓練を実施することの６点である。

平成24年度の学校経営方針は次の通りである。基本的には昨年度の２つの大きな柱に、新たな内容を２つほど加えたものである。①生徒がおかれている社会生活の環境や現実を十分に理解し、教育活動の企画・運営を行う、②岩手の復興・発展のため、明るい未来を展望し、もてる力を十分に発揮し、主体的に行動できる生徒を育成する、③自分自身を見つめ、他者や社会と自分とのかかわりをとらえ、自立的に行動できる生徒を育成する、④学校、保護者、地域が未来を担う生徒の育成について、共通の認識をもち、協働して教育活動に取り組む基盤をつくること、である。

岩手県教育委員会は、平成24年度を復興教育１年目として、岩手のひとづくりを進める方針を打ち出した。田老一中では、復興教育の重点として、「命の教育活動の推進」「震災の記録と発信」の２点を掲げた。また、本校の復興教育とは、現実を見据え未来を語りながら、田老や岩手の復興のために、主体的に考え自立的に行動する「ひとづくり」に取り組むことであると定義した。

その理念は、「田老一中『復興教育』（１年目）――人は人によりて（よって）人となる――」である。震災津波と向き合い、自分自身を見つめ、人と人とのかかわりおよび人と社会とのかかわりを考えていくことの大切さを根底に置いた。

2　復興教育と生徒作文集「いのち」

「いわての復興教育プログラム（平成25年2月岩手県教育委員会発行）」には、復興教育について、子どもたちが、「震災津波の経験を後世へ語り継ぎ、自らのあり方を考え、未来志向の社会をつくること」ができるように、県内すべての学校で取り組むことに大きな意義があります、と明記されている。その意義を形にしようとするとき、とりわけ、震災津波の経験を後世へ語り継ごうとするときの教育活動のハードルは高い。

しかし、田老一中生が震災経験を後世に語り継ぐ役割を果たすために、作文集をまとめることができないものか、と自問自答した。それは、田老地区は震災津波の歴史が深く、日本一の防浪堤が存在し、防災にも力を入れている地区の学校に勤務している一人として、東日本大震災津波の教訓を残していくことは、学校として大きな責務があると考えたからだ。

そして、生徒には、機会をとらえて、「震災を風化させないよう努力することは、学校としての責務である」「風化が再び悲劇を生むとすれば、田老一中の役割はきわめて大きい」と伝えた。計画案として、3回忌にあたる平成25年3月11日に、生徒の作文集を発行したいと計画した。

そして、その思いを6月1日に、「平成23年度震災関連の表現活動の一環として書かせた生徒作文の出版について」として、職員会議資料を作成し説明した。ねらいを次のように記載した。

「震災から1年以上経過し、学校教育の一環として、震災にかかるさまざまな表現活動を実施することは、大震災から精神的に回復し、悲しみや不安を常に脇にかかえながらも岩手や宮古の復興に向けた意識や意欲を高め、これからの人生を前向きに歩んでいく力を育てていく大きな原動力となる。表現活動の一環として行う生徒が書いた作文を文集や出版物にし、多くの人に（将来の家族や地域）伝え続けることができれば、震災体験や教訓は風化しないことに加え、田老地区の防災教育や復興に向けた活力を生む貴重な資料ともなり、生徒自らが自他の生命を守り復興に向けた生きる力を育むことができると確信する」

しかし、生徒の心のケアにも十分に配慮しなければならない。表現活動を展開するとき、生徒の心の有り様を心配した。それは、何年経とうとも、震災の深い悲しみや記憶を消し去り忘れることはできないからである。

震災関連の表現活動を進めるにあたり背中を押してくれたのは、荒谷アイさんの言葉だった。荒谷さんは、田老尋常高等小学校6年生のとき、昭和8年の三陸大津波のことを作文に綴っている。

具体的には、昭和8年12月、震災から6か月を過ぎた頃、担任の佐々木耕助先生から「ありのままを作文に書け」と指導され、「津波」という題で、津波記録として後世に残る感動的な作文を綴った（今では、その作文を吉村昭氏の著作「三陸海岸大津波」で読むことができる）。

その荒谷アイさんから、「作文はいつか、誰かの役に立つ」というメッセージをいただき、心が躍動した。作文指導の意義について確信を得た瞬間であった。

図２　田老一中生徒の津波体験作文集「いのち」

荒谷アイさんの作文が掲載された原点は、「大津波誌」という記録集である。昭和9年3月11日、震災からちょうど1年後に、田老尋常小学校から発刊されたものだ。当時、児童と教員100名以上が亡くなり、悲しみに暮れた毎日を過ごしていたと記述されている。当時の小学校が、大記録集をつくった。この事実も大きな支えとなった。

生徒作文集「いのち」は岩手大学の地域防災研究センターから発刊していただいた。希望通り、3月11日付の作文集となった。いのちの教育活動として、もっとも価値のあるものが残った。

前述した「いわての復興教育」の意義にあるように、この作文集は、田老の子どもたち一人ひとりが、震災津波の経験を後世へ語り継ぎ、自らのあり方を考え、未来志向の社会をつくろうという願いや思いが満載されている復興教育の成果であり、いのちの記録集である。

また、この作文集は、荒谷アイさんがおっしゃる通り、いつか誰かの役に立つ。言うなれば、この文集が、将来、生きる震災の記録集としての価値をもつ。そして、震災で得た学びや教訓を後世に伝え、もしも、津波に流され、無常の雪に埋もれ、尊い人を亡くされたならば、その悲しみを胸に刻みつつ、その人のために自分はどう生きるべきかを考え、その人のためにも生き抜く決意を強くし、希望をもって前向きに生きていく指針となるはずである。

3　第3防浪堤にある宮沢賢治さんの教え

平成25年度に現任校に異動した。花巻市にある学校として、学校経営を進めていくうえで、宮沢賢治さんの書物や詩碑などで遺されている珠玉の言葉を参考にすることが多い。

それは、命にかかわる教育を進めていくうえでの理念を打ち立てていくうえでの近道であり、常に混迷の時代を生きる人たちにとっても、生きる指針を与えてくれるからだ。

震災後、改めて感じていることは、田老にある総延長2433メートルの防浪堤には、宮沢賢治さんの教えがいまだに生きている事実である。

東日本大震災津波で、第二防浪堤は破砕されたが、第一防浪堤と第三防浪堤は、震災後も威風堂々と存在している。その内、第三防浪堤の海側から見える壁面には、22枚の色鮮やかな壁画が描かれている。長さ220メートル、高さ10メートル、総面積2200平方メートルに及ぶ長大な作品で、この種の壁画としては我が国においても最大級の大きさである。

平成３年度から２年間にわたる研究事業として、旧田老町が、神奈川県の女子美術大学に委託し、平成４年８月に完成をみた。壁画を描くにあたり、学生70余名、教職員10余名が１週間にわたって田老に滞在して制作に携わったという記録がある。

22枚の壁画は、芸術的な色彩を帯びておりすべて素晴らしい。なかでも目を引くものは、宮沢賢治さんの童話や詩にかかわる「雨ニモマケズ」「風ニモマケズ」「銀河鉄道の海」の３作品である。なぜ、宮沢賢治さんなのだろうか。その答えは、宮沢賢治さんの生涯にヒントがあった。宮沢賢治さんは明治29年に生まれ、昭和８年に亡くなっている。そして、それらの年に、三陸大津波が襲来している。田老町は、二つの大震災津波を経験し、古くから津波の被害は多い。この町が「津波太郎（田老）」と異名を付けられるわけである。第三防浪堤にある壁画は、田老を襲った二つの津波の歴史や教訓を決して忘れてはならないというメッセージを全世界に伝えるために存在していた。おびただしい数の人が犠牲者となった。明治29年は１８５９人、昭和８年には９１１人の命が失われた。そして、東日本大震災津波では１８１人が亡くなった。

図３　壁画が描かれた第３防浪堤

４　立志の教育と「生き抜く力」の育成

いわての復興プログラムでは、復興教育の目的として「郷土を愛し、その復興・発展を支える人材の育成（復興・発展を支えるひとづくり）」と謳っている。岩手の教育の使命は、「震災津波を乗り越え、未来を創造していくために、10年後、20年後のいわての復興・発展を担う子どもたちを育成することであるからだ。

田老一中の卒業生の山本拓実さんを紹介したい。現在、岩手県立種市高等学校で南部ダイバーをめざし勉学に励んでいる。山本さんは、わたしの主張宮古地区大会で、「未来に続く海」という発表題で優秀賞を得た。山本さんは、震災で自宅を失った。避難先の仮設住宅で、連日、行方不明者を捜索する潜水士が活躍する映像を見て、それまでに抱いていた潜るイコール漁業というイメージだけではないことを改めて感じ、潜水士の仕事が気になり始めた。3年生になり、進路通信で種市高校の体験入学を知り、ダイバーの仕事をしている父親の勧めもあり体験入学をし、潜水の体験実習もした。わたしの主張では、その後の心境を次のように発表した。

講習会から帰り、「潜水士になろうかな」と母にうちあけた時、母は祖父の話を始めました。祖父は摂待の海で生きる漁師だったこと。漁に出て亡くなったこと。その時母が小学生だったこと。そして、祖父の遺体を潜水士の方が見つけてくださったこと。今でも母と祖母は潜水士の方に感謝していること。僕には初めて聞くことばかり……。でも、僕の中で何かがつながりました。母から聞いた祖父のこと、仕事をしている父のこと、今、僕は父のような潜水士になりたいと強く思います。そして、いつか父と一緒に潜水士として田老の海で働きたいと思います。じいちゃんが生きた海で、父さんと一緒に漁をする。復興のために何かする。僕の未来も海へと続く。

被災地の子どもたちにとって、希望や夢に向かって前進する力が必要である。困難や悲しみを力にしていくことがもっとも重要である。

第二期教育振興基本計画（平成25年６月14日閣議決定）の中には、４つの基本的方向性に基づく方策が示されている。その一つは「社会を生き抜く力の育成」である。東日本大震災により、少子化、雇用環境の変容、地域社会や家族の変容、格差の再生産・固定化が一層加速する世の中になるであろう。その時こそ、被災地の子どもたちは「社会を生き抜く力」を身につけ、さまざまな領域で、岩手の復興に向けた大きな力になってほしいと願って止まない。

そして、岩手の子どもたちには、山本さんのように「復興のために何かする」と宣言してほしい。被災地の児童生徒は、各学校を卒業しても、次々に新たな「試練や困難」が、相変わらずやってくると思う。しかし、その「試練や困難」を乗り越えた先には、どのような風景が見えるのだろうか。

共に未来の岩手の風景を描くとともに、来るべき試練や困難を乗り越え、何事にも負けないしっかりとした自己を確立するためにも、今こそ、復興教育のなかで進める「生き抜く力」を育成するため、一人ひとりの志を確かなものにする立志の教育が大切である。

おわりに

今後の本校の復興教育とＥＳＤの推進のあり方についてまとめてみたい。

(1)　命（頭・心・体）を健やかなものにする教育実践

岩手のひとづくりに向け、本校の学校経営の方針として、「自らの命を守る力」並びに「弱者優先の心をもち、友だちや家族の命を支えたり守ったりする力」を身に付ける児童の育成を掲げている。自他の命を支え守る力を育てることが、学校教育の中でもっとも大切であるからだ。人の命を構成するものは、頭と心と体の３つである。それら一つひとつが健やかなものになるのであれば、子どもたち一人ひとりの命が輝いていく。そして、いじめや暴力がない明るく元気な学校が形成できるはずだ。

（2）過去を紐解き・現在を直視し・未来を語る復興教育

大きな視点で考えると、被災した岩手・宮城・福島における持続可能な社会とは、どのような社会なのか、という未来像・社会像が明確になっているとは言い難い。

今後、子どもたちが被災地の過去を紐解き、現実の社会を直視するなかで、持続可能な社会の未来像を語り、課題を追求し、課題解決に導く持続的な学びがさらに必要である。学校や地域社会は、未来社会を支える児童生徒の学びの意志を大切にし、教育環境を整え、常に未来の子どもたちにエールを送り続けたい。

（3）復興教育とESDとの共通性に着目した教育実践

復興教育は、ＥＳＤの考え方と共通の方向性をもっている。特に、総合的な学習の時間は、変化する社会現実について横断的な課題を探求的に学習すること、課題解決学習の各場面とのかかわりのなかで、自己の生き方やあり方を追求し続けることなどの点において、ＥＳＤの考え方との共通点が多いと考える。

したがって、変化する社会の諸課題を自らの問題として捉え、それらの課題の解決につながる新たな価値観や行動を生み出すこと、それによって持続可能な社会を創造していく未来志向の子どもたちを育成したいと考える。

（4）永遠に残したい防浪堤と子どもたちの言葉

田老の防浪堤の意義と生徒の言葉を振り返りたい。防浪堤は住民の命を守るための建造物としてだけではなく、津波の歴史と教訓を伝え震災の忘却に抗する存在として、その精神性や誇りを風化させないためにも第3防浪堤にある22枚の壁画を大切にしていかなければならない。

最後に、田老一中生徒が残した永遠に残したい言葉を紹介したい。

・津波を忘れてはならないし、引きずってもいけない　田老の先人の跡を継ぐのは田老一中の生徒です（平成23年4月25日入学式の生徒会長による歓迎の言葉）

・果てなき大海原へ　我ら進まん　あきらめず　ひるまず　手をつなぎ　心を合わせ　未来への道作るべし（支援として作製されたTシャツに生徒会がプリントした言葉）

ＥＳＤとは、持続可能な社会づくりの担い手を育てる教育である。今後とも、未来社会の創造者としての潜在力をもった岩手の子どもたちへの復興教育ならびにＥＳＤを大切にしていきたい。

第4章　ふるさと「田老」を想う――未来を生きる子どもたちの笑顔を描いて

震災時宮古市立田老第三小学校長
現宮古市教育委員　荒谷　栄子

1　津波の町「田老」に生きて

(1) 町民歌

昭和27年、旧田老町（現在の宮古市田老）に生まれた私は、物心がついたころに一つの歌と出会いました。それは『田老町民歌』です。１９５４年（昭和29年3月10日制定）駒井雅三作詞、本田幸八作曲です。作詞をしていた駒井雅三氏は、宮古市出身の方で、幼いころにお会いした記憶がおぼろげに残っています。郷土の歌を、多く手掛けた方です。

田老町民歌

一、ひなを抱えし　うみねこの
　愛のさけびに　朝明けて
　埠頭に鉱山に　生気満つ
　心も踊る　この歩み
　我らは誇る　我が田老

二、山には山の　いとなみを
海には海の　なりわいを
天恵ここに　実りたる
新興の旗　うち振りて
我らは讃えん　我が田老

三、理想の町の　民として
常に文化の　さきがけを
堂々行かん　灯をかかげ
清く明るく　人和して
我らは歌う　我が田老

四、手をとり共に　幾度か
津波の中に　起ち上がり
いま楽園を　築きたる
世紀の偉業　仰ぎみよ
我らは愛す　我が田老

この田老町民歌は、私にとって子守唄のような存在でした。特に意識することなく、小学校高学年のころは、1番から4番までをそらんじるようになっていました。このことは、家庭で口ずさんだり、町の行事で必ず歌ったり、学校で歌ったりしてきたため、知らず知らずの内に、覚えたのでしょう。成人したころにはレコードになり、町の有線放送で毎日耳にするようになったことも、今は、とてもなつかしく思い出されます。田老の人たちが、大事に歌い継いできた「田老町民歌」です。

幼少期のことです。田老の町は、たくさんの子どもたちの遊ぶ声が響き渡っていました。

国道は、舗装されず自動車が通ると、土埃が上がるほどでした。その自動車も1日に数台しか通りませんので、国道そのものが遊び場でした。ゴムとび・石けり・長縄とび・陣とり・缶蹴り・花いちもんめなど、暗くなるまで、リーダーを中心に遊んだものです。冬になると、板で箱をつくりそりに仕立てたり、竹で上手にスキーをつくってもらい、遊びました。かまくらをつくった所もスキーで遊んだ所も、国道です。そして、遊び道具をつくってみせるのは、近所に住むおじさんたちやその息子さんたちでした。遊びに夢中になっていると近所のおばさんたちが、手作りのおやつを食べさせてくれたこともありました。「向こう三軒両隣」が、実践されていたように思います。砂糖や味噌、醤油の貸し借りは、日常茶飯事であり、お互いに助け合い励まし合いながら生活していました。洋服のおさがりや、有料だった教科書の貸し借りも普通に行われていました。

学校に行くときは、近所の小学生を誘い、数人で登校することが常でした。下校後は、暗くなるまでよく遊んだものです。近所の人たちが、どこの誰、と決まっていなくても、他人の子どもであっても、どこかで必ず見守っていてくれたものでした。近所の親戚の家に、テレビがとりつけられたとき、私の家にはありませんでしたので、テレビを見にその家に出かけたものです。一つのテーブルに、その家族以外の人間が集まり、楽しい時を過ごしました。今、考えてみると、この町には真の心の豊かさが存在していたように思います。一人ひとりのやさしさが、田老の人たちの絆をつくり、育て、強めていたことが、よくわかります。

（2）町民運動会／田老地区体育大会

田老の絆の強さを表すものに「町民運動会」があります。宮古市と合併する以前、旧田老町の人たちは「町民運動会」と親しい気持ちをこめて、呼んでいました。第一回町民運動会は、昭和21年です。戦後の厳しい時に始まった運動会はその記録を見ると、昭和34年と63年に中止となっています。２回の中止を経て、今回につないできた町民運動会。宮古市に合併した後は、田老地区体育大会と名前は変わりましたが、田老の人たちが、１年に１回開催されることを、非常に楽しみにしていることは、何ら変わることはありません。震災前の「町民運動会」は、地区ごとにチームをつくり、優勝をめざして練習に励んだものです。また、応援合戦にも賞が与えられ、当日は、地区の応援席に、ステージを特設して取り組む地区も多く見られました。１０００人を超す人たちが一堂に会し、スポーツに応援に参加し、絆をつくりあげてきました。昭和21年から、それは、脈々と続けられてきました(1)。

２　平成23年３月11日（金曜日）――東日本大震災発生

この日は、いつも通りに朝を迎えました。３月といっても、朝夕の寒さはまだ厳しく「もうすぐあたたかい春がやってくる。春はそこまできているね」と、自分自身に言い聞かせながら出勤するための準備と朝食をあわただしくすませました。

７時30分、出勤のため家の外に出ると、見慣れた田老の町並が目に入ってきました。それは、南北に延びる国道45号線に沿って両側に整然と並ぶ民家や商店。靴屋・お花屋・米屋・雑貨屋・衣料店・食料品の店など。この時刻になると、ほとんどの店がシャッターを上げ、掃除に取りかかっています。塵ひとつ見あたらない、清潔で温かみのある町並です。また、東西に延びる道路は、津波から身を守るために工夫された「避難道路」でもありました。この道路も広くつくられていて、避難場所である、学校・公民館・役場・お寺等に通じていました。そして、その先には、さらに高い山へと、移動できるようになっていました。そして、町全体をかすかに包みこむ海の香。私は、この町並と海の香が大好きです。

自宅から、国道を挟んだ斜向いに、食料品のお店がありました。小さいころから、かわいがっていただき、お世話になっているNさんです。私が出勤する時刻になると、仕事の手を休めて見送ってくれるものでした。

「運転には気を付けて行ってらっしゃい」

「いつも元気にしていて、笑顔がいいね」

「毎日、いそがしそうだねぇ」

等々、励ましの言葉を朝一番に聞き、

「今日も、一日がんばるぞ！」と、はりきって、車のエンジンをかけるものでした。国道は、各々の職場に向かう自動車で、往来が激しくなります。一日の始まりの合図であるかのように――。

職場（宮古市立田老第三小中学校。小学校と中学校が同じ校舎に併設された学校）に車を走らせると、右手に防潮堤〝田老万里の長城〟が、家々の間や海に通じる道路上に見え隠れします。何も言わずに、私たちを見守っているこの防潮堤からも、一日の活力をいただきました。田老の町を一望できるところまで車を走らせますと、太陽の光りを受けて、まぶしいばかりの美しい田老の海が見えてきます。防潮堤に、すっぽりと包み守られていた田老の町。キラキラと輝くきれいな田老の海。誠実で一生懸命に生きる田老の人たち。私はこのような田老の町に生まれ育ったことを誇りに思います。これからもずっと――。

3月11日金曜日の朝に見つめたこと、聞いたこと、感じたこと、特に、小学生のころから見てきた、あたり前の田老の町の風景を見ることがこの日最後になるとは、思ってもみませんでした。学校に到着し、いつものように仕事が始まりました（自宅から車で15分の所に学校があります）。学校の3月は、どこの学校も同じですが、1年間のしめくくりの月にあたり、連日があわただしく過ぎて行きます。

この日、小学生は来週に予定されている卒業式の練習に取り組んでいました。中学生は小学生と同じように卒業式の練習と、それに加えて閉校式に向けての打ち合わせが進められていました。平成23年３月31日をもって、中学校は閉校が決まっていました。翌４月１日からは、田老第一中学校と統合。統合の諸準備は、細部にわたり済ませていましたので、この時点においては、閉校式当日の具体的な事柄について進められていました。そして小学校、中学校、全職員が同じ校舎の中で元気に活動していました。私は、給食を済ませてから、校長室で一人卒業式と閉校式のことを考えていました。当日の中学校の動き、地域の方々の来校、遠方からの来客、記念樹の件、等々。そして――

14時46分、マグニチュード９の地震発生。

これまで、経験したことのない大きな揺れ。校舎がメキメキと不気味な音をたてて軋み続け、高台に逃げることしか選択肢はありませんでした。

「津波が来る！　逃げよう！」

校内の非常用放送で、小学生、中学生、全職員を集合させ、あらかじめ決められていた高台の避難場所をめざして、一目散に走りました。途中、地域の人たちにも声をかけながら、ひたすら走りました。避難場所には、地域の方々もたくさん避難して来ました。辺りが薄暗くなり小雪が降り寒くなったころに、近所の方が

「校長先生、これを着てください」

と言って、防寒着を一抱えもって来てくださったり、あたたかい花柄のズボンを用意してくださったり、本当にうれしくて胸が熱くなりました。

避難場所では、まったく情報が入らず、判断をどのようにしたらよいものか――。そんな時地域の民生委員、自治会長、長老たちが集合し、情報を提供してくれていました。そして、「校長先生、心配する

ことはない。みんなで、心を一つにして、この危機を乗り切ろう。学校は、地域のみんなで守る」と言ってくれました。この方々と、今後のことを、真剣になって話し合い、そして決めていきました。学校を大事にしてくれる地域の方々の思いには、本当に感動し、感謝の気持ちでいっぱいでした。学校と地域、学校職員と地域の方々との信頼関係の大切さについて、再認識できたものでした。そして、信頼関係は、普段の生活の中で、育まれるものと確信しました。

夜になり、高台の公民館で一夜を明かしました。津波で被災した地域の方々や、自宅に戻ることのできない学校職員と一緒です。言葉少なくても、お互いを励ましているような感じでした。近所の人が、寝具・食料・暖房を用意してくださり、とても助かりました。

夜が更けるなかで、自分の家はどうなってしまったのか。町は、近所の人たちは……。なかなか情報が入らずにいました。その後、地域の方々が実際に見てきた田老の町の様子について教えてくれました。それは、田老の巨大な防潮堤を越えて、大津波があったこと。田老の山が火事のため燃えていること。この日、自宅には誰もいませんでした。普段であれば、母と姉がいるのですが、予定変更により、母も姉も安全な場所に居ることは、この時点で確認できました。

母は結婚前「牧野アイ」と言いました。１９２１年生まれで、現在93歳です。１９３３年昭和の大津波で家族7人を亡くしました。大きな被害を受けた田老地区の尋常小学校では作文指導がなされました。孤児となった小学校5年生の母は「つなみ」という作文を書きました。他の人たちが高台で家族と出会っているのに、自分の家族は誰も姿を見せません。不安が募り、とうとう自分一人が生き残ったことを知りました。「……そしてとうとうわたしはひとりぼっちの児になったのです」ということばで作文は終わっています。後にこの作文は歴史小説家吉村昭氏の目にとまり『三陸海岸大津波』に所収されています。母にとっては、二度目の大津波でした。

翌日、早朝に公民館を出発。田老の町に向かいました。昨日、高台から見つめた、あのきれいな町並はなく、本当につらく悲しい思いで胸がつぶれてしまいそうでした。防潮堤にあがり、田老の人たちと言葉少なくすれちがいました。田老の町は、本当に消えてしまったような気がしました。「この町を去ることはできない。この町で生きて行こう。そして、自分にできることを精一杯がんばろう」等々、自分のこれからの進むべき方向について考えさせられました。

3　新しい田老の町をつくる

東日本大震災から3年が経ちました。仮設住宅に住んでいる人たち、ふるさと田老を離れ全国に散らばった人たち等々は、一日も早く新しい住居に入り安心した生活を取り戻したいと願っていると思います。

(1)　住居

震災後、新しい田老の町をどのようにつくるのか――。話し合いを重ねながら、一部高台移転を選択しました。これまで、幾度も津波の被害を受けて来た田老の人たちは、その教訓からも高台移転を選択しました。また、これから先、何十年先になるか、まったく予想できない津波から命を守ることの大切さについて、伝えるという意味も含まれていると考えます。子孫に、津波の恐怖と安全な場所で生活することの重要さ、一人ひとりの命を守ることの大切さについても伝えていこうという決意の現れです。

海の見える移転先の高台は、田老の町に住む人たちにとって、良い選択だと考えます。漁師の町「田老」に住む人たちにとって、やはり田老の海は、怖い存在であってはならないと考えます。津波から命を守るための高台移転であり、それと同時に、美しい海を守り、そこから漁業を生業とする田老の人たちの選択です。移転先の工事は、急ピッチで進められているように見受けられます。一日も早い完成が待たれています。

新しい町は、全国に散らばってしまった田老の人たちのためにも、田老に戻り住み続けたい町であってほしいと願っています。田老の良さがたくさんにじみ出る「魅力的な町」になることを心から望んでいます。

（2）教育の場

田老地区には、公立の学校が4校あります。私の母校、田老第一小学校は、東日本大震災の大津波によって、校門寸前まで多くの瓦礫が押し寄せました。校地内には、入りませんでした。一方、車道をはさみ校舎傍らを流れる川を津波は逆流しましたが、幸い校庭と校舎まで達せず、学校は被災を免れることができました。

震災時、在職していた田老第三小中学校は、海岸から1キロメートル弱の所に位置していました。平地に建てられた校舎でしたが、津波は校庭の直前まで来て止まり、校地内には1ミリも入りませんでした。あれだけの、大津波から学校が守られたことは、学校の立地選択で先人の知恵が生きたと確信しています。学校の歴史を繙くと、昔から校舎の向きは一部変更になっていても、校舎の位置はそのままであることがわかりました。海の距離と高低差を見ただけでも、決して安全な場所とは言い切れないこの場所に学校が建てられ、教育が続けられてきたことに疑問を抱いていました。しかし、先人たちは、安全な場所であることを知っていました。それは、学校と海岸までの間に岬のように突き出た山々が3～4か所あるのです。津波は、その突き出ている山にぶつかり、力を弱めるものと想定されていたように思えます。震災時、津波はその後、この地区を流れる摂待川を逆流し、上流までさかのぼりました。そして、学校周辺の田畑を覆いつくし一帯に広く波を広げたのです。これによって波の破壊力が弱まりました。自然の地形をそのまま残し防災に役立ててきた、貴重な遺産といっても過言ではないと思います。

科学の力がどのように発達しても、自然の力を構造的な建築物で押さえ込むことは、かなわないと思います。「教育は安全な場所で行うことが大切である」ということを、改めて考えさせられました。そして、このような先人の知恵を正確に次の世代へ引き継ぐことがとても大切なことだと考えます。

次に、自宅から数百メートルの所にあった田老第一中学校は、校舎1階まで津波が押しよせました。中学生と全職員は、避難場所に指定されている高台（通称・赤沼山）へよじ登り、全員が助かりました。避難経路の混雑を避けて、道なき山の斜面を木や草木をつかんでよじ上った中学生もおりました。まさに、危機一髪の行動でした。中学校は、赤沼山のふもとに、昭和8年の津波では水をかぶらなかった位置に建てられていました。安全と思われていた場所に立地していたのですが、今回の津波は校舎まで達してしまいました。しかし、生徒教職員が、高台に懸命に避難できたことが幸いしました。先人が安全立地と考えたところでも、津波が襲うこともある。立地も重要だが、訓練といざという時の助け合いの体制づくりはきわめて肝心なことだと思いました。

昭和53年に、岩手県立宮古北高等学校が開校しています。田代川がつくる沖積地の一番奥の場所に、盛り土をした上に、鉄筋コンクリート3階建ての堅牢な建築物です。田老の町から内陸に入ったところですが、津波防災では最後の砦の位置にあります。今回の大津波でも、津波被害はまったくなく、多くの被災者の避難場所となりました。

（3）田老の町の「復興力」を考える

平成26年3月、田老第一中学校の卒業式に参列しました。卒業生43名です。3年前の大津波の時、小学校6年生、小学校の卒業式を直前に、あの津波と遭遇した子どもたちです。津波で家族を失った子ども・津波から命からがら避難できた子ども・自宅を失い仮設住宅で生活を続けてきた子ども等、それぞれの3

年間がありました。折りにふれて、中学校3年間の学校生活の様子を断片的にではありますが、見つめてきました。3年を経て、中学校の卒業式です。卒業証書授与の印象は、どの生徒も「目に力」が感じられました。しっかりと壇上の校長と目を合わせ、力強く返事をしています。全員が生き生きとしています。おじぎの仕方・話の聞き方も大変立派でした。卒業証書を校長先生から授与された後、ステージ上で、将来に向けたメッセージの発表がありました。一人ずつの発表です。発表する内容・声・大きさ・区切り方は多様です。しかし、生徒一人ひとりの思いには共通したものがありました。それは、あの震災を経験したことによって、実に多くのことを学び、それを生きる力にしていることでした。

震災後、心も体もズタズタになりながらも、生きる方向をまちがわずに、しっかりと足を地につけ、強く生きてきたことに、熱い気持ちが伝わってきます。そのうえで、この苦しい3年間を、感謝のことばで束ねていました。家族に対する感謝・友人に対する感謝・支援していただいたすべての人たちに対する感謝、そして、学校の先生たちに対する感謝の言葉が式場いっぱいに、43人分の言葉が、響きました。なんて素晴らしい卒業式だろう、目頭が熱くなりました――。

震災後、学校の職員は、子どもたちのために教育に力を入れてきました。家族を亡くされた職員・津波で自宅を失った職員も少なくありません。教師と生徒が、懸命に過ごしたこの3年間、目には見えない多くの苦労を経験しました。卒業式はこの思いが実になる時だと実感しました。式場にいたすべての人たちが、同じ思いで臨んだ卒業式だったと思います。中学校を巣立った43名は、田老の町の復興力となるものと確信しました。

教育のもつ力を、見直す震災でもあったように思います。田老の町を新しくつくるためにも、現在の小学生、中学生、高校生の力が必要ですし、その中心を担うことも少なくないはずです。先日、何気なく新聞を見ていた時に、小学校と中学校の一貫した教育、連携した教育という文字が目に留まりました。田老の小学校中学校をこの文字に重ねた時、私の体験からかも知れませんが、何かピタリとあてはまるように思いました。

過去の歴史からも知るように、田老の教育で取り組まなければならないことは、いうまでもなく、津波から命を守る「防災教育」です。それぞれの学校で防災教育は行われていますが、田老独自のカリキュラムが必要であると考えます。小学校と中学校が、連携し、一貫した防災教育の推進は、これからの田老にとって、必要なことと考えます。これに高等学校も加え、12年間の一貫教育を考えてもよいと思います。田老の町に新しい学校教育が生まれ、それを地域で支え、地域で育てていく。同時に教育が地域をつくっていく。この支え・つくるという関係は理想であります。実現できぬことではないと考えます。児童数が、減少していく状況のなかで、一人ひとりを大切にするとともに、子どもたち同士が学び合う、それも長期にわたり継続して行うことです。発達段階に応じて、学び合う関係を大切にする教育。同時に常に地域と深く関わる教育が、新しいまちづくりのなかでも効果を上げるものと期待できます。田老の町に住み続けたい、田老の町に戻りたい、と願う人たちにも希望を発信することではないでしょうか。

むすびに

長い長い歴史のなかで、田老の町は「つなみたろう」という呼び名がつきました。それだけ、津波の被災があった土地ということになるのでしょう。町民歌にもあるように、田老に住む人たちは、津波のあとに幾度も立ちあがり、新しい町をつくってきました。東日本大震災の年の10月には、避難所のあるグリンピアの体育館をお借りして「第65回田老地区体育大会」が行われました。種目を減らし、運営に工夫をし、新聞に参加を呼びかける記事を載せ「震災で、はなればなれになっている田老の人たちに来てほしい」「仮設住宅に住んでいる人たちを励ましたい」「子どもたちに、伝えていきたい」「田老の人たちの底力を結集しよう」などの前向きな声に応えようと、実行委員会のメンバーが動き出し、当日は約８００人の参加がありました。この日を楽しみにしていたと言って、予想を上まわる参加でした。感動の涙を流し、絆を一層強くしました。

津波のあとに立ちあがるということは、一人の力ではできることではありません。町の人たちが手と手を組み、絆を強めながら生きてきたのでした。そして、そのような大人の生き方を、子どもたちに見せ示してくれました。子どもたちもそこから学びました。これは脈々と続いてきました。これが地域に対する自信と誇りにつながっていくと思われます。新しい町をつくり上げるには、地域に関わって成長する学校を育て、つくることが重要だと思います。

注1　震災から2年半経ち、第67回田老地区体育大会が開催されました。会場は、震災直後押し寄せた大津波で瓦礫の山と化した田老第一中学校校庭でした。田老の町に住む誰もが卒業した「母校」で開催。学校あっての地域を実感する「町民行事」です。

◎テーマ：「起ち上がろう　ふるさと田老復興大運動会」

◎ねらい：生涯スポーツの推進と健康増進、地区民相互の親睦と交流、地域連帯感の高揚。

◎とき　：平成25年10月13日（日曜日）

◎ところ：田老第一中学校校庭

◎参加者：・合同演奏（オープニング）田老第一中学校と宮古北高校の吹奏楽部による。

・マスゲーム①は、田老保育所と田老児童館の子どもたちによる。

・マスゲーム②は、旧田老町時代昭和61年に姉妹都市を締結し、その後も継続して交流を行っている岩手県八幡平市の方々による踊り等。

・田老地区に住んでいる、幼児・小学生・中学生・高校生・地区民。この他に、自由参加のできる種目もある。

第5章　震災と防災、そして人づくり「防災教育の実践」
――復興・郷土をになう人づくり

震災時宮古市立宮古小学校校長　相模　貞一

はじめに

3・11の大震災が私に示した課題は、校長として学校経営の中核に被災地の復興を担う「人づくり」を位置づけること、ふるさとを愛し、復興への強い「志」をもち、やさしい心と何事にも負けないしなやかな逞しい心身を育む教育を求め続ける覚悟をもつということ。その覚悟をもって、岩手県宮古市立宮古小学校で行ったわずかばかりの教育実践を述べることとする。

その前に、ほんの少しであるが自己紹介をする。私は生まれも育ちも陸前高田市である。私の人生設計は、岩手県の教員はだれもが経験しなければならない「県北」経験と、「僻地経験」を積み、その後は陸前高田市に帰り、子どもたちと共にふるさとづくりに励みたいと心の芯から思っていた。この人生設計は寸分の狂いもなく実現するものと確信していた。しかし、人生には「上り坂と下り坂、そしてまさか」があると教えられてきたが「まさか」が起こってしまった。3・11は私の人生においても大きな変化を強いる出来事になったのである。

それでは、宮古小学校について紹介する。宮古小学校のある宮古市は平成17年6月6日に田老町および新里村と合併。その後、平成22年1月1日に川井村とも合併し現在に至る。平成26年7月1日現在の人口は５万７０２９人である。宮古小学校は明治６年（学制が明治５年）８月26日創立、１４１年目。校歌の作詞者は「荒城の月」などの作詞で有名な土井晩翠。昭和12年に作成されている。昭和20年代で２０００人。昭和50年代で１２００人。そして、現在は２５０名前後で推移している。

１　宮古小学校の被災の状況

宮古市役所から当時撮影された写真からわかるのは、午後３時16分頃、閉伊川河口付近の川底が見えるほど潮が引いている。地震発生が午後２時46分頃であるから、30分後ぐらいから津波の予兆が始まっているということがわかる。ただ、津波のすべてが引き波から始まるとは限らず、押し波から始まる津波もあるようだ。いずれにしても地震発生と同時に、海や川の変化をしっかりと見て取ること、それも海岸や河口の近くではなく、必ず命を守ることのできる高台からが原則である。自分の命は自分の行動で守り続けなければならない。

図１　学校の正門の状況
（元宮古小学校校長　田﨑豊義氏撮影）

図２　学区の被災の状況
（元宮古小学校校長　田﨑豊義氏撮影）

宮古小学校と学区の被災の状況は、図１・２のとおりである。

①当時児童数は２４７名のうち家等が被災した児童数60名＋本校よりも

激しく被災した被災地からの転校生15名（すべて家が全壊・流失：陸前高田市・山田町・宮古市田老地区・津軽石地区など）。学区内および学区外で祖父母・叔父叔母を亡くした児童もある。

②時間と共に、次々判明する教職員の被災：実母と叔母（1名）。実父と実弟と叔父夫婦（1名）。実父母（1名）。家が全壊・流失（2名）。沿岸出身の教職員は縁故者・友人などの被災は多数。

一方、内陸出身、単身で赴任している者たちは連絡できず、貸家もライフラインを断たれた状態。

③避難所７５０名を超す人たち（１０００人を超していたという人もいる）。着の身着のまま。長靴、泥だらけ。年齢の一番下が生後3か月、上が１０１歳の元気なおじいさん。

④学区は宮古市の繁華街。専門店・飲食店が軒を連ねる。大きく被災。

⑤ないない尽くしの避難所。停電「ストーブが使えない」。断水「飲み水＋トイレ」。連絡手段「固定電話＋携帯電話」不通。

⑥毛布・水・食料など、まったく備えなし。

2　避難行動の判断と避難所運営から得た課題

(1)　苦悩は、避難場所の判断と、児童引き渡し

三陸海岸に生まれた者たちの3月3日、ひな祭りの日は「昭和8年の大津波の日」でもある。宮古小学校でも3・11の数日前に避難訓練をしたばかりだった[1]。校舎は、地震による被害は皆無だった。次の脅威は大津波。午後3時前のラジオの報道と、宮古市の広報は「大津波警報・予想の高さは3メートル以上です」というものである。3メートルという情報からさまざまな判断が行われた。数日前の避難訓練どおり、子どもたちは校舎3階へ避難させることを判断し、走って各教室を回り、寒さ対策をさせ、避難させるよう指示をした。その後の私が決断を迫られていたのは保護者への「児童引き渡し」である。地震発生

から早い保護者は5分あまりで引き取りにきた。それでも私は判断できずにいた。保護者に引き渡しを行えばそれでその場は納まる。しかし、地震の後には津波が来襲するのだ。何が起こるか未来は予見できない。引き渡せば、児童はばらばらになりその後の安否確認も難しくなる。私は一人うろうろと廊下を歩き判断を迫られていた。「引き渡しを断り、一緒に3階か」「強制的に体育館に避難させるか」、引き渡ししなければ保護者との間が修羅場に化することは想像に難くなかった。

「引き渡し」。私が下した判断だった。幸い子どもたち、保護者に重大な被害を被った人はなかった。しかし、この避難行動や児童引き渡しについては今でも心が痛む。何が最善か考え続けている。どの学校にも当てはまる完全な避難マニュアルは存在しない。その学校が置かれている状況を調べつくし、その学校に合った避難マニュアルをつくらなければならないし、今回の3・11のような大津波は何十年、何百年の時間の周期で発生する。だから、避難マニュアルは以下の要件を備えていなければならないのではないかと考えている。「日常化」（毎日の生活の中に当たり前にある）「組織化」（考え続けられるしくみがある）「共有化」（みんながわかり合っている）「継続化」（伝承されていく「もの・こと」がある）そして最後に「個別化」（一人ひとりが自ら命を守る行動ができる）である。被災しただれもが「もう二度とこんな悲しい思いをだれにもさせたくない！」という悲痛な願いをもっている。津波に負けない高台に避難行動ができること。このまったくシンプルなマニュアルを自分ごととして行動化できる人を育み、後世の人へと伝承し続けることが求められているのだ。

(2) 避難所として、ないない尽くしの物資

宮古小学校は「避難所」に指定されている。役割は高台の避難場所で命を守り、その後寝泊りなどをする場所が避難所である。津波が来襲したのは午後3時25分頃から。津波は一度だけ来襲するものではな

い。繰り返し、繰り返し、来襲する。昭和35年5月24日のチリ地震津波の時、私は小学校1年生であった。朝の4時頃、通りを「津波だ！」と叫びながら走る女性の声で起こされた。この津波は30分サイクルで、次の日の昼頃まで「引いては押し寄せる」津波は来襲し続けた。明治29年の大津波、昭和8年の大津波、昭和35年のチリ地震津波。どれをとっても同じものはない。津波の経験は避難行動を鈍らせてしまうことがある。常に最大限の避難行動をし続ける覚悟をもたなければならない。

暗くなり始めた午後4時30分頃から宮古小学校の避難所は人が混み出した。体育館も校舎も土足であった。夜になっても、大津波の警報は解除されない。余震は繰り返し襲う。ライフラインは遮断され、避難者が体育館に増えてきたものと思う。避難した人は１０００名を超えていただろうという人もいる。

それにしても、宮古小学校の避難所はないないない尽くしだった。水、食料、暖房器具、毛布、ろうそくの備蓄なし。学校の利点を活かし、理科室からろうそくなど、毛布代わりに、紅白幕・暗幕・バック幕などを体育館に運んでもらった。とにかく、一晩をやり過ごしたいと考えていた。大変なのはトイレである。水洗の水が出ないのだ。プールからバケツに汲み、トイレの前に置いた。この作業を先生方が。避難している子どもたちが。だんだん大人の人たちも加わっていった。

2日目に、体育館5班・教室18班の23班をつくり、一人ずつリーダーを決めてもらい班会議で避難所のきまりや、周知、食事の分配などを行った。だれにも隠すことなく、現状を可視化させて避難所運営をすることにした。教職員が先頭に立ち、少しずつ避難している人たちの自治へとつないでいった。辛いのはわかっているから笑顔で、だれにも平等に。そして辛い避難生活を少しでも和らぐものにしたいという願いで避難所を運営していった。

物資の平等分配の仕組み、係り活動の展開など、避難所の状況の移り変わりを敏感にとらえながら、先を先をと考えながら、運営していった。子どもたちの学校再開を目指した学習環境をつくり出していくことと平行線で行っていった。このことに関して、私たち学校教職員が避難所運営の先頭に立って行えたことは自分たちのペースで学校再開へ向けた準備ができたというよい面もあった。いずれにしても、4月25日（月）の宮古市内一斉の学校再開の日を見据えながら準備ができたことは幸いであった。避難所閉所までの避難者の人数の推移と経過と、復旧・復興に向けてたくさんの人に支えられながら学校は再開できたし、避難所は運営されていった。

3　3・11から突きつけられた課題の克服のための実践

地震・津波から子どもたちの命を守ること、そして避難所の運営、学校再開の取り組みを通して、今まで何か曖昧だった教育実践に、3・11から突きつけられた課題克服のために明確な目的意識をもって取り組んできた実践を紹介する。

まず、最初に取り組んだのは「全校遊び」の実践である。遊びを大切にすること。その思いに至ったのは「学童の家」での子どもたちの変化。被災の甚大だった陸前高田の兄妹が転校してきた。当初は先生の後ろにしがみついているばかり。しかし、学生ボランティアたちと遊ぶことでだんだんに笑顔が出てきて、表情が和らいできたという報告を受けた。遊びは子どもたちを変えていく力があることを改めて実感できた。4月25日の始業式での私のあいさつは「遊んで遊んでください」であった。

これらのことから、全校遊びを始めた。全校児童を1年生～6年生まで20班（一班＝12～13人で編制）に分け、6年生がリーダーシップを発揮して楽しく遊べる時間と場をつくった。毎月第一週の3日間をその日に設定している。楽しく遊ぶことで子どもたちの心のケアにもなる。また、運動経験の少ない児童の運動経験の場となるし、素早い動き、走り続ける力、そして6年生がリーダーとなり、コミュニケーション能力や集団行動が身に付いたりすることが、津波防災の一助にもなると考えたのである。

その他の取り組みについて何点か紹介する。

まず、「津波防災マニュアル」については保護者の皆さんと何度も検討し作成をした。津波注意報・警報時の学校の対応、特に「児童の引き渡し」について吟味を続けていた。本当に難しい問題である。完全なマニュアルは存在しないのだと思う。リーダーは人の命を預かるのである。目の前の事実に応じた臨機応変な情報の分析力と、判断力、そして即座の行動力が求められている。津波防災マニュアルはできるだけシンプルなものにすることをめざした。津波防災に限りであるが、津波に負けない高台に避難すれば命を守ることができるのだ。宮古市の危機管理室やＰＴＡ組織や町内会の自治組織の方々と協議し、学校の避難マニュアルをつくり、お互いにマニュアルを共有し、日常的にマニュアルを意識させ、最後はしっかりと一人ひとりが行動化できるように個別化を図ることである。３・11から現在４年目、まだ大災害の恐怖がある。しかし、時間の経過と共に恐怖は薄れ、忘れていくことだろう。忘れさせないよう継続化させる試みが今後も大きな課題だと考えている。

次に、保護者との避難マニュアルの共有化、子どもたちおよび家庭の個別化として考え実践しているのが「我が家の津波防災計画」の作成である。津波防災マニュアルと、この計画を使い家庭ごとに保護者と児童とで話し合いが行われ、各家庭・子どもたち個人の避難経路などがつくられる。２枚作成し、１枚は家庭に掲示、１枚は学校に保管される。小学校６年間在学中は、学級ごとに綴じられ、各家庭で決めた避難場所・避難所・おち合う場所などの情報を得ることができる。

また、ＰＴＡ行事として、学区内の「ハザード・ウォークラリー」を開催している。各家庭で計画した「我が家の津波防災計画」の避難経路などを補完する願いがある。親子でも、子ども一人でも、避難場所まで逃げることができるよう土地勘を身に付けさせたい。せめても、学区内にいる時は昼でも夜でも避難場所（高台）まで逃げることのできる人になってもらいたいのだ。

さらに、毎年「3・11を忘れない〜いのちを守る会〜」を実施している。願いは津波への関心の継続化。いつまでも語り継がれることを願う。内容は、まず、避難訓練の実施。その後、①「我が家の津波防災計画」の発表、②「津波学習の成果」の発表、③「心のケア」のエクササイズの実施、④地区子ども会ごとの登校・下校時、遊び時の避難経路の確認を行っている。

最後に、平成25年8月26日の学校創立140周年記念誌を発行した。主な内容は「子どもたちの被災体験の作文」と「津波防災マニュアルの関連資料」を掲載。学区内の誰にも少しでも長く津波防災への心の備えが継続してほしいという願いと、後世の人の目に触れて3・11の大震災の事実を知ってほしいという願いである。「災害は忘れた頃にやってくる」「備えあれば憂いなし」「咽もと過ぎれば熱さ忘れる」などの昔からの教えを頭だけの理解ではなく行動化できてこそ、その理解なのだ、ということを語り継いでいきたいと思うのである。

4　3・11を無にしない、復興教育（＝人づくり）の実践

これからの子どもたちの教育を考えるうえで、「3・11を無にしない」教育の創造が必要であると考えている。その教育内容は津波防災に関心をもち続け、日常の学習を通して「ふるさとを愛し、自他の命を守ることであり、物資共に備えること・忘れずに語り継いでいくこと・そなえ続けて行くこと」である。3・11の大震災が示した人づくりの課題を克服する実践を展開していくことだと考えている。

3・11の大震災が発生しなくても、宮古小学校で私たちがめざしていたのは「未来を心やさしく逞しく新しい価値を創造しながら生き抜くことのできる人づくり」であった。それはいつの時代も変わるものではないと考える。ただ、私たちは不幸なことか、幸いなことか、3・11の大震災を経験した。本当に大きな痛手と共に、大きな教訓と試練を突きつけられたのだと思っている。

このことを無にしてはならない。これからの時代を生きる子どもたちのために、大震災の体験や経験を活かしめざす子ども像を明確にさせたうえで、学校で、家庭で、地域で日常の学びを「充実かつ深化」させる教育実践をし続ける覚悟をしなければならない。

３・11の大震災が私たちに突きつけたものは、「児童の学習観の転換・学習への意欲化を図ること」であり「教師の指導観の転換・改善」を図ることではないかと考えたのである。３・11の大震災は教育・人づくりの原点を今一度見つめ直す試練を与えたのだと私は受け取ったのだ。

その試練に立ち向かうために、まず、人づくりの基礎学習として「自分の命は自分で守る」＝防災教育を位置づけた。三陸海岸に生まれた者の宿命として「地震と津波の科学的に理解をもつ」＋「人としての在り方・生き方を身に付ける」＋「生き抜く力」を身に付けさせたいと考えている。

そこで、３・11の大震災の教訓から得ためざしたい子どもの姿から、低学年・中学年・高学年での重点として取り組む教科を考えた。それが以下のとおりである。

低学年は学習への意欲づくりをめざし「体育科」を選択。心と体の一体化：素早い動き・ルールの徹底・楽しい活動を実現することで他の学習が「子ども自らが参加する意欲的な学習」につながるのではないかと願ったのだ。

中学年では「社会科」を選択。ふるさとの理解と愛情をもってほしいという願い：津波に負けないよう地形や地域を知ること・街に住む人や物を知ること・街に住む人たちの思いや願いを知ることを通して学校だけでなく、地域の人を含んで「仲間づくり」ができるのではないかという願いだ。

そして、高学年では「国語科」を選択。学習を自分ごととして自覚：物事に関心をもち続けられること・しっかりと自分の考えをもつこと・自分の主張をもちながら他の人との考えを大切にしながら話し合いができることを通して確かな「自分づくり」をしてほしいという願いだ。今現在、宮古小学校の子どもたちは普段の生活や学習での合言葉を「自分から」として学習活動を行いながら、教師は普段の授業の中でめざす児童像を求めつつ、授業改善を進めているところである。

このような思いや願いで展開している宮古小学校の人づくりを目指した「授業の実際」についても少し紹介しよう。

まず、学習指導案の形式に3・11の体験を授業に活かすように自分自身の思いや願いを記述している。ねらいは3・11を忘れないことである。どんなことを思い願ったのかを記憶にとどめること・指導案に残すことで次代への記録として残すこと。今年度で4年目、沿岸で被災体験をした教員が内陸へ、内陸の教員が沿岸に着任。どちらの教員も被災した、しないで引け目を感じたり遠慮したりすることが心配されている。岩手県内に勤務する教員として3・11の記憶を共有し合い、共感し合い、岩手の教育の充実を図っていけたら幸いだと思うのだ。

次に、単元指導計画の構想。単元での各教科のねらいを明確にさせ、そのねらいを「充実・深化」させるための「指導の構想図」を作成している。ねらい達成のための「手立て」を明確にし、その手立てが、岩手県教育委員会が示す復興を志す人づくりの三つの価値項目（いきる・かかわる・そなえる）とどのように関わっているかを考えている。

手立てが単位時間の授業時間とどのように関わっているかは「単元指導計画の中に明確に表現」し、実際の授業の展開案の中には「具体的な児童の姿」を示し、そのねらいと具現化のための手立てを際立たせている。

このような授業の展開を進めることが学習に対する教師と児童の意識の変容につながり復興と防災意識が高く、郷土を興す人を育み続ける学校になって欲しいと願い続けているのだ。まだまだ歩み始めたばかりであるが、宮古小学校の実践が被災の甚大だった三陸の仲間たちに少しでも明日への希望と勇気をお届けし、共に手を携えて新生三陸を再生していく原動力になってくれればと祈り続けているのである。

おわりに

このように、３・11から宮古小学校がよい学びの場になるように努めてきた。私自身のことであるが、陸前高田市の家は全壊・流失、父親は気仙沼市の病院へ入院中、大震災後の４日後に亡くなり、実弟と叔父夫婦は津波に流され、叔父は今も行方不明である。この事実を知ることができたのは３月16日の夕方の宮城県気仙沼市在住の姉からの携帯電話であった。初めて陸前高田に帰れたのが３月19日。３月18日の卒業式を終わらせてから。陸前高田市の被災の状況は、あまりの凄さにただただ呆れるしかなかった。まさに、木っ端微塵にという形容そのものであった。

もう二度とこのような悲しさや寂しさを他の人に味わわせたくないというのが願いとなった。３・11以来、この思いが学校経営の根底にある。常日頃から津波防災（危機管理）に対して関心をもち続け、自分で考え、人と関わり、より良い考えや生き方を実践し続ける人でありたいと思うのだ。それは、日々の学習を積み上げ、いざというときに問題解決のできる、生きて働く「生きる力」・「活用力」を身に付けた人材の育成だとも考えるのである。その具現化のために必要なのは、特別なカリキュラムではなく日々の教育実践そのものの中にあると考える。３・11の大震災以前に行っていた教育活動を３・11の体験や経験を通して見つめ直し、学習をより「充実・深化」させることができないかという思いである。

いずれにしても、大震災からの教訓や突きつけられた課題の解決は人から教えられるものではなく、一人ひとりが自らの頭で考え、自分、そして愛する人を守ることのできる自分をつくり上げていくことではないかと考えている。それは、３・11の大震災が考える機会を与えてくれた「持続可能な社会」の実現をめざして、復興教育や防災教育を学校教育の中核に位置付け「日常化」「組織化」「共有化」「継続化」の体制を整え、「個別化」までも図る教育実践を積み上げる絶好の機会なのだと考えるのである。

この厳しくも明日つくることも可能にする課題に、岩手県の沿岸も内陸もなく「オール岩手」で取り組み、心豊かで笑顔いっぱい自信にあふれた岩手県をつくり上げて行くことが３・11の大震災からの本当の復興の姿だと思うのである。

３・11の大震災は、私たちに明日をどのように生きようとしているのか、その実現のために覚悟をもっているか、と問いかけているように思えるのである。私たちは、この機を逃してはならない今を、生きているのではないだろうか。

注１　明治29年６月15日（旧暦５月５日端午の節句）午後７時32分頃、震度２～３の地震。30分後に大津波来襲。２万２０００人が死亡・行方不明・前触れなき津波、昭和８年３月３日、午前２時31分に震度５の地震発生。30～60分後に大津波来襲。37年前の教訓が生き、３０６４人。昭和35年５月24日未明。突然に大津波来襲。１万７０００キロメートル、チリ大地震で発生した津波。１３９名。この津波が現代を生きる者の被害想定・津波防災のマニュアルになった。

第6章　ポスト3・11を子どもたちと生き延びるために
——サステイナブルからサバイバルへ

NPO法人岩手子ども環境研究所（森と風のがっこう）理事長　吉成　信夫

1　サバイブするためのがっこう

学校でやらされるお勉強ではなく、それぞれが自由に楽しみながらまなびあう、広場としての「がっこう」を宮澤賢治さんが生涯を暮らしたこの東北、岩手の地にひらきたい。子どもたちとこれからを生きていくための考え方のデザインを森の中で育みたい。これが私が17年前に東京での仕事を辞めて家族とともに岩手に移住し、廃校を再利用して森と風のがっこうを２００１年に開校した理由だ。マスコミの取材にも、子どもたちにもおとなにもずっとそう答えてきた。

でも、あの3月11日の東日本大震災の地震津波災害、そして福島原発で起きた未曾有の大事故と放射能汚染によって、根底から揺さぶられてしまった。原発は余っている、いらないし、ほしくもないとサマータイムブルースを子どもたちと歌い、ことあるごとに冗談のように子どもたちに語っていた原発事故が本当に日本で起きてしまった。今もまだ悪い夢を見ているような気がする。

森と風のがっこうはどんな場所なのですかと問われれば、今はこう言いたい。子どもたちと今、そしてこれからを生き延びていくためのデザインをまなびあうための「がっこう」なのだと。サバイブするためと１００パーセント言い切ることなしにこれからの私たちの暮らし方のデザインは語ることができないと思うからだ。

2　3・11の後で

震災の直後、被災地支援に動こうとしても、いつもの半分もエネルギーが向かわない。がんばれない。身体が重い。そんななか、3月中に森風子ども災害援助基金の開設準備をして、3月末には岩手県釜石市まで支援物資を積んで車を走らせた。岩手県内の友人たちとのつながりを結んで、津波で園舎が破壊され、廃幼稚園で業務を続行した釜石保育園の炊事室を急遽つくる酒匂徹さん（花巻市在住。ウレシパモシリ農園）たちの動きを後方支援したり、野田村や田老町（宮古市）の子どもたちの招待スクールを森と風のがっこうで開催したり、山田町や大槌町の保育園にえほんの読み聞かせに出向いたり、被災地のえほんサークルの方々と森風えほんフェスティバルを開催したり、支援活動を進めてきた。

図1　森と風のがっこう

3・11から2か月後に地元の新聞に寄稿した以下の文章を見てほしい。混沌とした定まらない空気感の中に誰もがいた当時の状況を伝えている気がする。

3　エネルギーと子どもたちの未来

地震、津波で世の中が騒がしくなってもまだ何とか平気を装っていた。でも、原子炉事故の状況が尋常ならざるものであることが、日がたつにつれマスメディアではないところから情報が入るたびに分かり、その重さにたじろいでいる自分が見えてきた。

「森と風のがっこう」を10年前に立ち上げた当時から私の中でずっと変わらないことは、子どもたちといっしょに「本当の幸せ」を見つけ、「本当のまなび」を探す場をつくり続けようということだ。宮沢賢治が「農民芸術概論綱要」で述べたように。

身の丈に応じた生活を通して、子どもたちがこれからの時代を生きていく上で必要な自然エネルギーを取り入れる知恵や畑でいのちを育てることの喜びを、体験を通じて遊ぶように会得するさまざまな場面に立ち会ってきた。

おとな社会の抱える矛盾の最たるものが原発だということも、包み隠さず話してきた。「原発は二酸化炭素を出さないクリーンエネルギーじゃあないの？」「ＣＭだって、学校の先生だっていつもそう言ってるよ」。驚きとともに子どもたちのまなざしが真剣味を帯びてくる。

放射性廃棄物がどれほど危険なものか。原子炉事故になればどれほどのリスクをずっと未来永劫背負わなければならなくなるか。活断層の上に炉が立っていることの危うさ。私の言葉も止まらない。だから、原子力を含めて、自分たちが使うエネルギーを自分たちが選択できる社会になることが一番大事なんだと真剣に答えた。

これからの社会をデザインする上でヒントとなる考え方やノウハウを、日本だけでなく海外の自然エネルギーへの取り組みを含めて必ず入れておくことは、絶対に欠かさない。そうでなければ子どもたちの未来は暗く鬱々としたイメージでしかなくなってしまう。

小中学生に「おとな社会の裏面を疑え」と語るのは厳しすぎるという意見もあるかもしれない。でも、逃げずに問題に向き合い続けることが「本当のまなび」ではないか。問題を乗り越えていく力、考え続けて行く力が何よりも大切なんだと、いつも思う。

焼け野原のような陸前高田や釜石のような被災地を見ると、正直に語ればもう南の島へ逃げ出したいというのが本音だ。原子炉事故の情報操作を見ていると暗たんとした気持ちになる。だから、疎開することを選んだ親子を私はそれも選択肢のうちと肯定したい。ぼうぜんと立ち尽くしている自分はおとなの社会的自我というヨロイをまとった自分ではなく、小さな、か弱い子どもの自分が今も胸の中で震えている。

私がかろうじて動き出そうとするのは、鎮魂という一点で被災地の子どもや親御さんたちとつながることだけなのかもしれない。震える魂をみんなでつながりながら鎮めること。それしか今の私にはできそうにない。

子どもの森の館長だったころ、チェルノブイリを幼少時に体験したロシアの歌姫ナターシャ・グジーさんのコンサートをチェルノブイリ基金東北支部の方々と2度にわたって開催した。哀愁に満ちた透明な歌が流れ出したとたん、私の身体に長い間降り積もってきた暗く重い感情を取り払ってくれたような気がしたことは以前この欄にも書いた。

言葉では洗い流せない悲しみや怒りに似た感情が、きっと被災地の子どもたちや親御さんたちには雪のように降り積もっているだろう。不幸にして亡くなってしまった人々のためにいっしょに祈りたい。復興を今語るのはやめておきたい。

明るい希望もひとつ。自然エネルギーに関わる国内の主要なＮＰＯが手を組んで「つながり・ぬくもりプロジェクト」を始めた。森と風のがっこうも構成団体なのだが県内の被災した保育園や避難所、公共施設への太陽電池パネル設置を進めている。パネルは企業からの大量の無償提供でまかない、広く募金を集めている。

そして何よりここが重要なのだが、設置する仕事を地元の人々に渡していくことで新たな仕事を沿岸に生み出したいと考えている。

（２０１１．５．15　岩手日報）

４　食とエネルギーの選択を

森と風のがっこうはこの13年間、ここはずっとおとなも子どもも、関わる人々なら誰にもそうなのだが解放区だった。さまざまな自然エネルギーを選択し、生活の中に取り込む。食と自然エネルギーの地産地消を実践的に進める。楽しみながら、一方的に教えられるお勉強ではなくみんなが等しくまなびあう場として。

この方向性はこれまでもこれからも変わることはない。ただ、位相が変わってしまった。岩手の山深い森の中の廃校跡で、子どももおとなもひそかに同好の士が集い、何やら道楽のように思われながらも細々とやっていたことが、これからの東北の、いや日本の地域社会のデザインのあり方に関わることに直結するかもしれないと今は思うのだ。

原発なしでどう自然エネルギーを活用すれば、幸せな生活につながるのか。幸せな生活の質感はどうイメージできるのか。これは、やってみなければ誰にもわからない。本で読んでも、知識として取り入れようとしても、生き生きと具体的に思い浮かべることはできないはずだ。

森と風のがっこうは廃校を再利用して、お金もないならないなりにあるものを再利用しながら、コンポストトイレを自作し、空き缶風呂を作り、環境共生建築のエコハウスやカフェを創り出してきた。この間、春夏秋冬を通じて子どもたちのための自然エネルギースクールや、おびただしい数のおとなや家族向けのワークショップを、ひそかに、山の中で開催し続けてきた。その歩みを通して実現できたことや失敗も含めて、ここでソフトとハード、そしてどこにも、どんな細部にも底流に基調通音のように流れている考え方を明らかにしておくことは、今後、ＥＳＤ（Education for Sustainable Development. 持続可能な開発のための教育）や食とエネルギーの地産地消を実践されようとする方々にとって、きっと意味あるものとなるはずだ。

これからのビジョンを可視化（見える化）すること、森と風のがっこうのすべての意図はここにある。

5　遊ぶことは生きること

震災の年の冬に子どもたちと過ごした忘れられないエピソードについてもここで触れておきたい。がっこうの裏手の森のあちこちにキャンドルの淡いあかりがぼんやり灯っている。満月の月明かりに照らされて、昼間とはまるで異なる幻想的な夜の森が広がる。あかりを頼りに子どもたちと懐中電灯をもたずに進む。「点灯！」を合図に子どもたちが電飾を飾ったシンボルツリーに光がともり、ＣＤプレーヤーからはフォーレのレクイエムが森の中を静かに流れ出す。年末に森と風のがっこうで開催した4日間の宿泊スクールのメイン行事が今まさに最高潮を迎えているのだ。

「おんちゃん、横に行ってもいい？」私の両側に男の子と女の子がさっと前に出て座った。私は子どもたちが迷いなく自分の気持ちのままに自由に動き出すこういう瞬間が一番好きだ。私と両脇の子どもたちは寝ころんだ。見上げると、木々の枝の間から微かにまたたく星々が視界に飛び込んできた。子どもたちと手をつないだ。子どもたちのあたたかさが伝わってくる。突然、幸せな気持ちが私の全身に広がった。ほんの一瞬の出来事。子どもは次の瞬間、もう次の遊びへ。でも、私のからだの中には幸福な感じが強く残った。

私はあの3月11日の震災の夜に見たまったく同じ夢のことを思い出した。地獄のような過酷な状況の中に居た多くの沿岸の方々のことを思うとこれまで誰にも言えずにいたその夜の夢。私は確かに子どもたちといっしょに草原に寝ころんで夜空を見上げていた。とても幸せな夢だった。だから翌朝、私はとても満たされた感じで眠りから覚めたことをよく覚えている。

子どもたちと別れる前にこの夢のことを初めて話した。そして最後に絵本の読み聞かせをして参加した全員の気持ちを整えた。癒すとか、癒されるという言葉は使いたくないが、自然界からのメッセージみたいなものを感じたのだろうか。私は子どもたちと自然から元気を贈与してもらったのかもしれない。

正月明け。宮古市田老地区の子どもたちを森と風のがっこうに招待して2日間、スノーシューで森を探検したり、石釜でピザを焼いて食べたり、劇遊びや雪合戦をしたり、帰りのバスが来るぎりぎりまで2日間みんなで遊びまくった。このキャンプは、津波で家が壊され盛岡へ転校を余儀なくされた小学生のKくんとお母さんと昨年私が出会ったことと、私が毎月ここで開催している絵本のワークショップに震災前によく通って来てくれていた別のお母さんが田老地区の仮設住宅でがんばって活動していることを知って、何かいっしょにできないかと思ったこと。この二つがきっかけだ。Kくんと3月まで同じクラスだった子どもたちも参加するので彼を誘った。参加することをとても楽しみにしていたKくんだったのだが、インフルエンザで正月寝込んでしまったため子どもたちと対面できなかった。でも、彼から預かったメッセージを開校式で読ませてもらった。きっと今度会いに行くからね。待っていてね。という彼らしいやさしい文面だった。何でおんちゃんがKくんのこと知っているの？　子どもたちは深い集中したまなざしで不思議そうに私の顔を覗き込んだ。

子どもたちが帰ったその日の夜のこと。子どもたちのお母さんからメールが届いた。家に帰ると、忘れてはいけないからと上の子がK君に、今度は必ず会おうね、ずっと友だちだからね、と手紙を書いてポストに投函したのだという。お母さんも思わず涙したと綴られていた。

子どもたちはそれぞれに感じているのだと思う。辛いことも苦しいことも、理不尽な運命に翻弄されていることも。でも、その中で光を見つけ出していこうとしている。私も子どもたちとともに一つひとつ光を見出していきたい。子どもたちの本業は遊ぶことだ。遊ぶことは呼吸をすることと同じくらい、子どもにとっては生きることそのものだ。だから私は今も被災地の子どもたちと遊び続けたいと思うのだ。

6　子どもたちの根拠なき自信を育む

いつの頃からだろうか。自分の仕事や生き方の全リスクを賭けても前に踏み出す選択をしようとするときに、根拠なき自信が自分を支えてくれると私はそう確信するようになった。

県外のある被災地（という言い方をお許し願いたい）で子どもに関わるおとなたちとともに、子どもたちの置かれている状況について話し合った際のこと。役場の教育委員会の方は勉強とスポーツが遅れを取らないように最大限の努力をしていることを報告された。彼の真摯さが伝わってきて敬意を表したくなった。でも同時に、何か大事なことを見落としてはいないかとも感じた。

勉強とスポーツだけを一生懸命やっていれば子どもは育つという大前提のもとに行政の施策が行われているような気がしたからである。子どもたちがそれだけで生きて行けると考えるのはあまりにおとなの勝手な推測ではないのか。その時、私の心の中に浮かんだのは、子どもたちの「根拠なき自信」はどこで育まれるのだろうかという問いだった。

勉強もスポーツも「根拠ある自信」に支えられたものだ。だから、もっと勉強ができる子どもとかもっと運動神経バツグンな子どもが登場すればそれはいとも簡単に覆されてしまう。ある日突然、転校生がやって来るとか。根拠ある自信が崩れたときにどう自分を支えるか。大切なのはここだ。

この時、自分を支えてくれるのは「根拠なき自信」なのだ。子どもたちはそんなことは意識していないだろう。根拠なき自信は、子どもたちが生まれて育った地域の住人であるおじいちゃん、おばあちゃんたち、おじさん、おばさんたちから怒られたり（自分の子どもでなくてもそうだ）、ほめられたり、挨拶をしたりされたりするなかで自然と育まれたものなのだから。子どもたちはシャワーのようにさまざまなおとなたちの愛情を浴び続けて子どもの肯定的感情は大きくなるのだ。家庭でも同じ。子どもが学校から帰って来たときの、おやつ作ってあるよーとか、お布団干しといたから今日は気持ちいいからねとか。お風呂沸いてるよとか。お母さんの愛情が何気ない日常の暮らしの中で子どもたちに言葉や感情となって降り注いでいることが一番大切なことだと思う。

図２　雨の中も気持ちがいいことを体感する

つまり、根拠ある自信が三角形の上半分だとすれば、その裾野に広がる下支えの部分にはまるのは、根拠なき自信なのだ。両方がバランスされなければ子どもの豊かな育ちは保証されない。でもこの下半分の存在をおとなたちはついつい忘れがちになる。根拠なき自信は目的と評価という短期的な物差しなどでは測れない。その子どもがおとなになるまでの長い時間軸が必要だからである。

昨夏、釜石市内の仮設住宅の中で放課後子ども教室を献身的に守り続けて来た地元の三陸ひとつなぎ自然学校のみなさんに招かれて、仮設住宅の子どもたちといっしょに遊びながら、「安全安心子どもの居場所マップづくり」をした。仮設で暮らす子どもたちと外遊びをしたとき、最初は緊張していた子どもたちも、いっしょに川縁を探検して遊んでいたら、彼らはあっという間に本来の大きく屈託のない笑い声を取り戻した。おんちゃーん、魚取りの網もって来ていい？　虫かごもほしいなあ。時間ないよーと言う私の返答も聞かずに喜々として彼らは一目散に家まで帰り、全力疾走で戻ってきた。

子どもたちには自ら変わる力が内在している。どんな厳しい状況や環境も乗り越えて行く力を子どもたちは本来的に備えているのだとこの時強く思った。

子どもたちが自由に大きな声で笑い合える居場所づくりは今からが本番なのだと思う。

7　森が育む子どもの想像力

3・11の震災を経て、いつか、森の中でひとがアートを感じる場所を創り出したいと思う気持ちがますます私の中で膨らみ始めた。謙虚に、敬意をもってひとは森と向き合うべき時なのではないか。震災が起きてからも、私たちは森を間伐し小道をつくり、子どもたちと森の中で遊んできた。森の気配を感じ、そこにあるものを探し出し、見えないものを想像することを意識した。闇の中だからこそ際立つ灯りの暖かさも、森では感じられた。私はますます森に引きつけられた。

森と私たちの暮らしがつながるような回路が何かできないだろうか。そんな思いから着想した「森のえほんアトリエ」や「子育ての森」を昨春からついに土日公開を始めた。森と風のがっこうは大きな転換点に来ている気がする。モノやお金の豊かさばかりを追いかけて来た暮らし方を少し意識的にスローダウンさせる方向に舵を切りたいのだ。

8　安全、安心なエネルギーを

町内の子どもたちを完成したばかりの「森風おひさま発電所（10キロワット）」に案内した時のこともお伝えしたい。太陽光パネルを触ってみたらほんのりと温かい。お日様の熱だ。おとなの社会では、すぐ塀や鉄条網で触れないように囲ったりするのが普通だけどここは大丈夫。おんちゃん、上にあがってもいい？　と恐る恐る尋ねる子に、架台はけっこう頑丈だからいいよーと返事するや否や、みんな長靴を脱いでパネルの上に登った。私も初めての体験。お日様に手をかざしてみんな気持ちよさげにくつろいでいる。ここでお昼ご飯食べたいね。お昼寝したいな。さまざまな言葉が飛び出した。自然エネルギーは、安全、安心、そして暮らしのすぐ隣にある、信頼できる産直のようなものだということを子どもたちに教えてもらう貴重な体験となった。

9　森風子ども自由ラジオという試み

震災から1年が過ぎた3月。私の中でこの間ずっと胸に温めてきた、子どもによる、子どものためのインターネットラジオ放送を始めることに決めた。

以前、岩手県立児童館の館長をしていた頃に、ミニFMラジオ番組づくりを子どもたちと5年間現場でやり続けた経緯がある。それはラジオが、子どもたち自身が自分たちの胸に溜めた悩みや思いを社会に伝える手段として最適だったからだ。思春期の子どもたちにとって、顔が見えない匿名性を保ちながらつぶやくように友だちとしゃべり、社会に自分たちの言葉を投げ入れることができる場はなかなかない。楽しく遊ぶようにラジオ番組を子どもたちと創造してきた経験の上に、さらにもう一歩深く、3・11後の持続可能な暮らし方と森と子どもをつなぐラジオを実験してみたいという考えが湧いてきたのである。

一昨年3月、全国から集まった小中学生20名と「森風子ども自由ラジオ放送局」を立ち上げた。おとなは指導しないこと、子どもの力を信じること、これが大原則。企画段階からすべてを子どもたちの自主性と意欲にまかせ、私たちはただ困った時の相談にのるだけだ。

事前準備を整えたら葛巻町内に突撃取材。葛巻町役場職員の方に電力自給と自然エネルギーの町が抱える課題を聞いたり、街頭で町民の方に次々とアポなしインタビューを繰り広げた。それこそ寝る間も惜しんで番組は完成。最終日、がっこうの講堂に仮設したスタジオ収録本番の終了時には、全員が飛び上がって歓声をあげるほどの熱狂ぶり。子どもたちが5日間の生活の中で感じたものが随所に光る1時間番組となった。

町内の取材をもとに子どもたちがキャスターに扮したニュース番組では、3・11当日の町の様子を特集。自然エネルギー自給160パーセントの町の電力供給はなぜストップしてしまったのか。役場の担当職員に迫ったインタビューもなかなかの迫力だった。キャスター役の小学生の女の子の「明日もまたこのチャンネルでお会いしましょう」というセリフのあまりのリアルさに、私も明日聞きたい！ と思わず錯覚してしまったほどだ。

小学生の男の子が作・演出・主演したSFラジオドラマもまた、プロ顔負けの完成度の高いものだった。彼は原作を効果音も含めてすべてその場で自作している。何という才能、まさに好きこそものの上手なれだ。私にとってラジオ放送は、地域で「子どもの参画」を進める重要なツールになると確信する貴重な体験となった（番組はがっこうのホームページで試聴できる）。

10　森の中で放送

続いて夏休みには森の中に伐採した丸太を組み上げ、仮設のラジオブースを子どもたちと作り、ラジオ局を森の中に開設して第2回目の放送をした。あっ、風が吹いて来た。葉っぱが揺れているね。そんな言葉が本番放送中にマイクに向かう子どもたちから即興で伝えられた。震災の話題は春よりも減ってしまったのはおとなの社会と同じだが、考えてみれば情報が与えられていないのだから無理もない。

そして昨春、第3回目の森風子ども自由ラジオのテーマは暮らし方。毎日雪の森に入り、木を拾い、薪をくべて風呂をたき、かまどでご飯をたく。犬と散歩し、ニワトリに餌をやる。みんなで朝しごと、夕しごとは分担して生活する。雪の森の中から切り出した木を昔ながらの木ぞりで運んだり種や実を拾ったり。春を迎えようと準備している森の豊かさに触れるのだ。

いよいよラジオ番組づくりへ。番組のつくり方やメディアの特性についての講義の中で、私には日本の原発報道もなかなか偏向的と思えるということも隠さずに話した。そして、内容は君たちの自由だけど、自分が本当に今思っていること、おとなに伝えたいことをかたちにしてほしいと伝えて、番組づくりがスタート。

図３　森の中に開設したラジオ局

机の前であぐらをかいてうなりながら台本を書いている男の子や、すぐさまインタビューを始める女の子たちもいてそれぞれに面白い。

「あの日から二年」という震災コーナーができたり、集落の古老のお宅を訪問して森と木のある暮らしについてインタビュー録音したコーナーなどが並び、がっこうのＣＭも子どもたちの実感から生まれた台詞が随所に散りばめられていた。

すべての作業の終了後子どもたちと行った振り返りの会は、満足というか満腹という感じで、みんな言葉にならなかった。子どもたちは、いつにもまして楽しそうに帰って行った。再会を約束して。

11　被災地の子どもたちと

３・11後の被災地の子どもたちとの交流を通して私が一番気

になっているのは、自分が住むふるさとの復興案、復興計画に子どもたちは意見やアイデアを提案する機会が今もほとんど与えられていないということだ。復興を決めるおとなは子どもたちがおとなになる頃は実はもういないというのに。未来のまちづくりは未来世代の子どもたちも担うべきだと私は思う。

そう私が思う背景には、震災直後も今も、子どもたちの置かれている環境、公園や児童館や遊び場や人材の確保が後回しになっていることがある。仮設住宅の周囲に子どもたちが自由に遊んだり、息抜きのできる環境をどうするかという議論は公共の場にほとんどない。子どもは地域の宝と誰もが口をそろえて言うけれど、行政も政治家もほとんどのおとなが本気で向き合ってきたとは思えない現実があるからだ。

今必要なのは、子どもの声を聞く場と子どもが声を発する場をつくること、そして子どもと社会を仲介するコーディネーターを職として自治体の中にきちんと位置づけることだ。

私もラジオを通した「子どもの参画」をこれからも進めたいと考えている。被災地であってもなくても、子どもたち自身が自らの手で縦横無尽に地域を越えて自分の考えや思いをカタチに表し、つないでいく。学校や学習という枠組みには収まらない、しなやかでしたたかな言葉とユーモアを武器に、ラジオ放送の網でこの閉塞した日本の子どもたちの置かれた環境をぐるぐるとかき回すのだ。

参考文献

吉成信夫（２０１１年5月15日～２０１３年12月8日）岩手日報「いわての風」連載

吉成信夫（２０１１）『ハコモノは変えられる！――子どものための公共施設改革』学文社

日本子どもを守る会編（２０１３）『子ども白書２０１３――「子どもを大切にする国」をめざして』本の泉社

三陸ひとつなぎ自然学校「子ども安全安心プロジェクト報告書」

第Ⅳ部　平和と復興

第1章　持続可能な社会の根底をつくる反戦・平和

岩手大学元教授　山崎　憲治

国民投票が必要な改憲は時間がかかるし、改憲に反対する人々の勢力が大きくなる可能性も少なくない。改憲をせずに、国会内の多数派をもって、閣議決定をし必要な法案を成立させ、結果として改憲と変わらぬ状況をつくり出す方法がある。ドイツのワイマール憲法下でヒットラーがとった方法だ(1)。1933年ヒットラーが政権をとるとただちに5年限定の全権委任法を成立させ、ナチ党一党独裁を実現した。1935年にはニュルンベルグ法で純血主義・ユダヤ人への弾圧が展開し、戦争への急展開が図られていった。ワイマール憲法は人権を重んじ、生存権を実現することを基本とするものであったが、実際の社会では真逆の事態が進行した。戦争と強制収容所、虐殺が展開した。

昨年の特定秘密保護法も今回の集団的自衛権においても「おそれ」というキーワードを行政側が最大限活用できるという、共通な面を指摘できる。海外の戦場への派兵を改憲なしに実現できることになった。歴代の政権が踏襲してきた枠組みをないがしろに、絶対的多数をとった政権が自由に「解釈改憲」できる素地をつくってしまった。行政権を担う部分が強大化し、三権分立がますます厳しくなり、国民主権そのものの危機が生まれている。

ナチ政権は超インフレ策で天文学的賠償金を支払い、失業率の改善、フォルクスワーゲンの所有と休暇の確保を展開した。インフレは土地所有者にとって利益をもたらした。個人のささやかな生活の向上が見られるが、その背後でとてつもない破壊が進んでいった。戦争はすべての努力を灰燼に帰す。わずかばかりの経済効果を期待して、軍需産業の拡大を求め、シーレーン生命線を強調する。外交努力というカードを隠し、ひたすら軋轢を強調し危機感をあおる、しかも多くのメディアがその先鋒の役割を果たしている。平和をつくるのではなくそれを壊す方向に進んでいる。日本の若者の血が流されることで得られると妄想する、アメリカとの「対等な関係」とは、どのような関係なのか。中東の砂漠の中で求められる軍事行動が実現するものは、死の連鎖ではないか。戦争が何をもたらしたか、現実の中から問うことはきわめて重要なことだ。

戦争への道が持続可能な社会をつくることと対極にあることは間違いない。戦争はすべてを破壊する。それまで築いてきた歴史・人・地域を根本から打ち壊す。戦争景気に煽られ、武器を輸出する死の商人の活動が活発となり、利益をむさぼることができても、それが持続可能な経済システム構築に向かわないことは歴史が証明している。軍産複合体が形成され、もっと強力な武器開発を求め、それが凄惨な戦争に帰結することは間違いない。持続可能性を追求することは生き抜くことである。この国の平和を求める動きは、戦後69年、国家の名の下に他国の人をあやめてこなかった、事実を継続することにある。この事実は「弱い」ことの表れであろうか。「物足りなさ」であろうか。ことさらに「火をもとめ」、力強さを「軍隊の装備と配置」と「実行」への準備を強調し、汗と血を流すことが、強靱（resilient）な国づくりへの道ではないと思える。

東日本大震災後、復興が声高に叫ばれてはいるが、復興と平和をつくることが底流で結ばれていることを取り上げないなら、復興が一時の景気浮揚と中央や大企業にその利益を絡み取られ、被災地には高齢者問題や衰退が残る結果が生まれてしまう。物言えぬ犠牲者や高齢者の声を聞く力、そこから安心や安全を実現していく中に、力強い地域の発展がある。なぜ弱者の声に耳を傾けることをしないのだろう。

岩手県は『戦没農民兵士の手紙』（１９６１）の主な舞台である。「強い」兵隊を生んだ地域であり、戦地から戻れない兵隊が多くいることを常に考えねばならない。一銭五厘の赤紙で家族から引き離され、極寒・高温多湿の戦場に、わずかの食料と弾薬をもって戦うことを強いられ、そして放置されていった。故郷に帰りたくとも帰るすべは一切なくし、発言すら封じ込められている実際は、戦後69年経とうとしてもなんら変わっていない。

岩手県には二つの戦争に関する資料・展示施設がある。「太平洋戦史館」（奥州市）と「北上平和記念展示館」（北上市）である。岩手の地にこのような施設があること、施設創設に多くの努力が必要だったことをもう少し認識してもよい。同時にこれらの施設のもつ意義、地域とのかかわりにも注意を払うべきだと考える。戦争の記憶の風化は、震災の風化と同根性をもつ。兵隊とその家族に矛盾を押し付け、わずかな恩給を支給すれば、一切の事実を反古にし、過去を消し去ろうとする。この国がもつ矛盾を、震災で被災した社会的弱者に押し付け、さらに被災地域から、残る富と労働力を奪い取る、強者の論理がまかり通ってはいないだろうか。これらの施設と展示物を丁寧に見学し、そこに示される事実から、今日の日本を見ることは可能ではないだろうか。なによりも、これらの施設が地域にかかわって存在していることに注目しなくてはならない。

パプアニューギニアの北に近接するビアク島に岩手出身の兵隊が３０００人余り出撃し、そして帰還できていない事実を認識する者が少ない。岩淵宣輝氏は太平洋戦史館の理事長である。ご自身の父上が、ビアク島に配置され、戻られていない。岩淵氏は一関第一高等学校を卒業後、英語を学習し、航空会社パンナムに勤務、その後パプアニューギニア航空の極東支店長を務められ、インドネシア政府との信頼関係を構築された。退職後、ボランティアでビアク島に向かわれ、日本未帰還兵の捜索に奔走されている。赤道直下の密林の中での捜索である。その回数は50回を超えている。本来、日本国が徹底して帰還のための努力を図らねばならないにもかかわらず、手をつけていない。岩淵氏らの活動にわずかの支援金を用意するにとどまっている。岩淵氏はビアク島の密林の中の捜索から、避戦の思想を示され、国家神道・靖国参拝の歴史的誤りを明らかにする。同時に、震災後の日本を復興させ持続可能な社会をつくるうえで、避戦の思想が不可欠であることを強調する。

高橋源英氏は「北上平和記念展示館」の館長である。「北上平和記念展示館」は出征兵士からの軍事郵便７０００通を基にしている。平和記念展示館が存在する旧藤根村から出征した農民兵士と藤根村青年学校指導員の高橋峯次郎氏との間で取り交わされた郵便である。明治27年から昭和20年にかけて、旧藤根村から出征した兵隊は８７０名余り、そのうち１３０名が故郷に帰還できていない。しかもその８割が昭和19～20年に集中している。敵弾による死は少なく、餓死やマラリア等の病気で亡くなるケースが８割を占めていた。当然のことだがこれらの兵士からの手紙はきわめて限られたものになっている。通常、軍事郵便には戦況や戦地や戦争への本音については書けないことになっている。将校の検閲があり、それらを書いたものは没である。ところが、下士官と将校の関係がよい場合、検閲の実際を任せられた下士官のチェックがゆるくなることもあり、それを将校が認めることがあったようだ。７０００通の軍事郵便の中に、いくつもの本音や事実を読み取ることができるものが発見されている。兵隊が何を考え戦場に立っていたか、故郷をどう思っていたか。発見をしてほしい。平和記念展示館が建つ場所は、旧陸軍の飛行場・特攻基地として建設された場の一部である。現在は、工業団地、農地、林地に変わり、ここから出撃した機があることを想像することが難しくなっている。一度、訪れてみてもらいたい。小さな展示館だが戦争と平和の歴史を発見できる機会を与えてくれる。

岩手の地から戦争と平和を学ぶこともできる。物言えぬ兵隊の声を聞く機会をつくってもらいたい。軍靴の音が日増しに高まるなかで、平和を貫くことが、震災の復興に直接つながり、未来の地域、日本をつくることは確かなことだと思えるから。

注1　2013年8月3日の新聞記事によれば、麻生副首相は7月29日に行われたシンポジウムの席で、「憲法改正」はヒットラーがとった方式に学ぶべきだとの発言を行った。野党は一斉に反発をし、抗議とこの問題に関する集中審議を要求したが、安倍首相は野党の声を一切無視し、その後の集団的自衛権につながる政治日程を進めていった。麻生副首相の描く「ヒットラーの方式」が現実になりつつある。

参考文献

岩手県農村文化懇談会編（1961）『戦没農民兵士の手紙』岩波新書（この本は一時絶版だったが、復刊されている）

第2章　「農民兵士の声がきこえる」
――戦争を語り伝える北上平和記念展示館の実践

北上平和記念展示館館長　高橋　源英

1　はじめに――終戦から満69年

今年は終戦から満69年。戦争体験者は国民の4分の1弱となり、戦争の記憶は薄くなる一方でまさに風化しつつある。幸いにも藤根地区（北上市和賀町藤根）には、戦争を語り伝える施設として「北上平和記念展示館（以下、平和記念館と略す）」「岩手陸軍飛行場跡」「平和観音堂」などがある。当地区では、これらの施設を一体のものとして保存し有効活用に努めてきている。

たとえば、例年8月に行われている地区民と諸団体とが合同して行う「平和祈念の集い」「平和の鐘を鳴らそう」などがあり、あの激しかった戦争を忘れ去ることがないよう継続して活動をしてきている。

いま、若い人たちの戦争への関心の薄さを嘆く声がきかれるが、来館する小学生や青年の感受性は豊かである。「戦争はこんなに悲惨なものであるとは知らなかった」「平和であることのありがたさや尊さを知った」などと見学後に感想を述べている。若い人たちには希望がもてる。来館の機会をつくってやることだ。ささやかな営みではあるが、岩手のこの小さな農村から、平和希求の輪を広げていきたい。

2　高橋峯次郎に届いた「7000通の軍事郵便」

平和記念館のある藤根地区は、北上市の中心から西方約8キロメートルのところにある。米作りを中心にした農村である。戦争当時の岩手県和賀郡藤根村である。昭和10年の統計によれば、戸数451戸、人口3054の小さな村であった。「満州事変」「日中戦争」「太平洋戦争」など昭和の戦争では、この村から延べ736名が出征している。戦場にあった兵士の数はもっとも多い昭和20年で610名である。徴兵制度のもと働き盛りの20~30歳代の男性のほとんどが戦場にいたことになる。村には老父母と弟妹が残され、細々と食糧生産に励んでいたのではあるが、その生産性はきわめて低いものであった。

図1　農民兵士の群像

この村に高橋峯次郎という明治16年生まれの人物がいた。彼は農家の子どもであった。一念発起して岩手県立岩手師範学校乙種講習科を修了し小学校の教師となった。日露戦争の勃発とともに看護兵として従軍し、傷病兵の手当てにあたった。ここで戦争の厳しさを身をもって体験した。帰還後は地元の小学校の教師そして特設された青年学校の指導員となった。以後43年間勤務し、この村から離れることはなかった。

青年学校は兵士となる基礎をつくるところである。ここで峯次郎は厳しく青年たちを鍛えている。「体が頑丈でなけれ

図2　7000通の軍事郵便が保管されている金庫

ば兵隊はつとまらない」というのが彼の信念であった。彼のもとからきわめて優秀な青年が兵士となって巣立っていった。ここまでは指導員であれば、誰もがやったことであろうが、峯次郎には非凡なところがあった。彼は明治41年創刊になる地区の広報紙「眞友」を自力で発行している。それを村の各戸と教え子で出征していった兵士たちに送り続けている。紙不足により最終号は昭和19年であったが、37年間にわたり180号まで送り続けている。多いときで約600部を発行している。内容の主なものは、各年度の出征兵の氏名、稲作の状況、役場の事業、学校の様子など村の状況全般にわたっている。戦地で「眞友」を手にした兵士たちの喜びは格別で「まるで村に帰ったようだ」と感激し、暗いローソクの灯のもと涙ながらに繰り返し繰り返し読んだ。この「眞友」は兵士たちにとって何よりも励ましになるものであった。兵士たちは早速峯次郎に返信した。その数は約800余名から7000通にのぼる。宛名はすべて高橋峯次郎である。

この数は日本いや世界でも例がないといわれている。その「眞友」も「7000通の軍事郵便」もすべてが峯次郎の手元に残されている。彼は「ものは3年たてばすべて値打ちがでてくる」という固い信念をもっていた。

峯次郎は昭和42年84歳で亡くなったので、これらの軍事郵便はしばらくの間眠ったままとなっていた。転機がやってきた。昭和56年、峯次郎の遺族から「祖父にきた手紙がたくさん残されている」と、元教師であった地元の菊池敬一に知らせがあった。調べてみると、なんと倉庫の中から一斗ブリキ罐に入った軍事郵便が50通ずつ藁で束ねられてあった。それが10罐にわたって発見されたのであった。菊池らは驚くとともに「これは貴重なものだ。ぜひ後世のために役立てなければならない」という思いにいたった。さっそく地元の中学生約60名の協力を得て、ずらりと体育館に並べ氏名ごとに整理していった。なかには中学生の祖父のものがあって感激の対面をしたということもあった。

3　北上平和記念展示館設立の趣旨

発見された軍事郵便をもとにして、どのような経緯で平和記念館が設立されたのであるかは、次の設立趣意文から読みとっていただきたい。

北上平和記念展示館

この北上平和記念展示館は、高橋峯次郎（1883〜1967）が収集した「7000通の軍事郵便」と戦争体験に関する資料を、ご遺族からの寄贈を受けて2002年4月に開館した。

軍事郵便の永久保存を目指して昭和56年から調査活動を始めた「和我のペン」代表菊池敬一（会員13名）は、日本放送協会の協力により昭和59年の「農民兵士の声がきこえる」を出版し、7000通の軍事郵便の存在を世に紹介することとなった。この著書と同じタイトルで昭和57年、仙台放送局が特別番組として全国に放映、これが同年度文化庁芸術祭の映画部門で優秀賞を得た。平成8年からは、国立歴史民俗博物館の基幹研究として調査活動が行われ、全資料をマイクロフィルムに収集保存することになった。

平成10年、藤根自治振興会及び事業推進関係者等により、北上平和記念館建設検討委員会が設立され、北上市の全面的な支援によって貴重な資料収集・調査をし、「軍事郵便」の遺徳を回顧しながら、その保存と活用を図るため、農民兵士の実情を後世に伝えることが、世界恒久平和を祈念する地域住民の願いでもあった。

ここに平和の大切さを学ぶ館として、世界恒久平和に寄与するものである。

平成十四年四月一日　藤根自治振興会　北上平和記念展示館管理運営委員会

開設準備に３年間を要した。管理運営委員会が組織されて運営にあたっている。館長他４名の学芸員がボランティアで実務にあたっている。経費は北上市および藤根自治振興会からの補助金による。館内は２室からなっている。

(1) 軍事郵便館

図３　展示会場

「眞友」および「７０００通の軍事郵便」の一部がコピーで展示されている。ほかに「岩手陸軍飛行場」建設の経緯があげられている。厳しい検閲をくぐって生々しい戦況を伝える郵便が見学者の心を引きつける。

(2) 戦史館

軍服・軍帽・背嚢・小銃・機関銃・鉄かぶと・弾薬盒、飯盒・巻脚絆・千人針・広島原子爆弾投下後の写真など千点を超える。戦時の状況をありありと思いおこすことができる。

4　軍事郵便の特徴

軍事郵便の数や内容の概要を見ることとする。まず、出征兵士と軍事郵便数であるが、おおよそ表1のようである（菊池敬一による）。太平洋戦争突入によって出征兵士の数は急増しているが、終戦に近づくにしたがって郵便数は激減していく。ひとりあたりの発信数は昭和13年が約

6・9通なのに昭和20年は0・1通である。手紙どころではないという状況である。

次に内容であるが、おおよそ次の三つに大別されるが、三つ混じりあったものが多い。

挨拶―時候・年賀・入院・除隊・お礼など

報告―軍隊・生活・任地の風物・戦争の状況など

心情―家族への・友人への・恩師への・学校への・郷里への・農作業への・家計への・軍隊への・敵への・戦争への・国家への・天皇へのなど

発信地は多い順に中国、日本、満州、南方、海軍となっている。

注目すべきことは、厳しい検閲があったことである。作戦や日本軍に不利な戦況は絶対に書いてはいけないことと釘をさされていた。書いてよいことは挨拶などおおよそ限られていた。発信地による検閲率の違いもあった。中国はほぼ100パーセント、満州は90パーセント、日本国内は40パーセント、海軍は20パーセントである。

そんななかで、来館した元兵士から次のようなことを聞くことができた。「検閲にあたる将校と下士官（軍曹など）の間柄は軍務上で培われた固い信頼関係で結ばれており、検閲は形のみで事実上フリーパスという状態もあった」ということである。

確かに数多くの厳しい戦況を伝える軍事郵便が相当数あり、そのわけはこのような事情に基づくものである。戦争の実像に迫ることができるのはこのような状況によることがわかった。

5　農を想いつつ厳しい戦況を伝える軍事郵便

（1）「わが家には働き手がない」

――自分の家では働き手がないため、村の青年団や少年団までが手伝いに来てくれると母からの便り

表１　出征兵士と軍事郵便数

昭和（年）	その年新たに応召した人数（人）	左欄の累計人数（人）	戦死者数（人）	帰還者（人）	入隊している者（含、軍属）（人）	軍事郵便枚数（枚）	入隊者人数と軍事郵便数の比（枚／１人）
6		19			19	68	3.6
7					(20)	59	(3.0)
8					(20)	66	(3.3)
9					(30)	108	(3.6)
10					(30)	112	(3.7)
11					(30)	101	(3.4)
12	46	66	1	(10)	(55)	321	(5.8)
13	43	109	2	(10)	(97)	672	(6.9)
14	55	164		(10)	(154)	795	(5.2)
15	37	201	2	(10)	(189)	640	(3.4)
16	79	280	1	(10)	(269)	509	(1.9)
17	111	391	5	(10)	(376)	533	(1.4)
18	59	450	13	(10)	(427)	749	(1.8)
19	160	610	44	(10)	(500)	369	(0.7)
20	126	736	62	(10)	(610)	67	(0.1)

（　）内は概数

がくる。俺は涙を流して遠い兵舎の窓から故郷の方をおがんでいる。

※働き手の中心だった自分が入隊した。家では年老いた父母や弟妹がどんなに苦労をしていることか。そのことが心配で心から離れることがない。

(2)「中国の地方民は悲惨」昭和十三年　北支下元部隊　高橋徳兵衛

――我々のいるところは敵の真ん中でありまして、集落には人ひとりおりません。十里も離れたところでは麦刈りも終わりましたが、ここでは少しも刈り取ることはできません。支那の兵隊が毎日のようにやってくるので、また我が軍もこれに応戦し、正規軍であろうと地方民であろうと、皆射撃するのであるから困るでしょう。

畑で働いている地方民は逃げ場を失い「すぐだまって」(身を固くして)ぶるぶるしていた。女もいれば子どももいる。悲惨なものですね。思い出すのは故郷のことばかり――

※中国の地方民の悲惨さを、故郷にいる老父母などと重ね

比べている。

（3）「弾丸の中子らを思う」　　昭和十三年　北支井村部隊　高橋徳孝

――丸がたくさん飛んでくる時、私はここで最後かと思う時に、子ども等のことを考えさせられます。子ども等の将来を思うことも一寸の間で、あとは敵のことのみ考えます。そして夢中になって前後を忘れて突撃していくので、一戦経ると命はまた延びたなと思います――

※当時高橋さんは小学生二人の子どもを残しての出征であった。もし自分が今ここで戦死したら残された子ども等はどうなるのだろう。飛び来る弾丸の中そのことが頭をよぎった。

（4）「戦友の死」　　昭和十三年　北支下元部隊　高橋徳兵衛

――新聞にて御承知のことと存じますが、最近の犠牲者笹間村の小原徳右エ門軍□し、谷内村の阿部□□し、梁川村の菊地□□し、其他まだまだある。我が中隊負傷者5名出来た。是等の方々に対してはお気の毒な次第であります。

殊に阿部軍曹の臨終たるや我々は涙なくしては見られ□□とので□□ました。天皇陛下の萬歳を唱え、私は同郡であり同年代であるから「阿部君、しっかりしろ。」と言うと「高橋君か。俺は大丈夫だ。」と言うてくれた。二時間後に陣中の華と散られました。

俺等しっかりやります。先生の御健康を祈ります。

※戦場において東北出身の農民兵士を主とした部隊は「最強軍団」「国宝軍団」とも言われた。寒さの中で鍛えられた体は頑丈で忍耐強く命令には忠実であった。また戦友を思う気持ちも人一倍で結束力も強かった。亡き戦友を懇ろに弔った。

６　本州最北の特攻基地岩手陸軍飛行場（後藤野飛行場）の建設

岩手陸軍飛行場は、昭和12年９月12日、黒沢尻町、花巻町をはじめとする２町11ヶ村による「岩手陸軍飛行場設置同盟会」の結成によって建設を進めることになった。数か所の候補地のうち広く平らな地形が飛行場にふさわしい場所として、約１００万坪（約３３０万平方メートル）を確保し、設置が決まった。昭和13年６月６日に起工式を行い、一般・婦人会・青年団・中等学校生徒などの勤労動員がなされた。その数延べ12万８５１人に達し、わずか１４８日という短い工期で、昭和13年11月６日に竣工した。

完成当時は教育訓練用として使用され、双葉（通称赤とんぼ）の練習機が飛んでいた。昭和16年、太平洋戦争が始まると、次第に作戦用飛行場に変わり、ついに特攻機の訓練地になった。

昭和20年８月９日には仙台湾をめざして３機４名に出撃命令が出された。同日夕刻に発進したが、機体の不備などにより所期の目的を達することはできなかった。

やがて終戦を迎えることとなり、竣工後わずか６年10か月で使命を終えた。現在（平成26年）飛行場跡地は農地、工業団地等に変わり、当時の面影を残すものは、広い平地と「岩手陸軍飛行場跡地」の記念碑である。

７　峯次郎が悲願の「平和観音堂」を建立

明治27年の日清戦争から昭和20年８月15日の終戦までに、藤根地区からの出征兵は８００余名にのぼる。そのうち戦死者は１３７名で、年度別の内訳は次の通りである。日清・日露戦争で７名、昭和12～18年までで24名、昭和19年44名、昭和20年62名となっている。昭和19年と20年がとび抜けて多く、たった２年間で全体の８割の戦死者が出ていることに驚かされる。この傾向は日本全体にあてはまる数字である。

戦死地の内訳は南洋諸島が多く、藤根地区の場合ルソン島18名、ビアク島14名、ニューギニア13名、フィリピン8名、ビルマ4名、ソロモン・レイテ各3名などとなっている。戦死の原因の8割は餓死とマラリヤによるものである。昭和18年以降、南方の制空制海権は完全に連合軍に握られていた。昭和20年の終戦間近、数多くの戦死公報が届くなか、峯次郎にとって遺族家庭をまわり、お詫びする日々が続いた。なかには「大事な息子をお前のために殺された」と抗議する母親もいた。峯次郎にとって苦悩する日々が続いた。

昭和26年、サンフランシスコ平和条約締結の年、長期にわたる苦悩生活の中から、峯次郎は意を決して「平和観音堂」を建立することとした。場所は自分の生家の近くにある後藤地区である。費用は私財と地区民からの協力によるものである。本尊と馬頭観音は、農民兵士から送られてきた戦地の土でつくられている。境内にある鐘楼の鐘には戦死者１３０余名の氏名が刻まれている。

そして峯次郎をはじめ地区民有志が朝な夕なに鐘をつき戦死者の供養をしてきた。祭日は8月15日。現在もこの日は有志が集まって鐘をつき拝礼して供養をしている。

平成21年、地区民からの多額の支援をうけ、建立以来60年経った本殿並びに鐘楼の修復がなされた。

8　「農民兵士の声」を一人でも多く人々に届けたい

平和記念館に来館する人々の年齢の幅は広く、見学後にはそれぞれの感慨にひたっている。

玄関を入って、50余枚の「農民兵士の群像」の写真の前に立つと、来館者は思わず「ごくろうさまでした」と頭を垂れている。「見る」と「聞く」とでは天地の違いがあり、厳粛な気持ちのなか、今の己れの立ち位置がおぼろに自覚されるのではないかと思われる。

平和記念館では、運営の重点として、遺品の「保存」と「活用」の2点を掲げている。特に「活用」については本館運営の中心をなすものである。一人でも多くの人々に来館していただけるよう、現状をよく認識して、次のような改善すべき点を考えている。

（１）来館者への対応

①元兵士―この方々からは、戦争の悲惨さ、亡き戦友のこと、軍律の厳しさなど貴重な体験から教えられることが多かった。これらのことは語り伝えていなければならない。

残念なことに現在では元兵士の来館者は、ほとんどいない。

②戦争体験者―遺品をじっくり見つめて、肉親が戦死したこと、食糧不足だったこと、つらかった農作業など、さまざまな体験から当時のことを聞き出すことができる。参考になることが多い。戦争のことを伝えようとすると、「若い人たちは聞く耳をもたない」と嘆く。このギャップをどう縮めたらよいか。大きな課題である。

③青年―来館者はきわめて少ない。戦争から平和への道すじが理解できていない。積極的に戦争のありさまを伝えている。初めて聞くことばかりで驚いている。説明のしがいがあり希望がもてる。

来館の機会をどのようにしてつくるかが課題である。

④小・中学生―学校ごと６年生が中心に団体で来館することが多い。北上市では送迎にバスを提供している。６年生は、社会科や総合学習に関連づけての来館である。軍服を着せたり小銃をかつがせたりして体験させている。反応は強く質問も多い。帰校後に感想文を送ってくれる。秋の学習発表会では、「空に飛び立つ日（特攻隊のこと）」「高橋峯次郎の足跡」「ライオン列車がやってきた」などの劇にして在校生、保護者、地区民などに感動を与えている。感想文を紹介する。

「なぜ戦争をするのか」

北上市立和賀東小学校六年　小原隆次（平成二十三年十月七日見学）

戦争は残こくでむごい。写真などで見ると、実際に起きたこととは思えないような事もある。例えば、東京大空しゅうで雨のように落ちてくるしょうい弾。広島と長崎での原子爆弾による被害。しかし、日本だけが攻げきされているわけではない。例えば、アメリカの港に日本が急に攻撃をしかけてきた真珠湾攻撃。

なぜこのような事をしてまで、自分たちの領土を広げたくて戦争をするのだろう。戦争は多くの人々の命をうばい、心を傷つけるだけなのになぜだろう。戦争で殺し合いをするよりもっと良い方法はなかったのだろうか。戦争のない平和な世の中にするには、国と国とが仲良くし合いおだやかな心を持ちあうことです。

ぼくは、この平和が世界全体に広まればいいなと思います。

小学生のもつ感受性の豊かさに大いに励まされる。広く各地区の小・中学校に来館を呼びかけたい。

（2）「平和祈念の集い」などを通して

8月15日の終戦記念日を中心にして地元の自治振興会と共催して「平和祈念の集い」を開催している。講演会が中心で、平和記念館からは講師として参加している。また、移動展を企画し、軍事郵便と絵手紙を展示し、高い関心を呼んでいる。毎年継続して開催しており、平和持続の願いを確かなものにしていこうと努力している。

（3）出前の講話などを通して

小学校、老人クラブ、地区交流センター、岩手大学、9条の会、遺族会などから要請があり講話を行っている。演題は「農民兵士の声がきこえる」である。「眞友」「軍事郵便」の実物や軍服、小銃、千人針などをも持参して当時の情況を想起させている。退屈しないように聞き手の体験を引き出して、充実した話し合いになるよう心がけている。「戦争から平和へ」の強い意志を固めていきたい。

（4）メディアとの連携

平成23年12月4日、真珠湾攻撃から70年目の年。ＮＨＫから「証言記録　日本人の戦争」が全国に向けて放映された。主として戦死者妻などによる「銃後」にスポットをあてたものである。この撮影に藤根地区も選ばれ多くの反響を呼んだ。活動が充実しておればテレビ・地方紙、全国紙等が注目してくれる。積極的に連携を深めていきたい。

（5）戦争遺品の収集

個人が所有している戦争遺品の保存が難しくなってきているとのことで、本館では広報を通して、遺品の寄贈をお願いしている。すぐに応じてくれる方々があり、今後遺品収納センターの役割を果したい。

9　おわりに――地道に戦争を伝えていく

数年前のこと。来館した元兵士が帰りぎわに「ぜってぇ戦争はわがねじぇ（やってはいけない）」と言って帰っていかれた。戦友の死体をまたいできた悲惨な悪夢がよみがえったのであろう。いま、このような生の声は聞くことはできなくなった。

しかし、農民兵士が綴った数多くの軍事郵便は、戦争を忌避し平和を求むることの大切さを人類の普遍的な価値として示してくれている。日本国憲法の「平和主義」「基本的人権の尊重」「主権在民」の三原則は明確にこのことを言いあてている。

老いも若きもこだわることなく地道に戦争を語り伝えることに平和記念館は努めていきたい。

参考文献

岩手・和我のペン編（１９８４）『農民兵士の声がきこえる——７０００通の軍事郵便から』日本放送出版協会

第3章　復興の根底に避戦がなければならない
――避戦なくして、復興なし

NPO法人太平洋戦史館会長理事　岩渕　宣輝

1　あの日あの時、私はビアク島にいた

2011年3月11日。3年前のあの日あの時、私はビアク島にいた。午後5時、泥だらけの作業服で、汗まみれになって戻ったホテルのロビー。大画面のテレビには、大津波が物凄い勢いで陸地に押し寄せているフランス国営テレビの映像が映っていた。ビニールハウス群を飲み込む津波の現場はなんと、JAPONと表示されている。この報道に仰天し、我を忘れ、ロビーで長時間直立したまま、団員8名全員がテレビにくぎ付けになっていた。

3月11日はインドネシア共和国パプア州ビアク島での遺骸収容作業最終日で、この日までに収容された旧日本軍兵士の遺骸の人数は、インドネシア大学法医学者チームによる鑑定で、216柱と判明。そして翌日12日には火葬され、遺骨引渡し式を経て17日には日本へ帰国予定だった。

ビアク島は、太平洋戦争でもっとも悲惨な戦場と言われたニューギニア・ソロモン戦線の激戦地で、この戦域の日本人戦没者は29万9400名。その多くは餓死であるが、ビアク島攻防戦では、日本兵1万2000名（2008名の台湾特設勤労団を含む）の支隊で、生還者はわずか5パーセント未満という。ビアク島戦没者の4分の1は岩手県出身の兵士だった。

今も1万体以上の遺骸が島内に放置され、隆起サンゴ礁の地面を少し削ると日本兵の遺留品や遺骸が島内のあちこちで発見される。戦史館では、慰霊巡拝や未帰還兵の捜索調査で遺骸を発見するたびに、厚労省へ報告し、遺骨帰還を訴え続けてきた。これまでビアク島へ渡航した回数は、２０１１年のこの時点で50回を超え、政府派遣のビアク島遺骨収容は１９９９年に再開されてから9回目の参加だ。

私の頭の中は、目の前のテレビで繰り返し襲ってくる津波の映像と、過去のビアク島での地震のありさまが重なって、かなり混乱していた。

１９９６年2月17日、ビアク島沖で、マグニチュード8の大地震が発生したというニュースが飛び込んできた。日本であまり知られていない地域ゆえ、メディア関係者やビアク島戦没者の遺族から戦史館へ問い合わせが続いた。ちょうど翌日18日から戦跡巡礼と未帰還兵遺骸調査に出かける予定で準備していたところだったので、多少心配したが、そのまま渡航することにした。

ビアク島は日米の若者だけでなく、多数の現地住民が戦乱に巻き込まれて犠牲になった場所なのだ。こんなときこそ、何か現地の人の役に立つことがあるかもしれない……と戦史館会員4人で出発した。

島の北部コリム地区では入り江のため高い津波が押し寄せ、妊産婦や子どもたちが多数犠牲になった。デマ情報が飛び交い、島を脱出しようとする人々で大混乱。私は、1年前の阪神大震災で神戸では皆がデマに惑わされないように行動した話をして回った。すると島の人々はテレビで見た1年前の映像を思い起こし、少しは落ち着いたようだった。

帰国後、会員や関連団体に支援を呼びかけると、こんなときこそ現地のお役に……と、寄付金が集まり、6月には2回目の支援で、日本円にして１７０万円分の義援金を現地へ持参した。現地の当時の物価を考えると、日本の5～10倍の価値となった。

そして第3弾、地元岩手の消防組合の協力で、5万キロメートル走行の現役救急車を無償で払い下げていただけることになった。日本の救急車は、最新ハイテク装備の車両に切り替わっていく時期だった。気持ちとしては新車を差しあげたいが、現実は中古車で精いっぱい。救急車は基本装備がそろっていれば十分だ。もしまた津波が来ても、サイレンを鳴らして島民に避難を呼びかけることもできる。運搬費用は、ビアク島から生還した会員からの寄付１００万円を充当した。複雑な輸出手続き書類を作成し、駐日インドネシア大使に無税輸入の便宜供与をお願いし、地震から2年後、１９９８年のうちに、救急車がビアクに届いた。私たち戦没者遺族にとっては、日本から〝人命救助の新兵器〟日本製の救急車をお届けできたことで、戦時中に日本の兵隊さんたちがビアク島民に多大なご迷惑をお掛けしたことを、少しでも償うことができれば……という気持ちで、心を一つにすることができた。

その後も津波のことが気がかりだった。また津波が来たらどうやって島民の命を守るか……と。

そこで、次の支援第4弾は、日本のＯＤＡがまったく届いていないパプア州へ、日本の経済援助で、宮古市田老地区の巨大な防潮堤と同じような防潮堤を建設するのはどうか……その壁面には、戦没者の氏名を刻み……と模索していた。防潮堤があれば島民の命を救えるに違いない……と。まさか3・11の大津波が巨大な防潮堤を乗り越えて襲ってくるなどとは想像だにしなかった。

３月17日、２１６柱の兵士の皆さんと共に、私も帰国できた。戦史館がある奥州市衣川区は、岩手県内陸南部で、津波の被害こそなかったが、震度6の地震で、戦史館1階の展示室では展示ケースが勝手に動き回り、ガラス類が破損。強い余震がいっこうに止まず、４月７日深夜の余震では、せっかく復旧したライフラインが再度切断された。終わりの見えない余震が続き、クタクタになっているのに、「がんばろう日本」「日本は強い国……今、一つになろう」だなどと、何とも怪しげで勇ましい掛け声ばかりが聞こえ、まるで戦前のような気配ではないかと不安になった。

一面にがれきが広がる津波の爪痕、その下に埋もれているであろう行方不明の方々、この光景は、ビアク島で戦死者の遺骸が散乱したまま放置され、今も遺骸を収容し続けている、まさにその光景と重なった。人災と天災、時代の違いはあっても、この震災で行方不明になった方々を早く見つけて捜し出して救い出してほしいと願った。彼らこそが、最弱者で、自分の口で無念を語れない、だから生きている者が死者の人権を守らなければ。日本の経済援助でビアク島へ防潮堤を……という模索はまったくナンセンスだった。万里の長城のような防潮堤では命を守れない。「自分の身の丈にふさわしい」方法でなければ一人ひとりの命を守ることなどできない。

戦後処理をきちんとしなかった日本という国は、復興という一言で、一人ひとりの戦死者への声は抹殺され、死者を海外の戦場に置き去りにしたまま、高度経済成長の道を突き進んだ。未帰還兵の捜索は中断され、犠牲者は忘れ去られた。１９９９年に25年ぶりに遺骨帰還を再開させたのは、太平洋戦史館と全国に広がる支援者たちが、自費で未帰還兵捜索活動を継続してきた成果だ。

２　千鳥ヶ淵で避戦を思う

２０１４年5月26日、千鳥ヶ淵戦没者墓苑で行われた拝礼式に参列した。千鳥ヶ淵戦没者墓苑は、特定の宗教に偏らない国立施設で、太平洋戦争中に海外で亡くなった引き取り手のいない戦没者、約35万８０００柱の遺骨が納められている。毎年5月の最終月曜日に開催される拝礼式では、前年度の遺骨帰還事業で、海外の旧戦地から帰還した戦没者の遺骨が納骨される。今年の納骨は１８４３柱で、昨年11月に戦史館の会員が参加して収容できたインドネシア方面２８２柱も含まれている。5月最終月曜日は、遺骨となって帰国した兵隊さんたちの帰国手続きの日ともいえる。

私はこの日の朝、新幹線に乗り、一ノ関駅で買った新聞（家で購読していない新聞を買うことにしている）を広げた。震災からの復興について文章を書くように依頼されていたので、自然と関連記事に目がいった。

河北新報のトップニュースでは、〝不明者発見　頭打ち　東日本大震災の行方不明者の遺体発見が頭打ちになっている。今も宮城県内で１２００人の所在がわかっていないが、時間の経過とともに得られる手掛かりは減るばかりだ。復旧・復興工事で捜索範囲は狭まり、関係者は、「地域再生とともに不明者家族にも目配りを」と要望する。〟と報じられていた。

繰り返しになるが改めて言う。震災の不明者も戦争の犠牲者も、伝える手段を失った点でまったく同じ。戦没者は自分の口で居場所を伝えられない、だから私たちが捜しに行く。戦没者は自分の足で帰って来られない。だから私たちが迎えに行く。戦没者が海外にまだ１１０万人以上も帰国できる日を待っている。そのことを忘れてはいけない。何十年経過しても。

千鳥ヶ淵戦没者墓苑に辿り着くには、まず地下鉄の九段駅下車。エスカレーターを乗り継いで地上に出ると田安門側出口の前に地図と写真入りの案内版がある。

改めて案内版の英文表記を見て、私は自分の目を疑った。２００１年に、英文表記が誤まっていること（故意か単なるミスなのか不明であるが）を厚労省に伝え、改善するように申し入れしていたので、てっきり修正されたと思い込んでしまい、確認を怠っていた。２００１年という記憶は、当時の小泉首相が総裁選挙で遺族会の票が欲しくて靖国参拝した年だ。英語表記はChidorigafuchi National Memorial Gardenと書かれている。日本語では「国立千鳥ヶ淵戦没者墓苑」というのだから、戦没者墓苑の英訳はメモリアルガーデンでなく、War Cemetery等、お墓であることを正しく表記しないといけない。

改めて式典の翌日、厚労省社会・援護局援護企画室の外事室に、善処を求めた。

ご記憶の方もおいでかと思うが、２０１３年10月３日、日米安全保障協議委員会に出席するため来日した米国ケリー国務長官とヘーゲル国防長官が千鳥ヶ淵戦没者墓苑を訪れ、献花した。この千鳥ヶ淵へ米国政府高官が訪問するのは、１９５９年に墓苑がつくられて以来、初めてのことだ。日本では外国の政府高

図１　ビアクでの法医学鑑定を待つ海軍兵たち
火葬後［遺骨］となる。

官が来日しても日本側から、千鳥ヶ淵訪問を要請することはない。ではなぜ千鳥ヶ淵へ？

国内報道で米閣僚の千鳥ヶ淵訪問を取り上げたのは、朝日新聞とジャパンタイムズなどわずかだが、ジャパンタイムズの見出しは、Kerry, Hagel visit Chidorigafuchi to diminish Yasukuniとあり、ケリー長官らはアーリントンに匹敵するのは千鳥ヶ淵であり、靖国ではないことを行動で示し靖国へは行くなという強いメッセージを出していた。それは米国政府高官の千鳥ヶ淵訪問の５か月前の２０１３年５月、安倍首相が米外交専門誌『フォーリンアフェアーズ』のインタビューで「靖國神社参拝は米国のアーリントン国立墓地を参拝するのと同じだ」と主張したことへの回答だった。ワシントン郊外にあるアーリントン国立墓地（無名戦士の墓含む）には、米軍の戦死者らが埋葬されている。

２０１３年12月26日、米国の忠告を無視して、安倍さんは、首相就任１周年のごほうびに靖国参拝をして、近隣諸国との関係をさらに悪化させた。

３　避戦なくして復興なし

震災から３年３か月。あれだけ多くの犠牲者を出した災害から日本は何を学んできただろうか？　また同じことを繰り返していないだろうか？　原発事故などまるでなかったかのように、今も16万人の人たちが家に帰れない事実を忘れ、目先の経済優先で原発再稼働をするつもりなのだろうか？　日本はあの大戦を過去のものと忘れて同じ道を歩んではいないか？　「集団的自衛権」という、あたかも正当防衛のように聞こえる表現に騙されて、再び戦争をする国に進んではいないか？

今一度、一人ひとりの命の重みを考えてほしい。被災地でなかなか復興が進まない現実を目のあたりにする。一方で復興という名を騙り、経済効果優先、安倍さん自身が近隣諸国との関係を悪化させ、摩擦をあおり、防衛費という軍事予算をさらに増やそうとしているのではないか。

今行われようとしていることが、戦争や災害で失われた命の重みから学んだものなのか、しっかり見極めたい。

あとがき

本書は、岩手大学で行っている科目「持続可能なコミュニティづくり実践学」、「地元企業に学ぶＥＳＤ」と「津波の実際から防災を考える」の３・11以降今日までの到達点を示すものである。震災は大きな犠牲を出し、またその影響が続くなかで、被害を生み出す構造を変えねばならないことが厳しく問われている。しかし、変わったと実感できることは少ない。少なくとも、被災地に関わる大学においては、大学自らが進んで変わること・災害を多面的に捉え、具体的な改革を進めることが問われていることは言うまでもない。授業展開の中でも、この課題は強く求められている。

災害は社会を変える契機になるものだ。被害や影響が、社会的弱者に集中する、あるいは弱点を抱えた地域がますます疲弊していく、このようなことがあってはならないにもかかわらず、脆弱な構造を変える姿を被災地の現場で実感することはきわめて少ない。この３科目に招聘した講師の方々は、被災地やその周辺で地域づくりに関わっている方が多い。また、企業活動を通して震災後の社会をつくる方向性を示そうとしている。これらの講師は具体的提起をしてくれる。本書は、前記ＥＳＤ３科目がどこまで課題に接近できたかを示す中間総括に位置づけられる。

第Ⅰ部は「持続可能な地域のあり方をめぐって」と題し、各自治体の首長・首長経験者から、地域の実情に合わせた危機克服の道が提示された。また、地域で草の根の活動を展開されている方からも問題提起を受けた。これらの主張は、いずれもハードな施設建設や中央からの資本に、地域の将来をゆだねる方法ではない。自前で当該地域に適応した政策の展開が示されている。今回あげた自治体は、３・11で津波という打撃を直接受けなかった被災周辺地域に位置し、被災直後から全力で被災地支援を続けている。災害の救援・支援に関わって地域連携がつくられている。しかし、その後の復興期において、地域政策策定レベルでの具体的連携は生まれるまでに至っていない。同時に、共通課題を抱え悩んでいる事実がある

被災地では被災後一気に人口減少が、若い女性を中心に起こっている。被災地の女性の労働は、臨時的で非正規雇用の低賃金が中心である。女性が抱えるジェンダー vulnerability（脆弱性）が20歳代に集中して噴出している。しかも「出産年齢」に当たるため、地域の中で結婚相手を見つけられない男性が増え、その結果次の世代が大幅に減少するという地域の消滅に結びつく現象が、被災後わずか2年で起こっている。声高に叫ばれている復興事業がこのジェンダー vulnerabilityを解消する方向に機能していないのだ。

一戸町では、子どもが病気になっても、地域で保育施設が小児科医とリンクして整備され、病児保育を実現し、それをまちづくりの機軸に据えるという、「靭（しなやか）、resilient」な地域政策が展開している。葛巻町では、人口減少率が確実に小さくなっている。何もない町が、食料、エネルギー、環境問題を町の政策課題にあげ、事業展開を図り、雇用を創出しているからだ。

それぞれの地域の年齢別人口構成をとって見れば、65歳以上の高齢者人口構成率は高まっている。しかも過疎地ほどその割合は高い。国連によれば60歳以上の人々が、病気をもつ人口割合は40パーセントを超えているという。このvulnerability をresilience（強靭）にすることがどこまで可能なのか。日本全体の課題にもかかわらず、明確な解答は出されていない。しかし、沢内村では全国最悪の乳幼児死亡率をゼロにするという全国最高の村に高めた実績がある。それも40年前である。ここに再度注目をすべきだ。乳幼児においても高齢者であっても、「健康をつくる」ことは地域政策の基本柱である。

安全・安心のまちづくり、中でも災害対策は基礎自治体にとって、肝心な地域政策である。巨大な構造物で覆いつくすことが強靱な地域づくりではない。過去の災害に学び、地域の特性を活かすことが問われ

ている。衝撃が発生した直後は、地域外部からの支援は一切遮断される。コミュニティの内発的相互支援力が頼りだ。コミュニティ活動がなかなか展開できない都市に比較して、農山漁村はコミュニティが確保されており、この面では安全がより高いと考えられる。遠野市は地域の歴史に学ぶなかから、地域の特色を知り、そしてそれを資源化することを政策課題にあげている。災害で明らかになった弱点を強化し、安全を担保する段階に至れば、「安全」というもっとも肝心な「資源」を地域住民は得ることになる。「やませ」を風力発電の「もと」にすることができるのだ。今まで見向きもされなかったこと、マイナスと位置づけられていたこと、これを「プラス化」することが、「ない・ない尽くし」の地域からの脱却につながるということが第Ⅰ部で示された。

第Ⅱ部は「地域と生産・復興」と題して地域と企業活動を課題にあげた。企業は自治体の垣根を越えて活動できる点、地域間連携の可能性を具体化するものでもある。「一人の首も切らない、一つの会社もつぶさせない」陸前高田を中心とする気仙中小企業家同友会のスローガンだ。社員を単なる労働力としてではなく、地域社会を担う一員として位置づけている。津波で生産施設、商品を失い、生産活動を停止した企業が、社員が行うボランティア活動を企業活動とみなして、給料を支払う。経営者は資金が底を尽くぎりぎりまで、この活動を続けると社員に宣言する。企業が地域と共にあることを、社員は実感し、ボランティア活動を進めるとともに、会社再建に全力を傾けることになる。地域・企業・社員の結びつきが、復興の具体的道筋をつくっていく。再建を果たした企業に共通することは、早期計画・実施・生産規模の適正化・新しい市場開拓が、ほぼ同時展開で進んでいる。震災前から、「夢」としての経営計画があり、被災を契機に具体化することであった。早期の復興は、ファンドの多様な提供と新しい市場の開拓を進めることになる。行政からの支援も受けやすい。企業の社会貢献の生きた姿を示すものとなる。

食料とエネルギー資源は、取り上げた企業が活動する地域の開発可能性の高い分野である。安全でうまい農・林・水産物を、地産地消を第一に、余剰を都市に適正価格で提供できる優位さをもっている。これらの生産活動は地域の自然と共に存在する。資源収奪的開発で、もてる優位性を失ってはならない。まったく同じことが、エネルギー開発にも言える。森林資源に恵まれていながら、その一部しか展開できていない。風力資源に恵まれていながら、開発に規制がかけられている。この潜在的優位性を具体化するために、地域間連携や企業連携が図られる必要がある。これらは日本が直面している主要課題であり、その解決の先進地域に名乗り出ることが可能なのである。同時に雇用の場を確実に広げることになるはずだ。

第Ⅲ部は「教育と復興」と題して、防災教育の成果と課題を明らかにした。防災学習を災害文化の一翼を担うものとして、public domainにすることが問われている。3・11の大津波に対して、岩手の沿岸部の小学校・中学校で、学校管理下での犠牲はゼロである。ゼロをこれからも続けなくてはならないし、どうすれば可能になるのか、この課題を世界に発信することが義務でもある。三陸沿岸は「津波常襲地」である。安全確保に向けた日ごろの防災学習の実践は、世界の最前線の学習展開という課題を常にもっている。世界に向けた発信の意義もそこにある。

命を直接危険にさらす経験は、学びの本質に強く迫るものである。「本当の学び」を追求し、その力を与える教育に向かう可能性が、この震災を機に展開されている。しかし、震災体験は徐々に希薄化する。苦しいがゆえに「忘れる」ことで肩の荷を降ろせると解釈する。荷を降ろせない人がいるなかで、風化が加速する。持続することの困難、緊張関係の弛緩は、子どもの学ぶ力を抑制に向かわす。地域に学ぶ道を学校は常に開発しなければならない。学校は地域住民の結節点である。学校から防災を発信すること、学校で防災を学び地域に活かすことは、災害に対し強靱性を実現するまちづくりの原点である。震災時、学校現場で校長を務めていた3名の教師と、民間で「がっこう」を実践している吉成氏が共通に主張されていることは、子どもと共に緊張感をもった本物の教育の実践であった。

第Ⅳ部は「平和と復興」と題し、二つの課題の同根性を追うことにした。ビアク島で日本兵の捜索を続けている人々がいる。強い反戦平和活動である。ジャングルの中で食料も武器もわずかしかもたずに戦うことを強いられ、マラリアと飢餓に苦しんでジャングルに消えた日本兵から、戦争放棄という言葉がリアルな叫びとして聞こえてくる。これは戦地から届いた7000通の軍事郵便の中にも示されている。いまこそ、兵士の声に耳を傾けねばならない状況にある。

社会的弱者に災害の圧力が強くかかる。復興期にまで、その影響力は強く現れているのが現状である。弱者に犠牲が集中する。ジャングルに消えた日本兵の叫びに通じるものにならないか。「震える魂をみんなでつながりながら鎮めること。……言葉では洗い流せない悲しみや怒りに似た感情が、きっと被災地の子どもたちや親御さんたちには雪のように降り積もっているだろう」（本書、吉成信夫氏の文章）。被災者とジャングルに消えた兵隊さんとが底流でつながっていることを知ることは、地域をどうつくっていくかのもっとも肝心な課題である。「付け」を弱者や次の世代、他の地域に負わせ、強者が富と安全を独占するものではない。この課題を解くことは持続可能な地域づくりの原点である。

被災地の現実に学ぶことは多い。被災地は日本の未来を確実に示す鏡であるとともに、私たちの知恵、能力、可能性が試されている場でもあるのだ。

※本書の研究の一部は、科学研究費助成事業（学術研究助成基金助成金）基盤研究（C）課題番号：26510001「災害文化展開の現状と課題に関する研究～レジリアントな地域社会確立のために」（研究代表者　山崎友子）によるものである。

岩手大学元教授　　山崎　憲治

2014年8月

坂内孝三（ばんない　こうぞう）
1946年福島県生まれ。日本大学理工学部卒業後、東洋棉花株式会社（のちの㈱トーメン、現在豊田通商㈱と合併）機械第一本部機械第一部工作機械第一課に入社。㈱トーメン宇宙航空機部副部長、㈱トーメンエアロスペース代表取締役を経て、1998年５月サンポット㈱代表取締役社長。同年７月サンポットエンジニアリング㈱代表取締役社長に就任。（いずれも現任）

万澤安央（まんざわ　やすお）
1947年東京・下北沢で音楽家の両親のもとに生まれる。1973年本田技研工業㈱トライアル特別講師契約。1977年岩手県で「イーハトーブトライアル」を企画・主催。1979年バイク雑誌ジャーナリストに転向。1986年プロライダーの技術とチエを社会に活かす二輪車実技スクール・システム「トライカーナ」を考案。同時に「二輪車安全振興会」を出光興産㈱・東京海上火災保険㈱の協賛を得て11年間主宰。1998年安代町グリーンツーリズム推進アドバイザーとして岩手県安代町に移転。現在の活動は下記のとおり。
・出光イーハトーブトライアル大会主催（2014年大会は38回目となる）
・岩手地饅本舗にて2008年末から「ゴーシュの塩生キャラメル」をネット販売中。八幡平市の「道の駅にしね」「ふうせつ花」、盛岡市と花巻市の「北星舘」でも販売中。

八重樫真純（やえがし　ますみ）
1948年北上市生まれ。1973年就農。岩手県認定農業者組織連絡協議会会長を務め、第２回全国認定農業者サミットを北上市で開催。江釣子地区経営体育成基盤事業実施・換地委員長。1979年旧江釣子村議会議員。合併を経て北上市議会議員・市議会副議長を務める。

吉成信夫（よしなり　のぶお）
1956年東京都生まれ。成蹊大学法学部卒。CIコンサルティング会社役員等を経て、家族で岩手に移住。石と賢治のミュージアム研究専門員、県立児童館いわて子どもの森初代館長を経て、NPO法人岩手子ども環境研究所（森と風のがっこう）理事長。著書に、『ハコモノは変えられる！――子どものための公共施設改革』（学文社、2011年）、『ぼくたちが、がっこうで描いた未来――森と風のがっこうの12年』（森風文庫、2013年）などがある。国士舘大学非常勤講師。

柴田和子（しばた　かずこ）
1948年岩手町生まれ。1971年慶應義塾大学卒。現在、㈲トモエ商会代表取締役社長、㈲ひょうえもん代表取締役社長。1983年からN. L. 40°ダンサーズ代表。そのほか岩手県芸術文化協会会長、県文化振興事業団理事、県文化芸術推進審議会委員などを務める。

鈴木重男（すずき　しげお）
1955年岩手県生まれ。岩手県立葛巻高等学校卒業。1973年葛巻町役場職員。1995年葛巻高原食品加工㈱常務取締役。1999年社団法人葛巻町畜産開発公社専務理事、葛巻高原食品加工㈱経営アドバイザー。2002年葛巻町農林課主幹。2007年葛巻町役場退職、葛巻町長。著書『ワインとミルクで地域おこし――岩手県葛巻町の挑戦』（創森社、2001年）。

鈴木宏延（すずき　ひろのぶ）
1935年大船渡生まれ。学校卒業後、東京で就職し５年後地元に帰って酔仙酒造に入社。仕事で各地を回って、酒も飲み食物を楽しんでいる内に岩手の持つ食材を多くの人に知って貰おうと仕事と一緒に頑張ってきたつもり。職歴は岩手の物産展等実行委員会現会長、酔仙酒造元会長・元社長、国分岩手酒販現会長前社長、岩手酒卸現社長、岩手県中小企業団体中央会前会長等。旭日小綬章受賞。2015年逝去。

高橋源英（たかはし　げんえい）
1936年北上市生まれ。1959年岩手大学学芸学部卒業。岩手県内公立小学校勤務。教頭、校長を歴任し、1997年定年退職。2000年北上平和記念展示館の設立準備にかかわる。2002年開館とともに学芸員、副館長を経て現在館長。

田村満（たむら　みつる）
９人兄弟の末っ子として1947年岩手県大船渡市大船渡町に生まれる。青山学院大学経済学部卒業。1971年岩手県陸前高田市の㈱高田自動車学校入社。常務取締役、専務取締役を経て2003年代表取締役社長に就任。2007年岩手県中小企業家同友会気仙支部設立。初代支部長に就任。2010年代表理事に就任。2008年「ケセンきらめき大学」を創設し初代学長に就任。2012年学長を退任し名誉学長に就任。2011年３月11日の大災害により被災した住民の生命を守るために尽力。2011年９月「なつかしい未来創造株式会社」を設立し代表取締役に就任。

中島清隆（なかじま　きよたか）
1974年新潟県生まれ。広島市立大学大学院国際学研究科博士後期課程修了。学術（博士）。2009年から岩手大学大学教育総合センタープロジェクト教員、特任助教、学術研究員・客員准教授を歴任。2013年から岩手大学准教授。人文社会科学部・人文社会科学研究科専任。専門は環境政策論。著書『気候変動問題の国際協力に関する評価手法』（北海道大学出版会、2012年）。

中村哲雄（なかむら　てつお）
1948年葛巻町出身、日本大学獣医学科卒業。獣医師。1971年から役場職員畜産担当を５年、1976年から社団法人葛巻町畜産開発公社派遣23年勤務。その間専務理事を務める。1999年より２期８年町長を務め勇退。現在社団法人葛巻町畜産開発公社顧問（獣医師）。岩手大学持続可能な地域づくり実践学講座、農山村自治体経営論、獣医学課程、動物科学課程、３講座の非常勤の講師。中村牧場、中村家畜診療所を営む。